Biblical Counseling In Cross Culture

타문화권에서의
성경적 상담

Biblical Counseling In Cross Culture

타문화권에서의
성경적 상담

엄옥순 지음

추천사

성경적 상담학이 이 땅에 소개된 지 얼마 되지 않았고, 여기에 관한 학문적 연구가 눈에 띄지 않는 상황에서 이 책을 발간하게 된 것은 감사하고 축하할 일이다. 엄 박사는 중국 선교사이자 '타문화권 상담'이라는 새로운 영역을 개척한 연구자로서 상담학 분야만이 아니라 선교학 분야에서도 관심을 가지고 주목할 만한 사안이다. 저자를 오랜 세월 지켜봤고, 또 가르친 사람으로서 이 연구서가 간행된 것을 축하하며, 이것을 시작으로 계속되는 연구물이 나오기를 기대한다.

정정숙(신학박사, 목회상담학박사,
총신대 명예교수, 한국성경적상담 학회장)

상담학은 이론학문이기보다 응용학문에 속하므로 두 바퀴가 함께 돌아가야 한다. 즉 원리인 이론과 현장에서 이루어지는 실제가 있어야 하는데, 바로 이 책이 엄옥순 박사님의 학문성과 선교 현장에서 이루어진 실제가 용해, 통합 기록되어 졌기에 매우 유용한 책이 될 것으로 생각한다.

고성실(서울성경신학대학원대학교 상담학 겸임교수,
생명위기예방멘토 발행인)

이 책은 중국선교 사역에 성경적 상담의 연관성과 필요성을 제시하고 타문화권에 있어서 성경적 상담의 직접적인 활용에 관한 글이다. 이 책의 가장 큰 가치는 '선교'와 '상담'의 연결이자 융합이다. 선교는 잃어버린 영혼을 살리는 거룩한 사역이며, 상담은 상처 입은 심령을 회복시키는 치유의 사역이다. 하나님의 백성을 향한 사랑에서 시작되고 완성되는 선교와 상담사역은 밀접한 연관성을 지닐 수밖에 없다. 이 책이 중국선교 및 타문화권에서 효율적인 지침서로 활용될 수 있으리라 믿는다.

노원석(개신대학원대학교 실천신학, 상담심리 교수)

이 책은 성경적 상담에 대한 분명한 확신이 있다. 복음만이 인간의 진정한 변화를 가져온다는 신앙에 근거한 확신이다. 인간 중심의 관점에서 창조주이신 하나님 중심의 관점으로 인간의 삶을 돌아볼 때만 참된 회복이 가능하다는 확신이 글의 처음부터 마지막까지 강조된다. 저자의 글은 또한 설득력이 있다. 선교지인 중국인들에게도 성경적 상담의 가능성을 검증했기 때문이다. 이 책을 통하여 선교와 성경적 상담의 연결점을 드러낸 것은 저자의 탁월한 기여라고 생각한다. 독자들이 이 책이 담고 있는 성경적 상담의 힘을 도구로 삼아 하나님 나라의 일을 귀하게 감당하길 소망한다.

정명호(혜성교회 담임목사)

이 책은 인간의 모든 문제의 근원을 다룬다. 나아가 세상 인본주의 상담에선 찾아볼 수 없는 진리들을 성경 안에서 발견하여 이 책

을 읽는 이들에게 쉽고 선교 현장에서 바로 적용하도록 했다. 20년
을 한결같이 중국 선교를 하면서 직접 겪은 경험과 성경 말씀을 중
심으로 온갖 현상들로 고통받고 고민하는 타문화권 사람들을 상담
하고 교육하면서 얻은 직접경험에 의한 도서라는 면에서 선교사들
과 목회자들과 신학생들에게 이 책을 적극적으로 추천한다.

김도형(기독교국제중독전문연구원 원장,
미국 페이스, 코헨 신학대학원 한국 중독학과장 및 교수)

축하의 글

  제일 존경하고 사랑하는 엄 선생님의 박사 논문을 책으로 출판한다는 기쁜 소식을 듣고 존경하는 마음이 더하게 되었습니다. 십여 년 전에 처음으로 엄 선생님의 강의를 듣게 되었는데 내게 많은 도움을 주었을 뿐만 아니라 그 후에 계속하여 격려와 지지를 해주었습니다. 엄 선생님은 지혜와 사랑의 마음과 인내심과 온몸과 마음으로 헌신하는 모습은 우리의 모델이 되었습니다.

馬 W(북경, 심리상담소장)

  중국에서 엄 선생님에게 배운 제자로서 박사 논문이 책으로 출간되는 것을 진심으로 축하하며 정말 기쁩니다. 엄 선생님은 10여 년 이상 중국에서 많은 학생을 가르치고 훈련 시켰으며, 성경적 상담의 이론과 원리를 다민족 국가인 거대한 중국에 적용하기 위해 남으로 북으로 다니며 일했습니다. 많은 사역을 통해 함께 직접 경험하였고, 논문 작업을 결정화한 것입니다. 이 책이 더 많은 사람을 도울 수 있기를 바랍니다.

金 SX(북경 XLS Co. 상임이사)

  엄 선생님께 상담학 과정을 공부하게 되어 큰 영광이며 많은 유익을 얻었습니다. 내게 구체적인 상담기술은 거의 모두 선생님께 배운 것이지만, 지금도 잊히지 않는 것은 성령의 능력에 의지하는 것을 강조한 것입니다. 지금도 이것에 의지하여 변호사로서 피해자로서 변론하고, 복음을 전하는 데 최선을 다하게 되었습니다. 중국인들도 언젠가 이 책을 읽을 수 있기를 간곡히 바라며 다시 한번 진심으로 축하합니다.

顧 T(북경, 변호사)

엄 선생님께서 오랫동안 고생하며 연구한 성과물이라고 확신합니다. 오직 이 책은 이 시대에 우리에게 주어진 축복입니다. 이 책이 더 많은 이들에게 유익을 주기를 기대합니다. 이 책이 출판된 후에 사람들을 각성시키고 돕고 많은 형제자매가 하나님 앞에서 변화되고 문제들이 해결되는 일들이 있기를 축복합니다. 이 책이 보다 많은 가정과 교회를 깊은 은혜와 축복의 자리로 인도하기를 소망합니다.

李 ZZ(山西, 가정교회 목회자)

이 책이 어둠을 뚫고 세상을 밝히는 빛과 같아서 사람들에게 진실한 것을 보도록 할 것을 믿습니다. 엄 선생님의 책이 상담하는 이들을 능히 도울 수 있기를 바라며, 더 많은 이들의 축복이 되기를 바라고, 그들의 눈이 밝아져서 삶이 광명과 같이 일어나기를 기원합니다.

張 GC(河北, 도시가정교회 목회자)

엄 선생님의 박사 논문이 책으로 출판되는 것을 진심으로 축하합니다. 엄 선생님이 직접 우리를 가르치면서 주었던 도움과 마찬가지로 이 책이 더 많은 사람을 돕는 일에 사용되기를 소망합니다.

陳 JH(浙江, 약사)

박사학위 논문을 책으로 출판하게 된 저자인 엄 선생님께 축하드립니다! 중국에서 10여 년 이상의 상담 사역 경험을 바탕으로 한 이 책에는 아름다운 보화들이 가득 차 있으리라 믿어집니다. 하나님께서 크게 엄 선생님과 이 책을 더욱 크게 사용하시기를 바랍니다! 이 책을 통해 더 많은 독자가 도움을 받기를 바랍니다.

鄭 SJ(浙江, 심리상담사)

서문

1995년 여름 상하이, 중국 땅에 처음 발을 디딜 때의 그 감격이 벌써 20년이 넘었습니다. 결혼 후 10년이 넘어 남편의 권유로 시작하게 된 상담 공부를 통해 결국 선교지에 '중국성경적상담연구소 (Chinese Biblical Counseling Institute)'를 설립하였고, 지금도 진행하고 있습니다. 마흔을 넘어 배운 중국어로 유창하지 못하지만, 강의와 상담으로 다른 사람을 돕고 가정을 세우는 일이 일어났습니다. 중국뿐 아니라 일본에서, 또 한국에서, 미얀마에서 중국인들에게 강의하고 상담할 수 있는 것은 제게는 행복이고 감사입니다.

본서를 소개하면 다음과 같습니다. 성경적 상담의 원리와 방법을 근거로 하여 타문화권 사람들에게 적용 가능한 성경적 상담의 활용 방안을 연구하였습니다. 연구의 대상은 타문화권인 중국인을 대상으로 하였으며, 이들의 상담사례를 직접 기술하였습니다. 본서의 구성은 1부는 서론, 2부는 성경적 상담의 원리와 방법, 3부는 현대 중국인에 대한 이해를 위해 중국인의 문화가치와 종교성향의 상관관계를 연구하였습니다. 4부는 성경적 상담의 활용 방안으로 타문화권에서의 활용과 성경적 상담 3단계 모델을 제시하였습니다. 5부는 결론으로서 전체의 내용 요약과 연구의 의의와 제언을 하였습니다.

박사과정을 공부하는 중에도 방학 때마다 나가서 계속 강의와 상담한 것도 큰 은혜였습니다. 이 책은 그 은혜의 결실의 작은 부분으로 중국 친구들과 함께한 열매입니다. 중국 땅 곳곳에 흩어져 맡

은바 사역을 감당하고 있는 주님의 제자들과 함께 기쁨을 나누고 싶습니다.

또 사역에 함께 동역한 여러 교회와 성도님들, 친구들, 이들의 기도와 헌신으로 함께 결실한 열매입니다. 숱한 어려움이 있었지만, 묵묵히 지지해준 사랑하는 아들과 딸이 이제는 엄마와 아빠의 큰 힘이 되고 있습니다. 아들이 결혼하여 가정을 이루고 새 생명을 주신 신비함에 감사하고 기뻐합니다.

대학원 과정을 공부하도록 격려하며 채찍질하고 포기하고 싶을 때 힘을 불어넣어 주고, 아플 때, 실망할 때 함께 토로하고, 울고, 기도하며 40년을 지내온 나의 친구, 사랑하는 남편 김종구 선교사에게 가장 큰 감사의 마음을 전하며, 이 모든 기쁨과 감사를 함께 합니다. 혼자서는 절대로 할 수 없었던 일입니다. 부족하지만 이 책이 다른 사람들에게 도움이 되기를 기대합니다. 주님 앞에 서는 그 날까지 이끌어 주실 하나님께 모든 영광을 드립니다.

2020년 9월
저자 엄옥순

목 차

1부

서론

서론에서는 타문화권에서의 성경적 상담을 위한 방안으로 연구를 하게 된 동기를 설명하며 문제를 제기한다. 이어서 연구를 하게 된 목적과 본 연구의 논지를 기술하며, 연구 방법과 연구 범위, 성경적 상담의 연구사와 연구의 한계성을 살펴본 후, 연구에 사용된 주요 용어에 대한 정의를 기술한다.

1. 연구 동기 및 문제 제기

21세기 현대 사회는 포스트모던 사회(Post-modern Society)로 다원화된 가치관과 이념들을 포용하는 사회이다. 현대인들이 누리는 문화는 과학기술과 정보통신이 획기적이고 급속하게 발달하였고, 절대적인 가치나 기준이 없는 것이 특징이다. 세계는 지구촌 시대가 되었고, 다문화 사회를 형성하였다.

과학과 기술이 발전하면 인간의 문제들을 용이하게 해결해줄 것 같았지만, 오히려 이전의 문제는 그대로 있고, 새로운 문제들이 더 많이 발생하고 있다. 인간의 문제는 물질의 부족이 아닌 상대적 박탈감 때문에 겪는 분노와 불안과 두려움으로 인한 것이다. 이로 인해 개인의 삶은 피폐해지고, 이런 사회 속에서 생존하기 위해 무한 경쟁 시대로 돌입하면서 문제의 양상은 더 복잡해지고 더 심각해지고 있다.

요즘 지구촌 전반에는 세속화로 인한 반기독교적 사고가 빠른 속도로 확산되고 있으며, 비성경적 상담이론이 더욱 활개를 치고 있다. 이러한 시기에 성경적인 상담의 역할은 무엇인가? "만약 어떤 사람이 상담이나 충고를 통하여 정신적으로 더 나아진다고 해도 살아계신 하나님으로부터 더 멀어진다면 그것이 무슨 소용이 있겠는가?"[1] 이 말은 왜 살아야 하는지, 어떻게 살아야 하는지를, 상담을 왜 하는지를 깨닫게 해주는 대목이다. 행복과 만족감을 얻기 위해 상담실을 찾는 현대인에게 하나님은 무엇을 말씀하시는지에 관한 물음이다.

인간의 문제들은 항상 존재해 왔다. 문제를 바라보는 관점에 따라 그 사람의 가치관과 세계관이 드러난다. 문제를 해결하고자 노력하고 시도하는 방법에도 개인의 세계관이 드러난다. 마음의 생각이 감정과 행동으로 드러나기 때문이다. "상담자의 가치관과 인격성이 상담철학과 상담 실제를 형성하는 기초 작업"[2]이 되므로 상담 현장에서 상담자의 가치관과 인격은 언어와 행동으로 그대로 드러날 수밖에 없다.

이미 서구에서 경험된 인간의 정신적·육체적 문제들의 근본적인 해결은 성공하지 못했다.[3] 그렇다면 인간의 변화는 가능한 것인

---

1) Roland Antholzer, *Plädoyer für eine biblische Seelsorge*, 이해란 역, 『심리치료와 성경적상담』(서울: CLP. 2013), 19.

2) Gerald Corey, *Theory and Practice of Counseling and Psychotherapy*, 한기태 역, 『상담과 심리요법의 이론과 실제』(서울: 성광출판사, 1989), 20.

3) John MacArthur & Master's College Faculty, *Counseling: How to Counsel Biblically?*, 안경승 역, 『상담론』(서울: 부흥과개혁사, 2010), 36-37.

가? 이런 변화의 작업은 무슨 상담을 통해 가능할 것인가? 이런 의문을 품으면서, 사회의 변화는 제도의 변화가 아니라 한 개인의 삶의 변화에서 시작된다는 경험적 확신에서 성경적 상담을 시도하였다. 특히 복음 전도 내지 선교가 자유롭지 않은 타문화권인 중국에서 인간의 진정한 변화를 끌어낼 수 있는 복음을 전하는 방법으로 성경적 상담을 활용하기 위해 연구하게 되었다.

본 연구는 신앙과 생활이 일치하지 않는 가운데 발생하는 신자들의 문제, 세상 속의 숱한 문제에 노출된 비신자들을 돕고자 하는 동기에서 시작되었다.4) 교회 안에서 신자들이 심리학적 이론을 근거로 하는 상담을 하여 문제를 해결하거나, 상담자가 교회 안에 있는 신자라는 이유만으로 성경적 상담을 한다고 하는 것도 문제이다. 이 연구는 이러한 문제의식에서 출발하여 성경적 상담의 원리와 방법을 연구하며, 실제 타문화 현장인 중국에서 복음 전도를 위한 '성경적 상담 3단계 모델'을 제시하며 그 활용에 대해 고찰하고자 한다.

2. 연구 목적 및 논지

본 타문화권에서의 성경적 상담을 위해 첫째, 그간 성경적 상담을 교회 안에서 신자들만을 대상으로 적용해 오고 있는 데서 벗어나, 삶의 현장에서 교회 밖에 있는 비신자와 타문화권에서 성경적

---

4) 연구자는 2000년부터 중국의 수도 베이징(北京)에서 가정교회 청년 지도자 양성을 위해 신학교(BBS)에서 기독교교육과 상담학을 강의했으며, 2006년부터 베이징(北京)과 원저우(溫州)에서 중국성경적상담연구소(Chinese Biblical Counseling Institute), 2009년 JOY SONG CONSUL TANT COMPANY(喜乐頌咨询有限公司)를 설립하여 상담교육과 실제 상담사역을 해오고 있다.

상담을 활용하고자 함이다. 둘째, 성경적 상담을 통해 광범위하게 인간 문제의 근원을 찾으며, 삶과 신앙이 일치되는 훈련을 통해 전인격적으로 변화될 수 있음을 밝히고자 한다. 셋째, 피상담자로서의 중국인을 이해하기 위해 중국인의 종교성향과 문화가치와의 상관관계를 알아 중국인에게 복음을 전하기 위해 기본적으로 이해해야 할 요소가 무엇인지를 연구하고자 함이다. 넷째, 성경적 상담의 적극적인 활용으로 타문화 선교에 적용할 수 있는 성경적 상담 모델을 제시하고자 한다.

연구의 목적을 실제로 효과적으로 달성하기 위하여 네 개의 질문이 제기되며, 각 장은 이 질문을 중심으로 서술될 것이다. 연구 질문은 다음의 네 가지이다.

첫째, 인간의 가치를 비롯하여 인간을 근본적으로 변화시키는 성경적 상담의 원리와 방법은 무엇인가?

둘째, 상담에 있어서 첫 번째 단계는 피상담자를 이해하는 것이다. 문화를 초월하는 상담자이신 그리스도 예수를 본받아 비신자 상담을 하는 것은 선교이다. 그렇다면 상담 현장에서 피상담자로서의 중국인을 이해할 때 그들의 문화와 종교성향은 어떤 관계가 있으며, 성경적 상담을 위해 반드시 점검해야 하고 교육해야 하며 상담해야 하는 사항들은 무엇인가?

셋째, 성경적 상담을 통해 복음을 전파하기 위한 성경적 상담 모델은 어떠해야 하는가? 성경적 상담 모델의 각 단계와 그 단계에서 성취되어야 하는 주제는 무엇이며, 기본적으로 알아야 할 내용은 무엇인가?

넷째, 성경적 상담을 활용하여 피상담자인 비신자 중국인을 대상으로 하는 타문화 선교는 가능한가? 상담 모델을 기준으로 한 실제 상담사례를 통하여 살펴보고자 한다.

결국, 성경적 상담 활용은 '성경적 상담 3단계 모델'을 적용하여 타문화권, 특히 중국인 비신자 피상담자들의 당면한 문제를 해결하며 궁극적으로 복음 전도를 가능하게 하는 결론을 볼 것이다.

본 연구의 논지는 '성경적 상담 3단계 모델'을 활용한 실제 상담을 통해 특히 중국인 피상담자(비신자)의 문제를 해결하며 주 예수 그리스도를 전파할 수 있다는 것이다. 연구자의 '성경적 상담 3단계 모델'은 성경적 탐색의 단계, 성경적 시각 개발의 단계, 성경적 재구성의 단계로, 상담을 통해 비신자 중국인에게 그리스도 예수를 전하는 데 효율성이 있음이 드러났다. 상담 진행에 있어서 피상담자의 변화를 매우 단순하면서 명확하고 쉽게 파악할 수 있다. 위급 상황에서는 3단계가 가능하며, 비신자 피상담자의 시각 변화와 삶의 재구성에는 많은 시간이 필요로 하므로 6단계로 확대 적용이 가능하다. 피상담자 자신의 문제를 해결하고 삶을 바라보는 시각을 변화시켜 문제를 대처해 나갈 수 있도록 하는 피상담자 변화를 중점으로 하여 상담 진행과 상담 기술을 사용하며, 이는 단순하고 명확하게 피상담자의 변화를 이끌어 내는 데에 효과가 있다.

3. 연구 방법

본 연구는 연구의 목적을 이루어 가기 위해 문헌 연구와 설문 조사를 병행하였다. 연구 방법은 다음의 네 가지 측면에서 구체적으로 진행되었다.

첫 번째로 문헌 연구이다. 성경적 상담의 원리와 방법을 위한 문헌 연구로서 성경적 상담 운동을 개척한 제이 아담스(Jay E. Adams)와 2, 3세대 성경적 상담 학자들인 CCEF(Christian Counseling and Educational Foundation)의 연구의 결과를 살펴보았다. 또한, 타문화 현장인 중국인을 이해하기 위해, 중국의 문화와 종교, 가치관을 문헌상으로 연구하였다. 중국 기독교인의 문화와 종교성향을 묻는 설문 조사를 위해, 적용되는 기본 개념과 선행 연구를 통해 적절성과 타당성을 연구하였다.

두 번째로, 양적 조사 방법(quantitative analysis)이다. 이는 개혁 개방 이후 전통적 중국인과 현대 중국인의 차이점을 알아보기 위해 당대 중국인을 이해하려는 방법으로 '문화가치와 종교성향의 상관관계'를 연구하였다. 사회과학 연구 조사(Social Science Research) 방법으로 설문 조사(survey research)를 하였다. 설문지를 통한 결과물을 양적 분석으로 통계 처리하였고, 그 통계 처리의 결과를 해석하고 논의함으로써 연구를 진행하였다.

먼저 조사 대상자들의 인구통계학적 자료를 연구 문제에 따라 통계학적 도구를 사용하여 분석하였다. 양적 연구 방법에 사용한 설문지는 먼저 일반적 통계 데이터와 문화가치 측정 부분, 종교성향을 구분한 문항들로 되어 있고, 시간은 30분 내외로 답할 수 있는 분량이다. 이를 분석하여 처리하기 위해 통계학적 분석 도구인 SPSS Windows 18.0을 사용하였다. 설문 각각의 평가는 리커트 척도(Likert-Type Scale)[5]를 사용하여 5점 척도로 응답하도록 하였다.

---

5) 렌시스 리커트(Rensis Likert)가 고안한 척도로 응답자가 각 항목에 대하여 동의하는 정도를 '매

본 설문 조사는 중국 대도시인 베이징을 중심으로 한 삼자교회와 가정교회의 신자들, 신학교 학생들을 대상으로 조사하였다. 설문지의 작성은 기존의 자료를 기초로 하여 먼저 한글 설문지를 작성하여 중국어로 번역하였고, 중국 한족과 조선족 형제들을 통해 선행 조사를 한 후, 다시 수정하는 단계를 거쳤다. 설문 대상자들은 베이징을 중심으로 가정교회 지도자 학습반 학생들과 삼자교회 ○○신학원 학생들, 가정교회 신학교 세 군데의 학생들, 가정교회 신자들이다. 본 연구자와 중국인 상담사역 동역자가 직접 상담교육을 하는 강의실에서 조사하였다. 조사를 진행할 때, 설문지의 목적과 방법, 응답자의 비밀보장에 관하여 설명한 후에 학생들이6) 직접 작성을 한 것이다. 가정교회 신자들은 본인들의 공식 예배 후에 작성하였다.

세 번째로, 신자를 중심으로 하는 '성경적 상담'을 비신자에게 활용하기 위해 성경적 상담 모델을 고안하였다. 일반적으로 성경적 상담의 창시자인 제이 아담스(Jay E. Adams)의 상담 모델은 옛 습관을 벗어버리는 탈습관화와 새 습관을 입는 재습관화의 방식이다. CCEF 폴 트립(Paul D. Tripp)의 상담 모델로 '사랑하라, 알라, 말하라, 행동하라'의 4단계이다. 로렌스 크랩(Lawrence J. Crabb Jr.)의 상담 모델은 문제의 감정, 문제의 행동, 문제의 사고를 하나님의 말씀인 성경을 통한 상담 과정을 통해 성경적 생각과 행동, 성경적인 감정으로 변화시키는 7단계이다.

우 찬성'부터 '매우 반대'까지 5 단계의 범위를 설정하여 측정한다.

6) 본 연구에서 학생이란 한국과는 다른 상황으로 우리나라와 같은 신학 과정의 학생들도 있지만, 정규적인 신학 과정 없이 교회에서 사역하고 있는 사역자들과 이미 신학 과정을 마치고 교회에서 목회 활동 중 재교육을 받기 위한 연장 교육으로 모집된 학생들을 모두 포함하고 있다.

본 연구자의 상담 모델은 제이 아담스(Jay E. Adams)와 CCEF, 로렌스 크랩(Lawrence J. Crabb Jr.)의 상담 모델을 집약한 모델로 초기, 중기, 종결의 기본 3단계로 이루어져 있고, 각 단계를 전반부와 후반부로 나누어 6단계로 진행할 수 있다. 이 성경적 상담 모델의 각 단계와 그 단계에서 성취되어야 하는 주제는 무엇이며, 기본적으로 알아야 할 내용이 무엇인지를 집중적으로 연구하였다.

네 번째로 질적 연구 방법으로 '성경적 상담 3단계 모델'을 통해 실제 적용과 활용을 실행한 상담사례들을 기술하였다. 성경적 상담은 선교요, 교육이며, 실제 변화의 과정이다. 상담을 통해 비신자인 피상담자를 돕고, 구원하시는 성령을 의지하며 하나님의 말씀을 전하여 믿음의 역사를 기다리는 것이다. 성경적 상담에 의거하여 상담한 실제 상담사례를 통하여 성령의 역사하심과 인간의 변화를 살펴본다.

성경적 상담의 활용은 타문화권 피상담자, 특히 중국인의 당면한 문제를 해결하며 궁극적으로 복음 전도를 가능하게 함을 드러낼 것이다.

4. 연구사

(1) 성경적 상담 운동의 태동과 부흥

성경적 상담 운동은 제이 아담스(Jay E. Adams)에 의해 시작되었다. 당시 교회 안에 세속적인 심리학을 중심 사상으로 하는 상담 이론이 목회상담의 주류를 이루고 있었다. 제이 아담스(Jay E.

Adams)는 University of Illinois의 호버트 모러(Orval H. Mowrer)의 The Crisis Psychiatry and Religion과 The New Group Therapy를 읽으면서 큰 영향을 받았다.[7] 신행동주의학파인 모러는 1960년대 후반 이후 세속심리학에 반기를 든 사람 중 하나이다. 그는 비신자이지만 인간의 문제는 '죄와 책임의 문제'임을 주장하여 '책임의 도덕적 모델(moral model)'을 제안하였다. 당시 프로이트의 상담이론에 반기를 든 모러의 영향[8]을 받은 제이 아담스는 '권면적 상담(Nouthetic Counseling)'을 통해 심리학에 빼앗긴 목회자들의 역할을 되찾기 위해 성경 중심의 상담학을 개발하였다.[9] 그는 인간의 가치와 사고, 행동에 획기적인 영향을 끼친 프로이트의 정신분석 상담이론과 고전적 학습이론을 통해 인간의 행동을 조절할 수 있다는 행동주의 이론, 인간의 자아실현이 가능하다는 인간 중심 상담이론들을 맹렬하게 비판하며, 상담에 있어서 '성경의 완전하고 충분한 신뢰성'을 증명하였다. 데이빗 파울리슨(David Powlison)은 제이 아담스의 권면적 상담을 다음과 같이 기술한다.

제이 아담스의 주장은 크게 세 가지인데, 첫째로 현대 심리학적 이론들은 신학적으로 인간을 해석하는 데 있어서 좋지 못하며, 인생을 잘못 해석하는 구조적인 문제를 가지고 있다는 것이다. 둘째로 심리치료 전문가들이 목회자가 해야 할 영역들을 침범하여 목

---

7) Jay E. Adams, *Competent to Counsel*(Grand Rapid. Michigan: Baker Book House, 1970), ⅹⅳ

8) 제이 아담스(Jay E. Adams)가 모러에게 받은 영향은 첫째, 죄의 문제는 상담의 중심에 두고 인간을 죄에 대한 책임 있는 존재로 보는 것이며, 둘째, 죄의 자백과 구체적 행동을 통한 변화를 촉구하며, 셋째, 모러의 적극적이고 직접적인 상담자세, 넷째, 프로이트의 이론에 대한 비판과 무분별하게 심리학 이론을 사용하는 기독교 상담자들에 대한 비판이다. 단 모러는 비신자이므로 객관적인 기준이 없어 진정한 용서를 제공할 수 없다고 모러를 비판하였다. Jay E. Adams, *Competent to Counsel*, ⅺ-ⅹⅴ. 황규명. 『성경적상담의 원리와 방법』, 38-39.

9) Jay E. Adams, *What about Nouthetic Counseling?*(Phillipsburg, New Jersey: Presbyterian and Reformed Publishing Co., 1976), 2-6.

사들의 일을 하고 있다는 것이다. 셋째로 개혁주의 기독교인들의 해석에 의하면 성경은 목사들이 목회 상담을 할 수 있는 필요한 내용을 충분히 가르쳐 주고 있다는 사실이다.[10]

제이 아담스(Jay E. Adams)의 상담 진행 방법은 성경의 내용으로 옛사람의 습관을 벗어버리고 새로운 거룩한 습관을 습득하는 과정을 계속해서 하는 과정이며(엡 4:22-24; 골 3:9-10), 상담의 목적은 "영혼 구원과 성화"이다.[11] 제이 아담스는 개혁주의 신학을 바탕으로 조직신학을 기본 원리로 삼아 성경적 상담을 구성하였다. 그는 웨스트민스터신학교(Westminster Theological Seminary)를 중심으로 성경적 상담 운동을 시작한 후 NANC(National Association of Nouthetic[12] Counselors)를 조직하였으며, 인간의 죄와 책임을 강조하고 목회자들이 직접 상담할 것을 강조하였다. 정정숙은 "제이 아담스(Jay E. Adams)는 하나님 말씀의 절대권위를 믿고 성경을 상담에 적용시킨 '성경적 상담의 개척자'였고, 하나님의 손에 붙들려 하나님께 크게 쓰임 받은 이 시대의 위대한 상담학자 중 한 사람"이라고 평가하였다.[13]

1966년 제이 아담스와 베틀러(John Bettler)는 미국 웨스트민스터신학교(Westminster Theological Seminary in Philadelphia) 안에 성경적 상담과 훈련을 위한 기구로 CCEF를 설립하였다.[14] 이 기

---

10) David Powlison, *Competent to Counsel?: The History of Conservation Protestant Anti-Psychiatry Movement*, 전형준 역, 『정신의학과 기독교』(서울: 대서출판사, 2013), 11

11) 정정숙, 『기독교상담학』(서울: 도서출판 베다니, 1994), 304.

12) Nouthetic은 헬라어 νουθετοῦντες을 영어식 표기이며, 골 3:16에서의 '권면'이라는 뜻이다.

13) 정정숙, "권면적 상담을 주장한 제이 아담스 박사", 『삶의 길목에서 만난 사람들』(서울: 도서출판 베다니, 2016), 195.

14) 1966년에는 CCEC(Christian Counseling and Educational Center)이었다가 1968년에 명칭을 바꾸었다. 제이 아담스가 초대 원장, 베틀러가 2대, 현재는 Timothy Lane이 CCEF의 3대 원장이

관은 제이 아담스(Jay E. Adams) 이후 베틀러가 성경적 상담 연구
잡지인 *Journal of Biblical Counseling*의[15] 편집인이 되고 나서부
터 2세대 학자들과 함께 활발하게 활동하게 되었다.[16] 2세대 학자
들은 아담스의 '권면적 상담'의 명칭을 '성경적 상담'으로 바꾸었
다. "성경에는 상담에 관한 말씀이 풍부하여 '권면'이라는 용어가
모든 것을 대표할 수 없기 때문이다."[17] 인간 문제의 원인으로 인
간의 '죄'를 인정하되, 인간의 죄성 안에 있는 '동기'로 인간 내면
의 마음 욕구를 강조하였다. 이 동기는 인간이 행동하게 하는 숨겨
진 원인으로 인간이 추구하고 욕망하는 것이다. 이들은 그릇된 동
기가 마음의 우상이 되어 삶을 지배하게 된다고 주장한다.

　제이 아담스 이후 데이빗 파울리슨(David Powlison), 폴 트립
(Paul D. Tripp), 에드워드 웰치(Edward Welch), 티머시 레인
(Timothy Lane) 등은 미국의 동부 웨스트민스터 신학교와 CCEF에
서 성경적 상담 교수사역과 상담사역을 병행하고 있으며, 서부에서
IBCD(The Institute for Biblical Counseling & Discipleship)의 조
오지 시피오니(George C. Sciopine)와 매스터즈 대학(Master's
University)의 웨인 맥(Wayne Mack)에 의해서도 성경적 상담은 성
장하게 된다.[18] 현재 성경적 상담 운동은 미국 전 지역에 골고루

다. 황규명. 『성경적상담의 원리와 방법』(서울: 바이블리더스, 2010), 40.

15) 제이 아담스는 *Journal of Biblical Counseling*의 전신인 *Journal of Pastoral Counseling*의 편집인이
　　었다.

16) 아담스는 목회자 위주로 상담교육을 하였는데 베틀러는 여성과 평신도를 상담자로 포함하였
　　다. 전형준, 『성경적상담과 설교』(서울: 기독교교문서선교회, 2011), 47.

17) 황규명. 『성경적상담의 원리와 방법』, 41.

18) IBCD는 미국 서부의 성경적 상담훈련 연구기관이며, 시피오니(George C. Scipione)는 제이 아
　　담스의 제자로 IBCD의 창립자로 현재 Reformed Presbyterian Theological Seminary의 성경적
　　상담학 교수이다.

퍼져 부흥기를 맞이하고 있다. CCEF의 성경적 상담학자인 폴 트립 (Paul D. Tripp)은 '성경적 상담'의 원리를 통한 상담 방법 모델을 4단계로 제시하였다.

제이 아담스와 2세대들의 성경적 상담의 공통 전제는 다음과 같다. 첫째로 성경 해석에서 하나님의 형상으로 창조된 인간과 죄와 타락으로 인한 죄의 영향을 강조하였다. 둘째로 신자들의 점진적 성화와 회개와 믿음을 통한 사랑과 하나님의 말씀에 순종하는 삶을 통해 성령의 능력으로 인간이 변화되며, 전인적 변화가 가능하다는 것이다. 셋째로 강조점의 차이에 있어서 제이 아담스는 피상담자의 죄와 책임을 강조한 데 반해, 2세대들은 피상담자를 죄인이며 고통당하는 인간으로 이해한다는 것이다. 제이 아담스가 고난이나 고통을 강조하지 않은 것은 아니다. 2세대가 고통이나 고난을 체계화하여, 죄에 초점을 맞추던 것에서 고통을 주시함으로써 균형을 이루게 한 것이다.[19] 넷째로 인간의 동기에 대한 차이로 제이 아담스는 행동의 변화를 위한 탈습관화와 재습관화를 강조하였고, 2세대들은 마음의 문제에 초점을 두고 마음속 우상이나 동기를 체계화하여 마음의 변화를 강조하였다. 다섯째로 상담교육 훈련 대상자에 대한 차이점으로 제이 아담스는 목회자들을 중심으로 하는 상담과 하나님의 말씀만을 중심으로 권면적인 교육을 강조하였고, 2세대들은 여성과 평신도들을 훈련하여 성경적인 상담을 하는 데 중점을 두었다. 여섯째로는 아담스는 세속심리학에 빼앗긴 상담의 역할을 교회와 목회자들이 다시 찾아야 함을 강조하여 새로운 성경적인 상담

---

19) Heath Lambert, *The Biblical Counseling Movement after Adams*, (Wheaton, Illinois: Crossway, 2012), 60.

모델을 구축하고자 하였으며, 이로 인해 다른 상담이론, 세속심리학의 이론이나 기독교 상담 학자들과 교류가 없었다. 2세대들은 다른 상담 모델들과의 소통의 중요성을 인식하여, 다른 기독교 상담 학파와의 교류를 강조하며 변증법적으로 성경적 상담을 알리는 데 공헌하였다. 램버트는 성경적 상담 운동이 무신론 사회뿐 아니라 모든 상담 문화에도 적극적으로 관여하여, 상처를 입고 고통을 겪는 피상담자를 기다릴 것이 아니라 예수 그리스도의 대사명을 받은 제자로서 적극적으로 찾아갈 것을 주장한다.[20]

성경적 상담(Biblical Counseling)의 용어는 로렌스 크랩(Lawrence J. Crabb Jr.)의 저서 *Basic Principles of Biblical Counseling (1975), Effective Biblical Counseling: A Model for Helping Caring Christian Become Capable(1977)*[21]에서 처음 사용되었다. "로렌스 크랩의 성경적 상담은 고통스러운 환경 속에서도 변화된 마음으로 하나님께 순종하고 기쁨과 감사의 삶을 살아가도록 인도하는 상담"이며,[22] 성경적 상담사역에서 훈련 대상의 영역을 목회자뿐만 아니라 평신도에게까지 넓혔다.[23]

성경적 상담 운동은 심리학적 상담이 대세를 이루던 시기에 제이 아담스를 시작으로 성경이 신자들의 삶의 표준이요 생활의 규범이기에, 상담의 기본 원리가 됨을 깨우친 하나님의 말씀 사역이다.

---

20) Lambert, *The Biblical Counseling Movement after Adams*, 120.

21) 이 책은 『聖經的相談學』(서울: 총신대학교출판부, 1982)으로 정정숙에 의해 번역 출판되었다.

22) 고성실, "아담스의 권면적 상담에 근거한 위기상담 활용 방안에 관한 연구", (박사학위논문, 서울성경신학대학원대학교, 2012), 106. "크랩의 성경적 상담의 목표는 보다 풍성한 예배의 경험과 보다 효과적인 봉사의 생활 가운데 들어가도록 도움으로써 신자의 성숙을 증진시키는 것이다." 107.

23) "로렌스 크랩의 상담학은 현재 기독교심리학 그룹으로 인정되고 있다." 황규명. 『성경적상담의 원리와 방법』, 40. 로렌스 크랩의 상담이론의 평가는 정정숙, 『기독교상담학』, 349-351을 참고하라.

(2) 성경적 상담을 통한 전도 및 선교

상담자는 문제를 가진 피상담자를 상담실이나 삶의 현장에서 만나게 된다. 성경적 상담은 오로지 신자들만을 위한 상담이론은 아니다. 상담을 통해 비신자와 관계를 맺고, 문제를 이해하며, 문제의 근원인 마음의 동기를 깨닫게 한 후, 이에 직면하게 한다. 이런 상담 과정에서 성경적 상담자는 피상담자에게 복음을 전파할 수 있다. 시간이 걸리는 일이지만, 결코 놓쳐서는 안 되는 매우 중요한 과제이다.

제이 아담스는 '권면적 상담'을 통해 복음이 전파되는 것은 자연스러운 것이라고 하였으며, 개혁주의 그리스도인인 상담자들이 아직 구원받지 못한 피상담자에게 복음을 전하지 않을 수 없다고 하였다.[24] 그러나 파울리슨의 연구에서 CCEF에 의뢰하여 상담한 피상담자를 분석한 결과에 의하면, 피상담자 중 목회자 그룹과 선교단체 관련자가 50%를 차지하였다. 그 외 제이 아담스의 친구들과 CCEF 학생들, 그들의 친척, 기독교 학교 관계자들이 전체 피상담자의 45%이다. 비신자는 오직 5%로 사회적 봉사 시설과 광고를 보고 온 사람들이었다.[25] 즉, 성경적 상담의 주 대상자는 신자였다. 비신자에게는 "예비상담, 즉 복음 전도(precounseling, i.e. evangelism)"를 우선으로 해야 함을 주장하였다.[26] 그러나 예수 그리스도는 찾아온 사람들의 상황을 잘 아셨으며, 그들 모두를 맞이하였

---

24) Jay E. Adams, *Competent to Counsel*(Grand Rapid. Michigan: Baker Book House, 1970), 70. 제이 아담스는 로마서 8장 8절에 의거하여 오로지 신자에게만 성령의 역사하심으로 변화를 일으킬 수 있으므로 성경적 상담이 가능하다고 하였다.

25) Powlison, 『정신의학과 기독교』, 146.

26) Jay E. Adams, *How to Help People Change: the Four-Step Biblical Process* (Grand Rapid. Michigan: Zondervan Publishing House, 1986), viii.

고, 각자의 문제를 들으시고 해결해 주셨고, 병자를 고치셨고, 예수님 자신이 하나님이시며 하나님의 아들이며, 죄를 용서하시는 권세가 있음을 알리는 복음을 전하셨다.

성경적 상담자도 예수님처럼 피상담자가 신자이든 비신자이든 상관하지 않고, 피상담자를 이해하기 위해 열심히 경청하고 공감하며, 당면한 문제를 도와주어 성령의 역사가 일어날 수 있도록 하나님의 말씀으로 부드럽게 옮길 수 있는 능력이 필요하다.

윤홍식은 '성경적 상담전도법'을 고안하여 현재 목회 중에 활용하고 있다. 그의 상담전도법은 성경적 상담의 원리를 전도법의 기본 원리로 한 것이다.[27] "성경이 복음 전도에 있어서 가장 완벽한 도구이며, 성경을 읽거나 성경의 원리를 함께 나눌 때 변화가 일어난다. 하나님께서 성경을 접하는 각 사람을 원하시는 대로 변화시키신다."[28] 라고 하며, 4단계로 전도 방법을 구성하였다. 상담전도법의 각 단계는 전도 대상자와의 관계 형성, 하나님과의 관계 형성, 열매 맺는 삶의 시작, 새로운 변화와 성숙의 순환 단계로, 단계마다 전도 대상자의 마음 변화와 상담자의 태도 및 방법을 기술하였다.[29]

폴 피바디(Paul Peabody)는 미국 교회에서 성경적 상담을 통해

---

27) "첫째, 예정론은 하나님의 섭리와 작정하심을 보여주는 은혜로운 교리이다. 실제전도에 있어서 최선을 다하여 전도대상자들에게 있는 모든 부정적인 마음과 거부하는 태도에 다가가려고 한다. 상담자는 능동적이고 적극적이 된다. 둘째, 상담자의 전도대상자에 대한 열심을 중요시하여 전도대상자의 관심과 사랑을 갖고 하나님의 은혜와 도우심을 마음속으로 들어가 힘입어 복음을 전달한다. 셋째, 다양한 인간적인 방법을 의지하지 않고 하나님의 능력을 매 순간 하나님께 의지하는 것이 가장 가치 있고 의미 있는 헌신이요 충성이라고 믿는다. 넷째, 하나님의 관점을 통해 복음을 받아들이기 위한 길을 열어주어 전도대상자 자신의 깨달음과 회심과 결단을 통해 복음을 받아들이고 진실한 신앙인이 되도록 인도한다." 윤홍식, "상담전도법의 이론과 실제", 「복음과 상담」, 제 4권 (2005), 343-344.

28) 윤홍식, "The Theory and Practice of Evangelistic Biblical Counseling" (박사학위논문, 웨스트민스터신학대학원, 2005), 35.

29) 윤홍식, "상담전도법의 이론과 실제", 351-358.

비신자가 전도되는 사례들을 연구하였다. 첫 번째로 Faith Baptist Church의 성경적 상담센터는 밥 스미스(Bob Smith)와 빌 구드(Bill Goode)에 의해 세워져 성경적 상담을 통해 비신자들을 섬기면서 전도사역을 하고 있음을 밝혔다.[30] 두 번째로 Kirksville Church of the Nazarene의 'Heart Biblical Counseling and Training Center'는 마크 해거(Mark Hager) 목사 부부에 의해 운영되고 있다. 이들은 피상담자의 75%가 비신자이며, 2002년부터 교회의 무료 상담을 통해 매년 10개 가정 이상이 그리스도를 영접하여 교회 공동체에 속하고 있다고 보고하였다. 주로 신자인 친구들이나 동료들의 소개로 오는 비신자들을 만나 무료 상담을 통해 당면한 문제를 해결해주며, 결국 복음, 즉 예수 그리스도를 전하는 역할을 하고 있다. 특히 청소년 범죄와 아동 성폭력에 대하여 세미나와 실제 상담을 통해 지역사회에 공헌하고 있다.[31] 구원이 하나님의 선물이듯이(엡 2:8) 무료 상담을 통해 한편으로 비신자들의 문제를 해결하고 한편으로는 복음이 전해지고 있다.

성경적 상담을 통해 전도할 때 고려해야 할 점은 시간과 인내가 필요하다는 것이다. 끊임없는 기도를 통해 성령의 역사를 간절히 구해야 한다.

다음 6가지 질문은 성경적 상담을 통해 복음 전도(선교)를 할 경

---

30) Paul Peabody, "Biblical Counseling As An Evangelistic Method: A Golden Opportunity For Evangelizing The Unsaved And Making Disciples For Christ", (Master of Arts, The Master 's College, 2011), 103. Faith Baptist Church는 Indiana주 Lafayette에 위치한 교회로 밥 스미스박사는 NANC의 첫 번째 책임자였고, 빌 구드목사는 세 번째 책임자였다. 가장 오래된 성경적 상담센터로 동시에 24명의 젊은 여성들이 수퍼비전을 받을 수 있는 Vision of Hope Residential Treatment Center가 있다. 1973년에서 1990년 초반까지 미국 전 지역에서 세미나를 열고 천명 이상의 목사들과 선교사들을 계속적으로 훈련시켰다. 제이 아담스는 페이스침례교회 상담사역이 가장 인정할 수 있는 본보기라고 평가하였다.

31) Peabody, "Biblical Counseling As An Evangelistic Method", 106.

우 고려해야 할 점들이다.

> (1) 성경적 상담자는 어디에서 복음 전도의 기회를 찾을 수 있는가? (2) 비신자 피상담자의 영적 상태를 어떻게 평가할 수 있나? (3) 비신자에게 상담할 때 어떤 한계를 직면하는가? (4) 비신자들에게도 하나님의 말씀으로 권면해야 하나? (5) 상담 과정에서 복음 전파의 기회를 어떻게 할 것인가? (6) 비신자들이 그리스도에게로 돌아가지 않을 때 어떻게 해야 하나?32)

성경적 상담에서는 신자뿐 아니라 비신자의 영적인 상황을 고려해서 상담 도중에 복음을 전하는 기회를 찾을 수 있다.33) 물론 구원은 전적인 성령의 역사하심이므로 인간 상담자의 한계는 있을 수밖에 없다. 그러나 성경을 통해서 직접 교훈하거나 대화로 핵심적인 복음을 전하는 기회를 놓쳐서는 안 된다. 또한, 신자라 할지라도 반드시 하나님의 자녀로서의, 예수 그리스도의 제자로서의 정체성을 재확인할 필요가 있다. 성경적 상담은 이제 교회뿐 아니라 세상과 타문화권 현장에서 피상담자의 문제를 함께 해결하여 돕고, 그들의 영적인 문제까지 섬기고 돌보는 데 이르고 있다.

---

32) Robert D. Jones, "Biblical Counseling: An Opportunity for Problem-Based Evangelism", *Journal of Biblical Counseling*, Vol. 31, No. 1, (Spring 2017), 76. 첫째, 성경적 상담자는 언제 어디서나 피상담자를 만나 대화를 통해 복음 전도의 기회를 찾을 수 있다. 피상담자의 당면한 문제를 함께 나누며 해결하는 방법을 찾는다. 둘째, 비신자 피상담자를 위해 사도 바울이 에베소교회를 위해 밤낮으로 수고했듯이, 인내함으로 나아가는 것이다. 셋째, 인간 상담자도 피상담자와 마찬가지로 연약한 죄인이라는 사실을 명심하고, 온전한 상담자이신 성령 하나님을 의지하며 피상담자를 하나님께 맡기는 것이다. 넷째, 비신자에게도 하나님의 말씀으로 권면하고 직면할 수 있어야 한다. 성령님은 하나님의 말씀을 통해 역사하시기 때문이다. 다섯째, 신뢰 관계가 형성이 된 후에 복음 전도의 기회를 찾아야 한다. 여섯째, 인간 상담자는 피상담자가 끝까지 거부하거나 돌아설 때라도 그를 기쁜 마음과 감사함으로 축복한다. 인간 상담자 당사자가 열매를 맺게 하지 않을 수도 있다. 하나님의 때를 기다리는 믿음이다.

33) "복음 전도는 특별한 사람들이 하는 특별한 과업이 아니다(롬 8:4)." Jay E. Adams, *Shepherding God's Flock: a Handbook on the Pastoral Ministry, Counseling, Leadership* (Phillipsburg. New Jersey: Presbyterian and Reformed Publishing Co., 1980), 477.

(3) 한국에서의 성경적 상담 운동

한국에 처음으로 제이 아담스를 소개한 사람은 정정숙 교수이다. 제이 아담스의 소책자 "염려를 어떻게 극복할 것인가?"를 「기독신보」에 번역 게재함으로 시작하였다. 그 후 신학교에서 성경적 상담을 강의하기 위한 교재로 1975년 Competent to Counsel(『목회상담학』)과 The Christian Counselor's Manual(『상담학개론』) 등을 번역하여 출판하였고, 계속하여 성경적 상담학을 후학들에게 가르치고 있다. 1995년 '한국성경적상담학회'를 창립하고 학회 회장으로 지금까지 활동하고 있다.[34]

황규명 교수는 미국 웨스트민스터신학교의 한국어 과정을 도입하여, 이를 통해 한국 교회 내에 성경적 상담이 활기를 띠게 되었다. 현재 여러 신학교에서 성경적 상담학이 교육되고 있으며, CCEF의 책들이 한국어로 번역되고 있다. 그러나 실제 교회 안에서 성경적 상담의 적용과 실천은 너무나 미비하다.[35] 성경적 상담에 관한 서적은 다음과 같이 번역되어 읽히고 있다.

성경적 상담의 개척자인 제이 아담스의 서적으로 Competent to Counsel(『목회상담학』, 정정숙 역),[36] The Christian Counselor's Manual(『상담학개론』, 정정숙 역), A Theology of Christian Counseling:

---

34) 전형준은 "한국성경적상담협회(Korean Association of Biblical Counseling, 1995)가 창립되었다"라고 쓰고 있지만, 정확한 한글 명칭은 '한국성경적상담학회'이다. 전형준, "한국교회와 성경적 상담의 이해와 과제," 한국복음주의상담학회, 「복음과 상담」 제19권(2012), 28.

35) 성경적 상담을 중심으로 하는 박사학위논문으로 전형준, "성경적 상담설교의 분석과 방향: 성경적 상담과 설교의 통합을 중심으로", (박사학위논문, 총신대학교대학원, 2011). 고성실, "아담스의 권면적 상담에 근거한 위기상담 활용 방안에 관한 연구", (박사학위논문, 서울성경신학대학원대학교, 2012) 등이 있다.

36) 제이 아담스의 책은 1970년에 출간되었다. 당시 게리 콜린스는 이 책이 팔리지 않을 것이라 예측했지만, 당시 베스트셀러가 되었다. 제이 아담스는 상담사역이 교회의 사명임을 주장하였다. 황규명, 『성경적상담의 원리와 방법』, 39.

More Than Redemption(『상담신학』, 전동식 역), *Pastoral Counseling* (『성공적인 목회상담』, 정삼지 역), *How to Help People Change*(『완전한 변화를 위하여』, 이승재 역) 등이 있다.

2세대의 학자로 웨인 맥(Wayne A. Mack)의 *Counseling: How to Counsel Biblically?*(『상담론』, 안경승 역)이 있으며, 이후 CCEF의 2세대 학자들의 활발한 저술 활동으로 많은 서적이 출판되어 번역되었다. 데이빗 파울리슨(David Powlison)의 *Competent to Counsel? The History of A Conservative Protestant Anti-Psychiatry Movement*(『정신의학과 기독교』, 전형준 역), *Seeing With New Eyes: Counseling and the Human Condition Through the Lens of Scripture*(『성경적 관점으로 본 상담과 사람』, 김준 역), 폴 트립 (Paul D. Tripp)의 *War of World*(『영혼을 살리는 말, 영혼을 죽이는 말』, 윤홍식 역), *Instruments in the Redeemer's Hands*(『치유와 회복의 동반자』, 황규명 역), 에드워드 웰치(Edward T. Welch)의 *Blame It on the Brain: Distinguishing Chemical Imbalances, Brain Disorders, and Disobedience*(『뇌 책임인가 내 책임인가』, 한성진 역), *Addictions: A Banquet in The Grave Finding Hope in The Power of The Gospel*(『중독의 성경적 이해』, 김준 역), 티머시 레인 (Timothy Lane)과 폴 트립(Paul D. Tripp)의 공저로 *Relationships: a mess worth making*(『관계가 주는 기쁨』, 이명숙 역), *How People Change*(『사람은 어떻게 변하는가』, 김준수 외 역) 등이다. 또한 3세대로서 히스 램버트(Heath Lambert)의 *The Biblical Movement After Adams*(『성경적 상담의 핵심 개념』, 전형준 역) 등이 있다.[37]

---

37) 램버트는 ACBC(Association of Certified Biblical Counselors 성경적상담자협회) the Executive

성경적 상담은 성경을 중심으로 하며 신앙의 기본 원리로서 신학적 이해를 매우 중요시한다. "성경은 성경적 상담을 위한 체계를 제공한다. 역사, 인류학, 문학, 심리학, 생물학 같은 분야가 다양한 부차적인 방식으로 유용할 수는 있지만, 사람을 이해하고 상담하는 체계를 제공할 수 없다."[38] 단지 인간의 문제를 다루기 위한 주변 학문으로 철학, 심리학, 사회학, 교육학, 의학, 약학, 법률학, 생리학 등을 활용할 수 있다. 이러한 "주변 학문들을 성경의 조명 아래 바르게 이해함으로 바른 성경적 상담을 성취하는 것"이다.[39] 성경적 상담은 성경의 목적에 합당하게 성경을 통하여, 성경의 관점으로, 성경만을 인생의 최대 목적으로 삼는 것을 핵심으로 한다.

5. 연구 범위와 한계

본 연구의 학문적 범위는 다음과 같다. 첫째, 성경적 세계관의 관점에서 삶의 양식인 문화를 통해 인간의 전인적이고 근본적인 변화와 성숙을 위하는 성경적 상담의 이해이다. 둘째, 성경적 세계관에 근거한 인간의 변화를 위하는 인간과 하나님에 대한 개혁주의 신학적 이해이다. 셋째, 다문화 사회인 중국과 중국인 선교를 위해 중국인의 종교와 문화, 가치관을 이해하는 사회학과 문화인류학적 이해이다. 넷째, 상담 현장에서 일어나는 상담 실제를 위한 성경적

Director이다. BCC(Biblical Counseling Coalition 성경적 상담 연합회)를 설립했으며, 학술지인 The Journal of Family Ministry와 The Journal of Biblical Manhood and Womanhood의 편집인이다.

38) MacArthur & Master's College Faculty, 『상담론』, 456.

39) 정정숙, 『기독교상담학』, 196.

상담 모델의 고안과 상담사례에 대한 연구이다.

이러한 연구를 기반으로 본 연구의 2부에서는 성경적 상담의 기본 원리들과 방법들에 대해 살펴보며, 3부에서는 현대 중국인에 대한 이해를 위하여 당대를 사는 중국인의 문화와 종교성향과의 관계 및 중국인의 가치관을 연구한다. 문화를 초월하는 성경적 상담이 타문화권 현장에서 필요함을 기술한다. 4부에서는 성경적 상담의 활용 방안으로서 상담 모델을 도출해 내며, 이를 통해 중국인 선교가 가능함을 밝힌다. 또한, 실제 상담사례를 기록하여 성경적 상담 과정을 분석하여 기술한다.

본 연구가 공헌한 점은 다음과 같다.

첫째, 성경적 상담을 통해 복음 전도, 즉 선교를 실행한 것이다. 중국 선교와 성경적 상담과의 연결, 성경적 상담을 통해 복음 전도의 가능성을 연구한 부분이다.

둘째, 오랜 선교 활동을 통한 중국인의 심성과 문화, 특징 등을 연구하여 중국 선교 또는 중국인 상담의 기초 자료로 도움을 줄 수 있다. 중국인 선교를 위해 중국 기독교인의 정체성을 연구하여 문화가치가 종교성향과 관련이 있음을 밝혀 주었다.

셋째, 성경적 상담을 통해 비신자의 치유와 복음 전도의 실제 사역을 보여주었다는 점이다. 즉 상담을 통하여 타문화권인 중국인들의 당면한 문제를 해결하고 복음을 제시하며 성숙에 이르는 제자 양육에까지 이른 것이다.

본 연구를 진행하는 데 다음과 같은 연구의 한계가 있다.

첫째, 상담윤리에서 피상담자를 보호하는 것이 최우선이기 때문에, 피상담자의 허락으로 기술한다고 해도 피상담자의 상황을 자세히 드러낼 수 없는 한계가 있다. 성경적 상담을 적용한 본 연구자의 상담사례는 전인적 변화를 위한 일대일의 개인 상담으로, 상담 윤리의 비밀보장 유지를 위해서 드러날 수 있는 점을 다 기록할 수 없었다. 이 때문에 더 많은 상담사례의 내용을 기술하기에 어려움이 있다.

둘째, 사용된 양적 조사 연구에 있어 한계점들이 있다. 먼저 설문 대상의 한계이다. 본 연구에 사용된 표집 대상은 중국의 수도인 베이징을 중심으로 한 적은 수의 대상이기 때문에 본 연구의 표집 대상이 중국 기독교 신자 전체를 나타낸다고 할 수 없다. 다음으로 사용된 자료 수집 방법에 대한 한계이다. 표집 방법이 실제적인 행동을 관찰한 것이 아니라 설문지를 통해 응답자가 자기 생각을 표한 것이기 때문에, 본 연구에서 다루지 못한 여러 가지 다양한 가능성과 예외적인 상황이 있을 수 있다. 양적 연구와 함께 같은 질문에 대해 녹음, 인터뷰와 같은 다양한 관찰 방법과 질적 연구가 보완될 필요성이 있음을 밝혀 둔다. 마지막으로 설문 참여자 응답의 제한성이다. 설문 조사가 아직 익숙하지 않은 문화이기에, 많은 문항에 대해 자신의 의견에 따라 답하기 어려워하는 응답자도 있었다.

셋째, 성경적 상담을 통한 기록된 기타의 상담 선교 사례가 적다는 것이다. 그런데 상담 현장에서 상담의 결과로 비신자가 신자로 구원에 이르게 된 사실의 증거들이 많다.

6. 용어 정의

본 연구에서 핵심적으로 사용되는 전문용어를 정리하면 다음과 같다.

(1) 성경적 상담(Biblical Counseling)

아담스(Jay E. Adams)가 밝힌 것처럼, "상담을 위한 기독교적 토대, 기독교 상담을 위한 토대는 바로 신구약 성경 자체이며, 성경이 상담의 교재이다(The Bible is his counseling textbook)."[40] 성경적 상담은 이를 기본으로 한다. 즉 성경을 통하여, 성경의 관점으로, 성경만을 인생의 목적으로 삼는 것을 핵심으로 한다. CCEF의 성경적 상담의 기본 원리는 일곱 가지로 제시된다. 첫째, 인간은 하나님의 형상으로 창조되었다. 둘째, 인간은 죄로 인하여 타락한 존재이다. 모든 인간은 죄인이라는 전제하에, 문제의 근원은 죄이므로 회개로 시작하여 새롭게 신분이 변화되는 신자로서의 정체성을 회복하는 상담이다. 셋째, 인간의 문제는 마음의 문제이다. 넷째, 상담의 원리와 방법은 성경에 근거하며 복음이 핵심이다. 성경적 상담은 상담 현장에서 만나는 상담자와 피상담자 모두가 성경을 삶의 목적과 방법으로 삼는 상담이다. 신앙과 생활의 이중적인 삶이 아닌, 성경에 기록된 원리와 방법을 가지고 신앙대로 일상생활을 사는 것을 최고의 가치로 두는 상담이다. 다섯째, 성경적 상담의 본보기는 예수 그리스도이다. 여섯째, 인간은 이 세상에서 고통당하

---

40) Jay E. Adams, *A Theology of Christian Counseling: More than Redemption* (Grand Rapid. Michigan: Zondervan Publishing House. 1979), xiii.

는 존재이다. 일곱째, 인간의 진정한 변화는 성령의 역사로 이루어
진다.

상담의 방법은 문제의 해결을 위해 마음의 욕구와 그 동기를 찾
아내어 성령님이 역동적인 역사하심과 하나님의 은혜로서 전인격적
으로 변화되는 것을 목표로 한다. 특히 비신자의 경우, 상담을 통해
복음이 전해져 생명의 근원적 변화인 구원으로 이끄는 것을 목표로
하는 것을 포함한다. 결국, 성경적 상담의 목표는 구원과 성화이다.
성경적 상담은 문화, 인종, 종교를 초월하여 성령 하나님의 역사하
심으로 비성경적인 사고와 감정, 행동이 성경적 사고와 감정, 행동,
성품으로 전인격적인 변화가 일어나도록 훈련하는 상담을 말한다.

(2) 선교(복음 전도, Evangelism)

선교(mission)는 라틴어의 'mitto'에서 유래되어 '보내다', '파송
하다'의 의미이며, 이 일에 부름을 받은 선교사는 '세상에서 사도의
생활과 사역을 위해서 보냄을 받은 자'로 복음 전도를 위해 파송되
는 사람들이다.[41]

선교는 하나의 프로그램이 아니라 사람들에 대한 것으로서, 사람
들을 깊이 이해하는 데서 시작하여 그들과 일체감을 형성하고 사랑
과 신뢰의 관계를 형성한다. 복음을 이해하고 자신의 옛 종교 방식
을 비평할 수 있도록 돕고, 일상생활에서 성경적으로 생각할 수 있
도록 복음을 전하는 것이다.[42]

---

41) 이정현, 『실천신학개론』(시흥: 도서출판 지민, 2007), 299

42) Paul G. Hiebert · R. Daniel Shaw · Tite Tienou, *Understanding folk religion*, 문상철 역, 『민간종
교의 이해』(서울: 한국해외선교회출판부, 2006), 23-24.

선교는 신자가 하나님의 대변자가 되어 은혜의 메시지를 비신자들에게 전하는 것이다. 선포하는 활동이 아니라 선포된 사실, 즉 선포 자체이자 선포된 메시지를 의미한다. 전파의 내용인 복음은 나사렛 예수에 관한 좋은 소식으로 성자 예수님의 성육신과 속죄 사역, 하나님의 나라에 관한 소식이다. 하나님 아버지께서 인간 죄인들을 위하여 자기 아들을 구원자로 높이 세움으로써 하나님을 영화롭게 하는 영원한 의도를 실행에 옮기신 것을 뜻하는 내용이다.[43] 상담 현장에서 비신자를 만나 상담하는 성경적 상담자는 복음 전도자이다.[44]

19세기의 중국 선교는 성공적인 사례가 아니었다. 왜냐하면, 당시의 150만 명 정도의 중국 기독교 신자들은 Rice Christian(구호물자를 얻기 위해 신앙을 갖는 사람들)이 대다수를 이루었기 때문이었다. 1949년 중국의 공산화 이후 교회와 신학교는 문을 닫을 수밖에 없었고, 해외의 선교사들은 모두 추방되었으며, 정부가 공인한 삼자교회(三自敎會)는 정부의 관리 체제하에 공산당의 지시대로 움직이게 되었다.[45] 더욱이 문화대혁명(文化大革命, 1966-1976) 시기 동안에 많은 기독교인이 순교를 당하였고, '죽의 장막'으로 그들의 상황을 알 수가 없었다. 그러다가 마오쩌둥(毛澤東)의 사망 이후 덩샤오핑(鄧小平)의 개혁개방 정책으로 중국 교회의 실체가 드러나기 시작하자, 서방 교회는 놀라지 않을 수 없었다. 삼자교회의 발표와

---

43) J. I. Packer, *Evangelism & the Sovereignty of God*, 조계광 역, 『복음 전도란 무엇인가』(서울: 생명의 말씀사, 2012), 41, 63, 67.

44) 고성실, "아담스의 권면적 상담에 근거한 위기상담 활용방안에 관한 연구", 119.

45) 삼자교회는 중국기독교삼자애국운동위원회(中國基督敎三自愛國運動委員會)의 약칭으로 교회는 국가의 공산당 지도와 관리를 받으며 첫째, 당을 사랑하고 둘째, 하나님을 사랑하고, 셋째, 인민을 사랑하되 외국의 도움을 받지 않고, 자치(自治), 자양(自養), 자전(自傳)의 삼자(三自)를 원칙으로 한다.

가정교회의 발표 사이에 큰 차이가 있지만, 현재 중국 기독교 신자의 수는 많으면 1억, 적어도 6~8천만 명을 예상한다.46) 이러한 부흥의 역사는 인간의 활동을 뛰어넘는 성령의 역사로 볼 수밖에 없다. 중국 선교는 하나님의 섭리 가운데 계속 진행되고 있다.

(3) 중국(中國, China)

대륙 중국은 1949년 공산화된 후 정치적인 면에서 사회주의 체제로 지금까지 지속하고 있다. 경제적으로는 1978년 개혁개방을 시행하면서 자본주의 경제체제가 유입되었다.

본 연구에서의 중국은 베이징을 수도로 하는 본토 대륙의 중화인민공화국((中华人民共和国, People's Republic of China)을 지칭한다. 중국은 대다수인 한족(漢族)과 55개의 소수민족으로 구성되어 있다. 중국인(中國人, Chinese)으로 대만인, 홍콩인들은 모두 중국인의 뿌리를 갖고 있다. 중국인 중 화교(華僑)란 본국을 떠나 해외에 거주, 정착하여 경제활동을 하는 중국인이나 그 자손을 말한다. 중국인은 고도의 적응력과 근면성을 지니고 있으며, 사업 수완이 뛰어나다. 세계 각지에 차이나타운을 형성하여 민족적 단결성을 나타낸다. 특히 동남아 지역에서 강력한 통치력과 지배적인 경제권을 형성하고 있다. 베트남 건국의 아버지 호찌민, 필리핀 건국의 아버

---

46) 김종구, "부흥하는 중국 교회, 창궐하는 중국 교회 이단들(1)", 위드차이나 "한중기독교교류세미나(韓中基督敎交流硏討會)에서 중국 기독교 삼자애국운동위원회 부주석이며 섬서성 기독교양회 주석 겸 회장인 왕쥔(王俊)은 공식적으로 중국의 기독교인의 숫자는 2,500만 명, 교회는 60,000여 개이다. 물론 여기에는 등록하지 않은 교회 즉 가정교회에 소속된 숫자는 포함되지 않은 것이다. Voice Of America에서 발표한 숫자는 8,000만 명에서 1억 명 정도이며, 아시아하비스트(Asia Harvest)에서는 8,200만 명으로 보고 있다. 중국사회과학원 농촌발전 연구소의 발표도 가정교회 신자를 6,000~7,000만으로 추산하고 있어 삼자교회 신자와 합하면 약 1억 명이 되며, 크리스찬투데이(Christian Today)는 1억 3,000만 명까지 추산하고 있다. 우심화교수는 6,777만 명에서 7,602만 명 또는 그 이상이라고 주장한다."

지 호세 리살, 캄보디아의 론 놀 대통령, 싱가포르의 리콴유 수상, 미얀마의 네윈 대통령도 화교이다.[47]

화교들은 이미 그 상황의 문화에 태어나고 자라며 이중 문화를 이미 경험한 상황이라 대륙 중국인의 의식과 가치관과 비교하여 차이점이 많다. 본 연구는 대륙의 중국인들만을 대상으로 하며, 타이완 사람과 화교들은 여러 면에서 많은 차이가 있으므로 제외하였다.

(4) 문화(culture)

문화란 어떤 특정 집단이나 민족을 지배하는 가치관이다. 문화는 자연 상태에서 벗어나 일정한 목적 또는 생활 이상을 실현하고자 사회 구성원에 의하여 습득되고 공유된 체계이며, 사회 구성원의 공통점이다. 문화는 세대로 전달되는 행동 양식이나 생활양식(life style)이며, 문화의 전달 과정 및 그 과정에서 이룩해 낸 물질적, 정신적 소득을 모두 통틀어 이르는 말이다.

고유 문화가치(Traditional cultural value)는 어떠한 나라나 민족이 본래 가지고 있는 독특한 문화이다. 외래문화에 의해 동화되지 않고 종교, 관습, 사상, 언어, 역사 등 세대를 이어 전해지는 문화유산을 통해 드러나는 내면적이며 고전적 가치이다. 고유 문화가치는 형식적, 비형식적 교육을 통해 전해지며, 환경의 변화와 관계없이 자신의 정체성을 지키려고 노력한다. 이것은 형이상학적인 가치이다. 고유 문화가치를 유지하려는 사람은 자신의 정체성을 외형적, 물질적, 일시적인 것에 두지 않으며, 형이상학적, 고전적, 정신적인 것에 더 가치를 둔다.

---

47) 공상철 외, 『중국, 중국인 그리고 중국 문화』(서울: 다락원, 2001), 35-37 참고하라.

세속 문화가치(Secular cultural value)에서 세속(secular)이란 '특별한 시대에 속하는' 뜻의 라틴어 'sæcularis'에서 기원한다. 앞으로 '올 시대'와 대조되는 '현재의 이 시대'를 뜻한다. 또한, '교회의 통제로부터의 독립과 생활의 자율성'을 뜻하며, '초자연적인 것에 대한 무관심한 삶'의 해석을 뜻한다. 세속화는 "과학이 인간의 유일한 섭리이며, 도덕은 기독교와는 상관이 없고, 이성을 철저히 신뢰하도록 사람들을 격려하고, 이성으로 인정되지 않는 것은 신뢰하지 않으며, 의도적으로 윤리적이며, 반종교적"인 것을 뜻한다.48) 세속 문화가치는 종교적 신조, 관습, 제도가 영향을 미치지 않는, 일시적이거나 외형적인 가치이다. 인간의 육감을 자극하는 일시적인 유행으로 야기되며, 상대적 도덕성, 집단적 쾌락성, 현대 지향성을 특징으로 한다.

상담에서 문화와 가치는 중요한 개념이다. 가치는 의사결정을 내리게 하는 실제적 기준이 되며, 행동을 이끌어 가는 원동력이 되기 때문이다.49) 상담자와 피상담자가 어떤 가치를 가지고 있느냐에 따라서, 사물과 사건을 바라보는 인식 체계나 세계관에 따라서 상담 과정이 달라진다.

(5) 종교성향(Religious Orientation)

종교성향은 신앙에 대한 방식이나 방향(orientation)을 의미하는 것으로, 신앙에 대한 동기가 무엇인가를 나타낸다. 올포트(Gordon

---

48) 이원규, 『종교의 세속화: 사회학적 관점』(서울: 대한기독교출판사, 1992), 17-18.

49) Gerard Egan, *The skilled helper: a problem-management approach to helping*, 제석봉 외 역, 『유능한 상담자: 상담의 문제대처적 접근』(서울: 학지사, 2011), 74.

Willard Allport)는 종교성향 개념을 두 분류, 내재적 종교성향과 외재적 종교성향으로 구분하였다. 이후 올포트와 로스(Allport & Ross)에 의해 개발된 종교성향 측정 도구는 주로 성인을 대상으로 사용할 수 있게 만들어졌다.

내재적 종교성향(Intrinsic Religious Orientation)은 종교가 곧 삶의 목적이며, 신앙과 생활이 일치되는 성향을 말한다. 전체적인 신앙의 도리를 내면화하여 삶 가운데 드러내며, 개인이 종교에 봉사하고 종교의 뜻대로 살려고 하는 것을 의미한다. 종교에서 삶의 중심적인 동기를 발견한다. 그들에게는 종교 자체가 삶의 목적이다.

외재적 종교성향(Extrinsic Religious Orientation)은 개인의 생활 표현으로 종교를 도구화하며, 자신의 안전, 보호, 자위 혹은 사회적 출세를 위하여 종교를 이용하는 내적 동기를 가진 성향이다. 이 성향의 사람들은 실용적이고 공리적이며 자기방어적인 경향이 있다. 종교를 통하여 안전과 사회적 지위, 위안을 기대하며, 사교와 친목, 지위와 자기 합리화 등 종교에서 유용성을 발견한다. 이러한 성향의 사람들은 교리에 대해서도 가볍게 취급하거나 자기 욕구에 맞추어 선택적으로 믿는다. 모든 형태에 있어서 대부분 편견을 갖고 있다.

(6) 중국어의 발음 표기

중국어의 발음 표기는 대체로 중국의 '5.4 운동'을 기준으로 하여 그 이전의 지명이나 인명을 한문 발음 식으로 표기하며, 그 이후의 것은 중국어 발음으로 표기했다. 후자의 경우 중국어 발음 표기는 현행 교육부의 표기법을 준수했다. 예를 들면 공자(孔子, 중국식 발음 콩즈)는 공자로, 등소평(鄧小平)은 덩샤오핑으로 중국어의 소리 나는 대로 기재하였다. 단, 현행 우리가 익숙하게 사용하고 있는 일부 고유명사는 예외적으로 우리식 발음으로 기록했다. 예를 들면 임어당, 천안문 등은 익숙하게 사용하는 그대로 표기했다.

성경적 상담의 원리와 방법

2부에서는 기존의 문헌들을 통해 성경적 상담의 이론적 이해로
서 성경적 상담의 원리와 방법에 관해 기술한다. 성경적 상담의 원
리와 방법으로는 CCEF의 성경적 상담의 원리와 방법을 중심으로
살펴본다.

1. 성경적 상담[1])의 원리

다원화되고 다변화되어 중심적 가치가 희미해진 현 상황에서, 교
회 안에서조차 하나님 중심보다 인간 중심의 사상과 반기독교적 사
고가 활기를 띠고 있다. 상담이론에서도 '성경적 상담'이라고 포장
한 것들이 많기에, 성경적 세계관을 기본으로 하는 성경적 상담의
이론을 확실하게 하는 것이 매우 필요하다.[2])

---

1) 성경적 상담의 개념을 살펴보면 제이 아담스의 권면적 상담, 로렌스 크렙의 성경적 상담,
CCEF의 성경적 상담으로 크게 나누어볼 수 있다. 성경적 상담은 모든 성경은 하나님의 영감으
로 기록된 것으로 교훈과 책망과 바르게 함과 의로 교육하기 유익하다는 사실을 전제로 하여
상담의 원리와 방법을 성경을 토대로 한다. 제이 아담스는 "성경적 상담은 성경에서 상담의 동
기를 찾고, 성경을 그 전제 조건으로 삼고, 성경의 목표를 그 뼈대로 삼아, 성경이 모델로 주어
지고, 명령받은 원리와 실천에 따라서 조직적으로 발전시켜 나가는 것이라 했다." Jay E.
Adams, *The Use of the Scripture in Counseling* (Phillipsburg, New Jersey: Presbyterian and
Reformed Publishing Co., 1975), 181-182. 정정숙은 "상담은 상담자와 피상담자가 대면 관계에
서 당면한 문제를 해결하고 성령의 역사하심으로 비성경적 사고, 감정, 행동을 성경적인 것으로
변화시키기 위하여 재교육하는 것이다. 상담의 목적은 사람을 변화시켜 하나님의 영광을 위해
살도록 돕는 것으로 규정한다." 정정숙, 『기독교상담학』, 29.

상담은 궁극적으로 인간을 이해하고 돕는 방법에 대한 것으로 지혜와 지식을 갖고 실천하여 사람을 괴롭히는 모든 문제를 해결하는 것이다.[3] 상담이론은 단지 이론에서 그치는 것이 아니라 상담 현장과 선교 현장에서 실제 적용하는 기본 원리이므로 성경에 기초할 뿐 아니라 실천적이어야 한다. 상담 현장에서 실제로 적용되는 상담 모델이나 상담 방법은 이론적 개념이 기본이기 때문에 상담의 원리는 매우 중요하다. 모든 상담이론의 핵심은 인간 이해에 기인한다. 인간의 이해를 통해 상담의 방법이 고안되어 결정되기 때문이다. 황규명은 성경적 상담과 이론적 개념과의 연관성을 다음과 같이 서술하였다.

> 모든 상담이론은 중요한 다섯 가지 핵심이 있다. 첫째, "인간의 본성이 무엇이며, 어떻게 형성되었는가?" 인간의 행동, 몸, 사회문화적인 것들이 어떤 관계가 있는가이다. 둘째, 인간의 문제에 대한 해결을 위한 대책이다. 인간의 본성을 어떻게 이해하느냐에 따라 해결방법도 달라진다. 셋째, 사람과 상관관계를 가지고 기술(technique)을 사용한다. 성경은 단순한 기술보다는 성경적 원리에 입각한 방법을 말해준다. 넷째, 상담의 '구조화'로 사람들이 필요로 할 때 어떻게 만날 것인가? 다섯째, 모든 상담이론은 다른 상담이론을 비판한다. 행동주의 심리학자들은 프로이트 심리학을 공격하고, 정신분석학자들은 행동주의를 공격한다. 이 둘은 인식론을 비판하고, 이 셋은 기독교를 비판한다. 성경도 다른 철학적 사고를 비판한다. 우리는 성경적 상담모델을 만들어야 한다. 성경적 상담은 메뉴에 나와 있는 것을 택하는 것이 아니라 하나님 말씀 안에서 원리와 방법을 찾는 것이다.[4]

---

2) 정정숙, 『성경적상담학』(서울: 도서출판 베다니, 2017), 23-24.

3) Eric Johnson, *Psychology & Christianity: Five Views*, 김찬영 역, 『심리학과 기독교 어떤 관계인가: 심리학과 기독교에 대한 다섯 가지 관점』(서울: 부흥과개혁사, 2012), 193.

4) 황규명, 『성경적상담의 원리와 방법』(서울: 바이블리더스, 2010), 48.

위와 같이 상담의 기본 원리와 그 개념을 확고하게 하지 않으면 하나님의 뜻과 일치된 상담이 아니라 인간 중심의 상담으로 빠지게 된다. 성경적 상담에 있어서 인간 이해는 기본적으로 성경에 기초한다. 인간의 본질과 목적, 삶의 의미와 가치관, 정신적 건강과 행복의 정의 등이 모두 성경에 근거한다.

성경적 상담의 원리는 개혁주의 성경 해석에 기초한 인간론에 근거한다. 즉, 창조, 타락, 구속의 관점으로 인간을 보며, 인간은 하나님의 형상으로 창조되었으며, 인간의 본성은 의존적 존재요, 책임 있는 존재, 공동체적 존재이다. 또한, 인간은 하나님께 영광을 올려드릴 사명이 있으며, 의를 실현하며 사랑을 실천하는 존재이다.[5]

(1) 하나님의 형상으로 창조된 존재로서의 인간

a. 하나님의 형상을 가진 인간 이해

인간은 하나님의 형상을 따라 창조되었다(창 1:27). 하나님의 형상으로 창조되었다는 것은 하나님이 인간을 창조하심으로 인간은 피조물이 되었고, 하나님이 인격이신 것처럼 인간도 인격체임을 뜻한다. 피조물이라는 것은 절대적으로 하나님께 속해 있다는 뜻이며, 인격체라는 것은 상대적으로 독립성을 지니고 있음을 말한다. 온전한 의존과 자유를 의미한다. 즉 인간은 피조된 인격체이다.[6] 그러므로 인간은 하나님을 떠나서는 살 수 없다.

하나님의 형상으로서 인간은 책임 있는 존재이다. 피조물 중에

---

5) 정정숙,『성경적상담학』, 202-215.
6) Anthony A. Hoekema, *Created in God's Image*, 류호준 역,『개혁주의 인간론』(서울: CLC, 1990), 15.

인간만이 하나님의 형상으로 창조된 피조물로서 로봇이 아니라 인격체이기에, 인간은 하나님의 뜻을 불순종하고 거부하여 죄를 지은 것이다. 인간은 자신의 행동에 대해 책임이 있다. 이 책임은 상호간의 책임이며(창 9:6; 약 3:9), 인간 자신의 생활에 책임을 지닌 존재임을 뜻한다.7) 책임 있는 존재인 인간은 창조주이며 통치자이신 하나님의 부르심에 반응하는 존재인 것이다.8)

구약에서의 하나님의 형상으로서 아담은 하나님의 형상과 모양대로 창조된 첫 사람이다. '아담(אדם)'은 '인간 전체인 사람'을 뜻한다. 여기에서 아담은 남자와 여자를 구분하지 않는 인간 모두를 지칭하며, 다른 피조물과 다름을 말한다. 인간이 하나님의 형상과 모습으로 창조되었다는 것은 원체인 하나님과 동일한 것이 아닌 비슷한 것으로 하나님을 투영하고 대표한다는 것을 뜻한다. 구체적으로 지적인 능력과 영적, 도덕적 순결성을 나타내기도 한다. 인간의 성품 중 어느 부분은 하나님을 닮았다는 것을 의미한다.9)

신약에서의 하나님의 형상으로서의 인간은 고귀한 존재이다. 인간은 "참된 지식이나 의, 거룩함에서 그 자체를 제시하고 있는 사람의 성질로서 지성적이고 도덕적인 고결성에 존재하고 있다"라고 볼 수 있다.10) 이것은 "새사람을 입어 자기를 창조하신 자의 형상을 좇아 지식에까지 새롭게 되며(골 3:10), 하나님을 따라 의와 진리와 거룩함으로 지음을 받은 새사람을 입으라(엡 4:24)."라는 말씀

---

7) Adams, *A Theology of Christian Counseling*, 120.

8) Hoekema, 『개혁주의 인간론』, 28.

9) Hoekema, 『개혁주의 인간론』, 26-28.

10) Louis Berkhof, *Systematic Theology*, 고영민 역, 『뻘콥의 조직신학(인간론)』(서울: 기독교문사, 1978), 62.

에 근거한다.[11]

제이 아담스는 인간이 하나님의 형상으로 창조된 독특한 존재라고 말하면서 다음과 같은 특징이 있다고 한다. 첫째, 하나님의 형상으로서의 인간은 흙으로 지은 물질적 존재이며(창 2:7), 둘째, 이 물질적 존재에 생기를 불어넣어 생령이 된 영적인 존재이다(창 1:21, 24, 30; 전 12:7). 셋째, 인간은 하나님의 형상으로 하나님의 지식, 의, 거룩함을 따라 창조된 도덕적 존재이다(창 1:26-28). 그렇기에 자신의 행동에 책임져야 한다. 넷째, 인간은 혼자 고립된 존재가 아닌 하나님과 의사소통을 하는 존재이며, 다른 사람들과의 관계 속에서 사회적 속성을 지닌 인간으로 창조되었다. 그래서 다른 신자와의 교제와 결혼의 친밀성을 통해 관계 형성의 필요성을 깨닫게 되는 사회적 존재이다(창 2:18, 마 19:1, 고전 7장).[12] 하나님의 형상으로 창조된 인간은 천하의 모든 만물보다 귀한 존재이며, 인격체로서 독특한 존재이다.

하나님은 인간을 하나님의 형상으로 창조하셨다. 그러므로 성화의 과정에서 사람의 책임 있는 참여가 요구되며, 하나님의 성품으로 본받아 새롭게 되어 하나님께 영광을 돌릴 수 있다(고후 7:1, 고전 10:31). 그러므로 하나님의 형상으로서 사람은 인격체로서 믿음 안에서 인내해야 하며, 하나님은 사람이 인내하게 하시며 끝까지 이겨나가게 하신다.

---

11) 엡 4:24; 골 3:10. 제이 아담스는 옛사람을 벗어버리고 새사람을 입는 변화를 성화의 과정으로 보고 있다.

12) Adams, *A Theology of Christian Counseling*, 133.

b. 하나님의 형상이 갖는 상담의 의미

성경적 상담에 있어서 하나님의 형상이 갖는 의미는 상담의 목표와 긴밀하게 관련된다. 하나님이 인간을 하나님의 형상으로 창조하신 목적은 인간이 하나님을 바라보게 하는 의존적 존재요, 하나님을 떠나서 존재할 수 없다는 인격체임을 의미한다. 또한, 인간은 "전인(全人), 즉 몸과 영혼을 포함한 전인이 하나님의 형상인 것이다."13) 니겔 리(Francis Nigel Lee)는 하나님의 형상으로서 인간의 본질을 다음과 같이 쓰고 있다.

> 사람은 마치 짐꾼이 짐을 진 것과 같은 단순한 하나님 형상의 담지자(担持者, container)가 아니다. 인간은 책임 있는 하나님 형상의 담지자로서 모든 점에서 창조주를 나타내야 한다. 하나님의 형상인 사람이 하나님의 의(왕직), 거룩(제사장직), 지식(선지자직)의 반영으로 표현된다. … 하나님의 왕직(kingship)은 땅에 충만하고 다스림으로 정복해야 하며(창 1:28), 하나님의 대리자로서 하나님의 이름으로 땅 위에 왕이 되어야 한다. 또한, 사람은 하나님의 제사장직과 그의 거룩함을 반영해야만 한다. 사람은 그의 마음과 영혼을 다해서 하나님을 섬겨야 한다(마 22:37). 그러므로 사람은 직업을 갖고 일함으로 하나님을 섬기고, 물질, 교육, 정치, 가정, 사회, 교회, 직장 등 인간의 권위에 종속시킴으로써 그의 동료를 섬겨야 한다. … 하나님은 우주의 큰 선지자이시다. 온 세상은 하나님의 말씀으로 지어진 것이다(히 11:3). 사람도 하나님의 선지자직과 그의 지식을 반영해야 한다.14)

인간을 하나님의 형상으로 창조하신 목적은 사람을 땅에 가득 채

---

13) Francis Nigel Lee, *The Origin and Destiny of Man*, 이승구 역, 『성경에서 본 인간』(서울: 정음출판사, 1983), 51. 어거스틴과 칼빈은 하나님의 형상이 영혼속에 거함으로 영적인 존재가 되었다고 하였으나, 후크마, 벌카우워, 바빙크 등은 몸과 영혼의 전인이 하나님의 형상임을 주장한다. 유창형, "하나님의 형상에 대한 칼빈의 견해와 평가", 조직신학 연구회 편, 「칼빈연구」, 제 6집(서울: 한국장로교출판사, 2009), 12, 16.

14) Nigel Lee, 『성경에서 본 인간』, 51, 55-56, 58.

우고, 정복하고 다스리는 데에 있다.15) 하나님의 형상으로 인간은 성령 하나님의 전으로 육체(몸, human body)에 대해서 귀하게 여겨야 한다. 그러므로 인간의 먹고, 마시고, 일하고, 결혼 관계에서 성관계를 갖는 것과 같은 몸의 기능들도 기도나 성경 읽기 등 거룩한 부르심과 똑같이 하나님의 영광을 위한 것이다(고전 10:31, 골 1:26-29). 사람이 행하는 모든 일에서 하나님을 섬기기 위해 열정을 가지고 하나님의 자녀 됨에 대한 의식을 가져야 한다.16) 상담의 과정에서 인간을 하나님의 형상으로 보고 존중하며, 왕, 제사장, 선지자로서의 정체성을 회복하도록 돕는다.

권면적 상담을 통해 성경을 근본으로 하는 상담을 처음 시작한 제이 아담스는 상담의 목표에 대하여 "권위 있는 경계의 목적은 청결한 마음과 선한 양심과 거짓 없는 믿음에서 나는 사랑"(딤전 1:5)이라고 하였다.17) 즉 상담의 목적은 하나님께서 명령한, 하나님과 이웃을 향한 사랑이다. 이 사랑은 하나님의 형상으로 인간을 만드신 하나님과 하나님의 형상의 담지자로서 책임적인 관계이다. 하나님의 명령을 책임 있게 지키는 것이며,18) 하나님의 형상으로 창조된 인간을 사랑하는 것이다. 그러므로 성경적 상담의 목표는 수직적 관계인 하나님과 인간과의 관계 회복과 수평적 관계인 인간과 인간과의 관계 회복에 있다.

---

15) Heman Bavinck, 원광연 역, 『바빙크의 개혁교의학 개요』(서울: 크리스찬다이제스트, 2006), 259.

16) Nigel Lee, 『성경에서 본 인간』, 63.

17) 제이 아담스는 피상담자의 문제를 이해하기 위해 "왜"라는 질문은 하지 말고 "무엇"을 질문하라고 하였다. 이것은 피상담자의 문제 발생 원인을 간과한 것으로 비판받고 있다. Jay E. Adams, *The Christian Counseling Manual: The Practice of Nouthetic Counseling*(Grand Rapid. Michigan: Zondervan Publishing House, 1973), 287.

18) Adams, *Competent to Counsel*, 54.

상담 과정에서 상담자는 피상담자와 마찬가지로 하나님의 형상으로 창조된 존재로서, 하나님과의 관계 회복과 인간과의 관계 회복, 자연과의 관계 회복이 필요한 존재임을 함의한다. 특히 성경적 상담자는 하나님의 형상을 닮아 예수 그리스도처럼 희생적 삶의 태도로, 문제에 빠진 피상담자를 신자이건 비신자이건 모두 하나님의 형상으로 창조된 존귀한 존재로서 인식해야 한다.

(2) 죄로 인해 타락한 존재로서의 인간

a. 죄인으로서의 인간 이해

하나님의 형상으로 창조된 인간은 죄로 타락하였다. 아담의 죄로 인해 죄책과 오염에 처하여 '전적으로 부패한' 상태이며, 완전히 타락한 존재이다. 전적인 부패는 모든 죄악의 원천이며, 전적으로 부패한 상태의 인간은 본질상 죄인이다. 이러한 죄의 대가로 죽음에 이르게 되었다. 죄로 타락한 인간은 첫 번째 사람인 아담의 죄로 인해 사망과 비참함에 이르게 되었으며(롬 5:19), 이 죄의 값은 사망이다. 인간은 오로지 그리스도 예수의 대속적 죽음만으로 영생에 이를 수 있게 된다(롬 6:23).

인간의 죄는 하나님에 대한 불순종이다. 죄에 대한 성경적 개념은 피조된 인간으로부터 완전한 순종을 받으실 권리가 있는 하나님께 불순종한 악한 것이다. 인간의 죄는 마음과 그로 인해 형성된 습관과 행동으로 드러난다. 하나님은 인간 피조물로부터 완전한 순종을 받을 권리가 있다.[19] 여기에서의 죄는 심리학자가 말하는 수

---

19) Hoekema, 『개혁주의 인간론』, 206.

평적인 죄, 다른 인간과의 잘못된 관계나 침해를 말하는 것이 아니다. 죄는 창조주에 대한 도전으로 인간 자신이 원하는 대로 하는 것이다.[20] 첫 번째 인류의 머리요 대표자인 아담이 하나님이 하신 말씀을 불순종으로 거역하였기에 이 세상에 죄와 사망과 저주가 들어왔고, 이는 악에 대한 구체적이고 적극적으로 범하는 죄책으로, 인간이 자유의지로 선택한 것이다. 인간은 죄로 인해 완전히 타락하였고, 완전히 부패하였다. 인간의 죄의 특성은 다음과 같다.

> 죄는 절대적인 특징을 갖고 있다. 죄는 중간성이 없다는 것이다. 그래서 사람은 옳은 편이나 그릇된 편 중 한편에 있게 된다. 하나님을 사랑하지 않는 사람은 그 사실 자체로 악으로 특징지어진다. 죄는 언제나 하나님과 하나님의 의지와 하나님의 율법과 연관된다. 도덕적인 악은 하나님으로부터 구별이고, 하나님께 대한 반항이며, 하나님을 증오하는 것이고, 생각이나 말, 행위에서 하나님의 법을 계속해서 어기는 것이다. 죄는 허물과 오염, 타락을 내포하고 있다.[21]

허물과 오염, 타락을 내포하는 죄는 인간의 마음속에 거하며, 마음의 중심에서 나와 삶 전체에 영향을 미치고 작용한다. 인간의 의지로는 이 죄를 이길 수 없다. 그리스도인에게 있어서 삶 전체가 죄를 이기려고 하는 영적인 싸움이며,[22] 인생에 대한 통제의 문제이다.

---

20) Adams, *A Theology of Christian Counseling*, 147.

21) Berkhof, 『벌콥의 조직신학(인간론)』, 116-119.

22) 상담은 영적 전쟁이다. 우리의 대적은 혈과 육이 아니라 공중에 권세 잡은 영적 존재이다. 그러므로 하나님의 전신 갑주를 입어야만 한다(엡 6:10-13). 하나님의 말씀은 어떤 상황에서도 적을 이기도록 해주는 능력이다. Adams, *The Christian Counselor's Manual*, 117.

죄는 하나님과의 분리이며, 인간이 자기중심적인 생각, 말, 행동을 통해 하나님의 율법을 범하는 것이다. 이 죄에 대한 실제적 형벌은 영적인 죽음이다. 하나님과의 분리는 하나님과의 교제의 단절로 이것이 바로 죽음이다. 죄의 결과는 인간의 삶 가운데 고난을 일으킨다. 죄로 인해 연약해지고 질병으로 고통에 빠지기도 한다. 자연재해와 재난으로 나타나기도 한다. 육체와 영혼의 분리는 죄에 대한 형벌의 일부분이다. 죄의 삯은 사망(롬 6:23)이다. 이는 생명의 근원이신 하나님으로부터의 분리로 완전하고 가장 두려운 의미의 죽음이다. 영적인 죽음인 영원한 죽음은 양심의 가책과 육적인 고통이 있다.[23]

하나님으로부터 분리인 죽음을 초래한 인간의 죄는 하나님을 떠났기에 인간 중심의 사고와 감정이 언어와 행동을 통해서 드러난다. 아담은 육신의 정욕에 따라 느낌대로 감정 중심의 삶을 선택하여 자신이 하나님과 같이 될 수 있으며 죽지 않을 것이라는 유혹에 하나님의 명령을 거부하므로 죄를 지었다. 하나님의 명령을 따르는 것보다 자신의 욕망에 따라 그 욕망이 동기가 되는 삶을 선택한 것이다. 이렇게 육신의 정욕으로 자신의 욕망에 의한 사고와 감정, 행동을 따르는 삶은 경건에 대한 근본적인 장애가 된다. 죄는 하나님과의 분리를 초래하였고, 죽음을 가져왔다.

인간의 죄는 하나님의 명령에 복종하기보다 욕망의 만족을 선택하는 데에서 시작되었다. 사탄은 간사한 책략으로 인간에게 하나님이 요구하는 것을 할 수 없다고 회피하고 핑계하도록 유도하였고, 아담은 육신의 정욕에 따라 감정 중심의 삶을 살기 위해 하나님의 명령을 포기했다.[24] 사탄의 계략으로 하나님의 명령보다 자신의 욕망을 따르는 유혹에 넘어간 것이다. 범죄로 타락한 이후 아담은 자

23) Berkhof, 『뻘콥의 조직신학(인간론)』, 177.
24) Adams, *The Christian Counselor's Manual*, 118.

신의 죄를 하나님께로 전가했다. 그는 하나님께 "당신이 주신 여자, 나와 동거해서 한 몸을 이루게 한 여인이 동산 중앙의 선악을 알게 하는 나무의 실과를 줘서 먹었습니다(창 3:12)."라고 대답했다. 즉, 자신의 실패 책임을 하나님이 유혹하게 했다고, 하나님께서 시험했다고, 반드시 실패할 수밖에 없는 시험을 부과했다고 원망하며 하나님께 책임을 전가하였다.[25] 첫 사람 아담이 한 것처럼 현대의 인간도 하나님의 명령에 대한 불신앙은 그 마음에 의심을 불어넣고, 인간 자신이 하나님과 동등하다는 상상을 불러일으키게 한다.

하나님의 형상으로 창조된 인간이 죄로 인하여 타락한 존재가 되었다. 이 죄의 결과로 하나님과의 관계가 깨어졌고, 그 결과 육체의 죽음을 초래하였다. 이 타락한 인간에게 구원에 이르는 길은 그리스도를 통한 죄 사함뿐이다.

b. 상담에서의 죄의 문제

상담 현장에서 죄의 문제는 매우 중요하다. 피상담자의 모든 문제가 죄의 문제는 아니지만, 타락한 인간의 죄성, 죄인인 인간의 전적인 부패와 무능함, 사탄의 유혹 때문에 인간의 생활은 '영적 전쟁'의 싸움임이 틀림없다.[26] 영적 전쟁은 신자의 전체 삶을 무엇이 지배하느냐와 무엇이 생각과 행동 감정을 통제하느냐의 문제이다. 즉, 가정과 교회 안에서, 직장 안에서 갈등이 일어난다. 또 "통치자들과 권세자들과 어두움의 세상 주관자들과 하늘에 있는 악한 영들(엡 6:12)"까지 영적 전투의 대상이다.[27]

---

25) Bavinck, 『바빙크의 개혁교의학 개요』, 269.

26) Adams, *The Christian Counselor's Manual*, 117.

27) 황규명, 『성경적상담의 원리와 방법』, 81.

제이 아담스((Jay E. Adams)는 권면적 상담에서 인간이 소유한 근본적인 문제가 '죄'임을 분명히 했다. 상담의 첫 번째 주제로 피상담자를 이해하는 것은 그 문제가 피상담자의 죄에서 비롯된 문제인지, 질병과 고난의 문제인지, 아니면 이것들이 결합한 문제인지를 분석하는 것이다. 피상담자의 문제는 죄를 근본으로 하지만, 죄 안에 드러나는 질병이나 고난의 문제를 파악하는 것, 각각이 얼마나 비중을 차지하는지를 알아내는 것이 중요하다.[28]

상담에서의 인간 이해는 상담의 기본을 이루는 세계관으로 매우 중요하다. 인본주의 상담이론에서 인간은 자율적 존재로서 스스로 모든 문제를 해결 가능한 존재로 본다. 정신분석 상담이론에서는 인간을 발달 시기에 따른 단계별 리비도(Libido)에 의해 구분하며, 그것이 만족되지 못할 경우 무의식으로 잠재되어 억압되었다가 성인이 되어서 문제로 발생하여 정신질환이나 질병으로 나타난다고 한다. 그러므로 "자신이 하는 행동에 대한 책임이 없다."[29] 행동주의 상담이론에서는 인간이 동물과 마찬가지로 훈련과 강화를 통해 문제를 해결할 수 있다고 본다. 이 모든 상담이론의 인간 이해는 성경적 상담이 죄의 문제를 해결하는 데 방해가 된다. 인간의 죄가 가진 공통점은 "하나님께 대한 능동적인 반항"으로,[30] 자신의 욕망에 따르는 삶에서 나온다. 창세기 3장을 살펴보면 죄가 가진 공통된 주제가 드러난다.

첫째, 아담과 하와는 하나님의 말씀을 불순종하고 거부하며 범죄

---

28) Lambert, *The Biblical Counseling Movement after Adams*, 49-51.

29) Adams, *Shepherding God's Flock*, 166.

30) Hoekema, 『개혁주의 인간론』, 282.

했다. 동기가 무엇이든 하나님의 말씀에 관한 모든 불순종은 하나님에 관한 거역이다. 둘째, 이 거역은 심각한 결과를 초래했다. 외적으로는 하나님의 심판, 에덴동산에서의 추방, 땅의 저주, 남편과 아내 사이의 상호인격적인 관계 악화 등을 가져왔다. 내면적으로는 인간의 본성이 타락되었고, 고통스러운 정서적 반응들을 느끼게 되었고, 더욱 많은 죄를 범하게 되어 삶을 복잡하게 만들었다. 셋째, 인간은 도망하고 숨고 피하게 되었다. 현대의 피상담자는 아담과 하와가 숨었던 그 나무 대신 지식주의에 숨는다. 상담자는 아담의 후손들을 그 숲속에서 찾아낼 수 있어야 한다. 인간은 아직도 하나님을 떠나서 도망하고 있기 때문이다. 넷째, 인간은 책임을 전가하기 시작했다. 그들은 서로를 비난했고, 환경을 비난했으며, 관계를 비난했다. 궁극적으로 그들의 비난은 곧 하나님께 책임을 돌리는 것이다. 상담자는 피상담자가 자신의 잘못과 죄에 대한 책임을 지도록 가르치는 법을 배워야 한다.[31]

　　이러한 죄의 공통된 주제와 죄의 결과를 보면 인간의 비열한 모습이 적나라하게 드러난다. 심지어 인간은 하나님께 죄의 책임을 전가한다. 죄로 인해 인간은 삶 속에서 고난의 문제를 직면한다. 그래서 제이 아담스는 '정신적 질병'의 원인도 인간의 '죄'라는 같은 뿌리를 갖고 있으므로 용서가 필요한 죄인으로 보았다. 근본적으로 인간은 죄악 된 세상에서 살고 있기 때문에 누구나 상처를 받으며, 이의 해결을 위해 정확한 상담이 필요하다.[32] 쉽게 말해, 인간은

---

31) Adams, *The Christian Counselor's Manual*, 123-124.

32) Lambert, *The Biblical Counseling Movement after Adams*, 51.

죄인이기에 "우리가 우리에게 죄지은 자를 용서해준 것과 같이 우리의 죄를 용서하여 주시고(마 6:12)"라는 기도의 가르침이 필요한 존재이다. 결국, 죄를 이기는 길은 오직 그리스도의 구원사역과 그에 대한 믿음, 매일의 생활 속에서의 자족함(잠 30:8-9)과 지속적인 자기 부인(눅 9:23-27)이다. 죄에 대한 진정한 해결책은 오직 예수 그리스도의 용서하심으로 이루어진다.

죄인인 피상담자의 사고와 감정은 부패하고 오염되어 이미 주관적으로 바르게 깨달을 수 없다. 그렇기에 죄의 문제는 상담자가 반드시 다루어야 하는 근본적인 문제이다. 죄는 상담자나 피상담자의 잘못된 행동, 왜곡된 생각, 개인적 욕구를 쫓아가는 성향이 있고, 악한 태도를 드러나게 한다.

속사람이 이미 부패하여 바른 생각을 할 수 없고, 바른 판단을 할 수 없다. 그렇기 때문에 정상적인 감정을 갖고 정상적인 행동을 할 수 없다. 생각이 오염되어 인지능력이 자기 방식대로 고정되어 굳어졌기 때문에, 상담자가 이성적이고 성경적인 내용의 말로서 제안하거나 권면하더라도 피상담자는 그 뜻을 이해하고 인정하며 마음을 변화시켜 행동으로 옮길 만한 힘이 없다. 듣는 귀가 있지만, 깨닫지 못하기 때문이다.

그러므로 상담을 진행하는 데 성령 하나님의 인도하심과 도우심이 필수적이다. 그렇기 때문에 제이 아담스가 강조한 것과 같이 "상담은 신학적인 과업"이라는 생각에 동의한다.[33] 결국, 죄의 은혜를 다루어야 하는 상황에서 상담자는 성경이 말하는 하나님의 뜻

---

33) Lambert, *The Biblical Counseling Movement after Adams*, 21. "Counseling is, therefore by definition, a theological task."

을 잘 해석할 줄 알아야 한다. 인간 상담자도 역시 죄인이므로 유혹에 빠질 수 있으며, 죄를 범할 수 있기 때문에 상담 현장과 매일의 삶에서 겸손하게 예수 그리스도의 말씀에 순종하며, 피상담자에게 본이 되도록 섬기는 자세가 필요하다.

(3) 인간 문제의 근본은 마음의 문제

a. 인간의 마음 이해

마음은 성경에서 아주 중요한 의미를 갖는 단어이다. 마음은 인간의 중심으로 행동과 뜻을 정하고 인격의 중심이 되며,[34] 인격체의 중심이자 핵심이다. 사람을 이해하기 위해서는 그 사람의 마음을 알아야 한다. 마음은 '속사람'으로 묘사한다. '겉사람'은 육체적 자아이며, '속사람'은 영적인 자아이다(엡 3:16). 성경은 '속사람'에 대해 생각, 영혼, 마음(mind), 감정, 의지 등으로 표현하였다. 이 모든 것은 마음의 표현이다.[35] 구약성경에서 '마음'은 심장, 간곡함과 신중함, 지혜를 뜻하기도 한다.[36] "마음은 인간의 악한 생각의 중심이고(창 6:5, 시 49:3), 판단의 중심이며(출 7:14, 왕상 8:18), 모든 감정의 근원이다(창 6:6, 레 19:17)"[37]

인간에게서 가장 소중한 것은 생명이다. 생명의 근원이 마음에

---

34) 마음(mind)은 주로 인간의 이성적인 면을 나타낸다. 심리학적으로 mind는 사고의 영역을 나타내고, heart는 감정 영역을 나타내지만, 성경은 분명하게 구분하지 않는다. 바울서신에 독특하게 나타나는 mind(nous)는 이성적인 활동을 나타내고(롬 7:23), heart는 mind의 개념을 포함하면서 포괄적인 인간 인격의 중심을 나타낸다. 김준수, "성경적 상담을 위한 인간이해",「성경과 상담」제 2권 (2002), 90.

35) Tripp, *Instruments in the Redeemer's Hands*, 59.

36) 히브리어 '마음'으로 레브(leb)와 레바브(lebab)를 가장 많이 사용하였다(창 6:5 לבּוֹ, 시 37:15 לבָּם).

37) 김준수, "성경적 상담을 위한 인간이해", 93. "하나님을 향한 신뢰와 믿음을 표현할 때, 하나님을 배반하고 불순종하는 실체로 '마음'이 사용되었다(신 13:3, 시 9:1)."

있기에 잘 지키라고 한다(잠 4:23).[38] 인간의 마음은 행동을 결정하고, 진정한 인격이 드러나는 것은 속사람인 마음을 통해서이다. "만물보다 거짓되고 심히 부패한 인간의 마음"(렘 17:10-11)은 보이지 않는다. 보이는 것은 행동이고, 행동하는 동기는 볼 수 없다. 동기를 이해할 때 그 사람의 진심을 이해할 수 있게 된다. 진정한 변화를 위해서는 반드시 행동의 동기를 찾아 그 동기를 성경적으로 바꾸어야 한다. 마음이 바뀌면 진정으로 변화한다. 행동의 근원인 생각과 동기에 대한 갈등이므로 지속적인 변화는 항상 '마음'으로부터 나온다.

인간이 선택하고 행동하는 것에는 항상 마음을 지배하는 욕구가 드러난다. 자신의 욕구에 대한 기대가 채워지지 않으면 실망하게 되고, 그 실망은 상대방이든 자신에게든 벌을 주게 한다.[39] 마음의 죄의 영향과 작용이 지·정·의의 인격에 퍼져, 드러난 행동뿐 아니라 습관과 영혼의 죄악 된 상태까지 미친다. 죄악 된 행위는 죄악 된 습관에서 나오며, 반복적으로 죄악 된 행위들이 습관이 되어 만들어지기 때문이다.[40]

마음은 진정한 자아이며, 우리가 누구인가의 본질적인 핵심이다. 마음을 지배하는 것은 자신이 귀중하게 여기는 것으로 행동을 지배하게 된다. 예수 그리스도는 마태복음 6장 19-24절의 비유에서 인간의 마음을 지배하는 것에 대해 가르쳐 주셨다.

---

38) 매튜 헨리는 잠언 주석에서 "모든 생명의 행동은 마음에서 나온다. 마음을 지키는 것은 나무를 훌륭하게 기르는 것이고 근원을 고치는 것이다."고 쓰고 있다. "마음을 지키는 것은 나무를 훌륭하게 기르는 것이고 근원을 고치는 것이다." Mathew Henry, 『잠언』(서울: 기독교문사, 1988), 116.

39) Tripp, *Instruments in the Redeemer's Hands*, 89.

40) Berkhof, 『뻘콥의 조직신학(인간론)』, 121.

모든 사람은 어떤 종류의 보물을 추구한다. 이 보물은 당신의 마음을 지배할 것이다. 왜냐하면, 네 보물이 있는 곳에 네 마음이 있기 때문이다. 당신의 마음을 지배하는 것이 당신의 행동을 지배할 것이다. 한 사람이 두 주인을 섬기지 못하기에 돈과 하나님을 동시에 섬기지 못하기 때문이다.[41]

인간의 삶은 마음으로 중요하게 여기는 것을 선택하는 연속이다. 두 주인인 하나님과 사탄[42] 중에 누구를 주인으로 삼느냐에 따라 선택은 달라진다. 인간은 스스로 귀중하게 여기는 보물이 땅에 속해 있는지 하늘에 속해 있는지에 따라서 그 행동이 달라진다. 자기 욕망을 채우는 선택과 자기 부인을 선택하는 결정이다. 행동은 마음의 열매이다. 그러므로 열매를 바꾸기 위해서는 마음이 달라져야 한다.

나무의 열매를 결정짓는 것은 뿌리(렘 17:5-8, 눅 6:43-45)이다. 그래서 예수님은 인간의 마음과 행동의 관계를 나무의 뿌리와 열매를 들어 비유하였다. 사람의 모든 행동은 마음에서부터 나온다. 뿌리는 마음을 의미한다. 뿌리가 변화하지 않으면 열매는 변하지 않는다. 완전하고 지속적인 변화는 바로 사람의 마음이 변화되어야 가능하다.[43] 상담은 인간의 변화를 목표로 한다. 이 변화는 마음의 변화를 목표로 하며, 자신의 누구인지에 대한 정체성을 변하게 하고, 살아가는 생활 방식을 변하게 하는 것이다. 마음의 변화는 뿌리의 변화에 기인하고, 인간의 몸은 마음이 움직이는 대로 가기 때문에 뿌리의 근간에 예수 그리스도가 있어야 한다.

---

41) Tripp, *Instruments in the Redeemer's Hands*, 72.

42) 사탄은 존재한다. 이미 패배한 적(敵)이지만, 비신자에게 미치는 영향력은 매우 크다. Adams, *The Christian Counselor's Manual*, 127.

43) 황규명, 『성경적상담의 원리와 방법』, 85.

b. 상담에서 마음의 문제

피상담자의 모든 문제에는 마음의 문제가 있다. 하나님의 은혜로 구원을 얻은 순간 인간의 정체성은 죄인에서 하나님의 자녀로 변하게 된다. 그러나 이러한 변화에도 마음은 이기적이고 하나님의 뜻에 어긋나는 동기는 일순간에 제거되지 않는다. 다만 구원하게 하신 성령님의 은혜로 인해 점진적으로 하나님을 사랑하고 하나님을 위해 살고자 하는 욕구로 바뀌게 되는 것이다.

인간은 마음을 지배하는 것을 능동적으로 쫓아간다. 인간이 행동하고 말하는 것은 자신이 누구인지에 대한 정체성과 살아가는 방식을 형성한다.[44] 마음을 차지하는 개인적인 우상은 하나님이 아닌 그 어떤 것을 예배하여 자신을 지배하고 통제하여 쟁취하려고 한다. 이 우상은 모든 행동의 이면에 있는 마음의 지배권을 쟁취하려고 한다. 땅의 지체가 추구하는 음란과 부정과 사욕과 악한 정욕과 탐심이 있기 때문이다. 탐심은 곧 '우상숭배'라고 하였다(골 3:5). 탐심인 우상숭배는 마음의 생각과 동기의 그림자 아래에서 교묘하게 작용하기 때문에, 자신들이 문제라는 것을 깨닫지 못하게 한다. 그러나 그 영향력은 모르는 만큼 더 강력하다. 우상숭배는 잘 드러나지 않으면서도 명백하게 거짓이다.[45] 성경적 상담자는 피상담자 마음의 동기를 찾아내어 어떤 우상숭배를 하고 있는지 겉으로 드러나게 해야 한다.

마음의 선택에 따라 행동하게 되는 동기는 "왜 그런 일을 했는가?"를 묻는 것이다. 제이 아담스가 동기에 대한 것을 묻지 않은

---

44) Tripp, *Instruments in the Redeemer's Hands*, 73.

45) Tripp, *Instruments in the Redeemer's Hands*, 69.

이유는 인간의 죄성으로 '왜'를 묻게 되면 책임을 회피하며 핑계를 대기 때문이라 했다. 죄인이기에 죄를 짓는 것이다. 그러므로 죄인인 옛사람의 습관을 벗고 새사람의 습관을 입는 재습관화를 주장하였다. 이 과정에서 성령의 역사하심을 말하면서, 상담 진행 과정에서 옛 습관을 벗고 새 습관을 입는 변화, 생각과 행동의 변화를 강조하였다.[46] 이에 반하여 성경적 상담 운동의 2세대 학자들은 행동의 근원이 되는 동기의 문제를 더 강조하였다.[47]

인간은 참 하나님 혹은 마음의 우상에 의해 동기가 유발되어 행동하는 존재이다. 살아있는 존재로서 인간은 욕구가 있다. 이 욕구는 당연한 필요 때문에 일어난다.[48] 분노는 욕구가 채워지지 않을 때 발생한다. 욕구는 모든 분노의 감정과 언어와 행동의 근거에 존재한다. 욕구는 우리의 본성으로, 살아있는 인간이 가진 것이다. 인간 이외의 피조물은 욕구대로 본능대로 기능하지만, 인간은 욕구를 통해 하나님께 가까이 갈 수 있게 된다. 피조물인 인간은 매일 마음의 통제권을 성취하려고 창조주 하나님과 크게 전쟁을 한다.[49] 마음을 지배하는 것이 행동을 지배하기 때문이다. 인간의 욕구는 악한 것이 아니다. 다음은 욕구가 어떻게 마음의 전쟁을 일으키는

---

46) Lambert, *The Biblical Counseling Movement after Adams*, 103-115.

47) 행동을 유발시키는 동기의 문제를 제기한 사람은 기독교 상담심리학자인 로렌스 크랩이다. 크랩은 심리학의 좋은 점을 탈취한다는 통합이론을 제기했지만, 인간을 구조적으로 나누어 분석했다는 비판을 받는다. Lawrence J. Crabb, *The Effective Biblical Counseling*, 정정숙 역, 『聖經的相談學』(서울: 총신대학교출판부, 1999), 75-86.

48) 인간에게는 신체적 필요(음식, 물, 옷, 주거지), 영적 필요(영성, 믿음, 순종, 죄사함, 성화, 영화), 심리적 필요(행복과 수용을 위해 사랑, 의미감, 안전, 자존감 등)가 있다. Edward Welch, *People are Big God is Small*, 김찬규·이하은 역, 『큰 사람 작은 하나님』(서울: 개혁주의신학사, 2012), 197.

49) Tripp, *Instruments in the Redeemer's Hands*, 79; 인간의 수평적인 정욕, 즉 사람, 소유물들, 인정, 통제, 승인, 관심, 복수 등이 우리 마음을 지배하기 위해 주 예수님과 경쟁한다고 말한다(약 4:1-10).

지 알려준다.

> 욕구(desire)는 대부분 악한 것을 의도하지 않는다. 욕구에 대해 하나님께 순종하려는 의도에서 벗어나는 것은 요구(demand)이다. 요구는 내가 인식하지 못할지라도 하나님에 대해 순종하려는 본래의 자리에서 떠나게 된다. 요구는 욕구의 노예가 되어 아주 빠르게 파괴적인 단계인 필요(need)로 변하게 된다. 필요는 필연적으로 기대를 만들어 내고 이것을 얻지 못할 경우 갈등과 고통의 근원이 된다. 그 결과 인간관계까지 혼란과 갈등으로 가득하게 된다.[50]

이 욕구를 알기 위해 피상담자의 마음을 살펴야 한다. 피상담자가 처한 현실은 마음의 전쟁이다. 하나님의 자녀로서 내주하시는 성령님의 도우심 없이는 승리할 수 없는 전쟁이다. 마음에서 비롯된 행동의 선택에 있어서 자신의 정욕을 물리치고 하나님의 목적을 찾아야 승리한다. 즉, 전쟁은 하나님의 나라와 세상 나라와의 전쟁이다. 자기중심의 정욕을 따라 행동할 것인가 아니면 이를 물리치고 하나님의 말씀을 따라 행동할 것인가, 무엇이 마음을 지배하고 통제하는가가 중요하다.

욕구는 마음속의 우상으로 자리 잡는다. 우상이 무엇이냐에 따라 선택은 달라진다. 마음의 우상은 바로 하나님보다 더 경배하는 모든 것을 포함한다.[51] 어떤 것이 하나님 외에 그 사람을 통제하고 지배하는 뿌리가 되어 있기 때문이다. 그것은 그 사람의 삶과 행동에 불가피하게 영향력을 행사하게 된다. 그러나 인간의 동기에 대한 하나님의 해석과 개입으로 그리스도 안에서 동기가 변화되면,

---

50) 황규명, 『성경적상담의 원리와 방법』, 88-89.
51) 2세대 성경적 상담 학자들인 테드 트립(Tedd Tripp)은 마음의 우상을 자녀 교육에 적용하였고 (*Shepherding a child's heart*, 1995), 폴 트립은 의사소통의 방편으로, 웰치는 중독, 우울증 등의 이해를 위해 다양하게 적용하였다.

변화된 욕구는 하나님에 대한 강렬한 소망이 된다. 마음을 지배하는 욕구들은 피상담자가 선택한 행동으로 드러낸다. 마음의 동기에 대해 적용할 점을 요약하면 다음과 같다.

> 첫째, 인간의 마음은 항상 다른 사람, 혹은 다른 어떤 것에 의해 지배된다. 둘째, 마음을 살펴볼 때 물어야 할 중요한 질문은 '이 상황에서 이 사람의 마음을 기능적으로 지배하는 것은 무엇인가?' 셋째, 마음을 지배하는 것이 무엇이든 간에, 그것은 사람들과 상황들에 대한 반응을 지배할 것이다. 넷째, 하나님은 우리가 오직 하나님 한 분만을 섬기도록 우리의 마음을 다시 사로잡으심으로써 우리를 변화시키신다. 다섯째, 인간 갈등의 가장 근원적인 주제는 고통과 고난의 문제가 아니라 예배의 문제이다. 왜냐하면 우리의 마음을 지배하는 것이 우리가 고난에 대해서나 축복에 대해서 반응하는 방법을 지배할 것이기 때문이다.[52]

이처럼 피상담자가 변화되었다는 것은 마음이 변하여 그 마음의 생각이나 동기가 자기중심적이 아닌 하나님 중심으로 근본적인 변화가 나타나는 것을 말한다. 예수 그리스도는 인간을 더럽게 하는 모든 것이 마음속에서 나오는 것이라고 분명하게 말씀하였다(막 7:14-16, 20-23). 즉 마음의 변화 없이는 행동이 변할 수 없다.[53]

인간은 자율적인 존재가 아니라 하나님의 언약 안에 있는 무엇인가를 예배하도록 창조되었다. 하나님을 예배하든지 우상을 숭배하든지 둘 중 하나이다. 인간은 자신의 마음에 의해 인도함을 받는다. 즉 마음이 변해야 진정한 변화이다. "인간 존재의 전형적인 흐름(flow)은 마음(heart), 정신(spirit), 양심(conscience), 의지(will), 행

---

52) 황규명, 『성경적상담의 원리와 방법』, 89-90.

53) Wayne A. Mack 외, *Introduction Biblical Counseling*, 江淑敏 譯, 『聖經輔導入門』(台北中和: 中華福音神學院出版社, 2003), 79. 하나님의 말씀은 인간을 이해하고 사람들을 대하는 방법을 가르쳐준다.

위(action), 감정(emotions)을 통해서이다. 이런 것들은 복잡하게 서로가 서로에게 영향을 준다. 인간은 영혼과 육체의 살아있는 존재"54)이기 때문이다.

(4) 복음을 핵심으로 하는 성경의 근거

a. 성경의 완전성과 역할

성경은 하나님이 인간에게 주신 계시의 기록이다. 인간은 이 성경을 통해 하나님과 하나님의 뜻을 알 수 있다.55) 이 성경은 어떠한 오류도 없이 상담하는 데 필요한 지식과 지혜를 제공하며, 상담 사역을 위한 무궁무진한 진리의 보고가 된다.56) 또 상담자에게 상담의 전제와 원리를 제공하는 일차적이고 규범적인 근원이다. 성경을 통해 행해야 할 기준인 교훈을 알게 되고, 하나님의 기준대로 행하지 못했을 때 잘못을 깨닫게 해주는 하나님의 책망하심을 받는다. 성경은 인간에게 교훈과 책망과 교정, 올바른 변화를 지도해 주는 바르게 함을 깨닫게 해주고, 실천하고 유지하기 위해 의로 훈련하며 교육하기에 유익한 근간이다(딤후 3:16-17).

성경은 인간을 변화시키는 사역에서 사용되는 하나님의 능력 그 자체이다. 말씀을 통해 변화시키는 능력은 인간의 마음, 즉 동기를 파악해야 한다. 하나님의 말씀은 사람의 마음을 파고 들어가 마음의 숨은 동기를 드러내 주며(잠 20:5), 거울처럼 정확히 마음의 모

---

54) George C. Scipione, *Introduction to Biblical Counseling: Course Syllabus* (Escondido, CA: Institute for Biblical Counseling & Discipleship, 1991), 31.

55) Bavinck, 『바빙크의 개혁교의학 개요』, 108.

56) Adams, *A Theology of Christian Counseling*, 16. 구약성경은 다윗에게 '상담자' 역할을 하였다(시 119:24, 99).

습을 비춰서 보여준다(약 1:22-23, 히 4:12).

성경은 하나님의 감동으로 기록됐기에 하나님의 말씀을 읽고 생각하는 가운데 성령님께서 지혜와 지식을 주시고, 감당할 만한 능력과 힘을 주신다. 성경은 상담에 필요한 백과사전적 지식과 자원들보다 하나님의 권위에 복종해야 함을 알려준다. 과학적 지식, 개인적 경험, 문헌을 통한 지식은 상담에 유용할 수 있으나, 성경적 상담에서 구조적 역할을 할 수 없다. 하나님의 말씀에 반대되는 권고는 하나님의 목적에서 벗어나 갈등을 일으키게 된다.[57]

성경은 오류가 없으며, 인간의 문제에 대해 충분한 해답을 줄 수 있다. "성경은 살아가면서 발생하는 문제들을 다루는 기본 지침서이다."[58] 성경은 말씀을 통해서 인간에게 계시한다. 하나님의 말씀을 통해 인간 자신이 누구인지 알게 되며, 인간의 적인 사탄이 누구인지를 알게 해준다. 말씀을 통해 고난 중에서도 하나님을 붙들고 위로를 얻게 된다. 성경은 예수 그리스도를 믿음으로 우리의 죄를 깨끗하게 하시며, 하나님의 양자 되는 능력을 받게 된다는 사실을 가르쳐 준다.[59]

하나님의 말씀인 성경은 인간을 이해하고 사람들을 사역하는 방법을 제공한다. 상담할 때 성경은 그 자체로 권위가 있고, 적절하며, 포괄적으로 충분하다. 인간 본성의 모든 근본적 주제와 삶에서의 문제에 대해 올바르게 말씀하고 있다. 하나님을 경외하는 것이 지혜의 근본이기 때문이다(잠 1:7).[60]

---

57) MacArthur & Master's College Faculty, 『상담론』, 68.
58) Siang-Yang Tan(탄상양), *Lay Counselling: equipping christians for a helping ministry*, 편집부 역, 『평신도 상담자』(서울: 미션월드 라이브러리, 1997), 49.
59) 황규명, 『성경적상담의 원리와 방법』, 93-94.

상담에서 성경의 본질은 하나님의 실제에 관한 기록이며, 성경의 목표는 하나님이 인간을 부르신 삶을 살도록 도모하는 것이며, 성경의 용도는 진단하고 설명하며 삶의 태도나 생각을 교정하고 예방하는 것이다.[61] 성경에 대한 상담자의 정확한 적용과 해석이 중요하다.

이런 점에서 성경적 상담은 성경적 기준을 이해하기 위한 신학적 기초로, 상담의 원리와 방법을 창조, 타락, 구속 등 성경에 근거를 두며, 성경에서 상담의 동기를 찾는다. 그리고 성경적 상담은 성경을 그 전제 조건으로 하여, 성경의 목표를 뼈대로 삼아, 하나님의 말씀인 성경에서 벗어난 죄악 된 생활을 변화시켜 성경에 합당한 생활로 바뀌게 하는 것이다. 성경이 인간의 삶에 있어서 유일한 최고의 권위로 사용된다.[62] 성경적 상담에 있어서 성경은 인간의 근본 문제를 이해하는 데 충분하며, 문제를 해결하려는 방편을 찾기 위해서도 충분하다.

b. 상담과 성경

성경은 상담의 내용인 인간의 문제, 필요, 갈등에 대한 것에 관하여 충분히 설명해 주어 진정한 도움을 제공한다.[63] 성경의 내용에서 직접 정신분열증이라는 용어를 찾을 수는 없지만, 성경은 상담이 무엇이라는 것을 충분하게 말해주고 있다. 성경에는 성경적

---

60) MacArthur & Master's College Faculty, 『상담론』, 68.

61) Tripp 외, *The Nature of Biblical Counseling*, 횃불웨스트민스터 기독교상담교육원 역, 『성경적 상담의 본질』(서울: 도서출판 선교횃불, 2007), 127.

62) Scipione, *Introduction to Biblical Counseling*, 7. 벧후 1:2-21, 딤후 3:16-17, 시 119:1-16, 요 17:17.

63) Lambert, *The Biblical Counseling Movement after Adams*, 126.

상담에 대한 체계적으로 일관된 포괄적인 안내가 있다. 삼위일체 하나님은 성경을 통해 인간인 우리에게 말씀하신다.

성경은 복음을 말씀한다. "은혜의 방편으로서 하나님의 말씀은 율법과 복음의 두 요소가 있다. 율법은 인간의 마음속의 죄를 깨우쳐주어 회개를 일깨우는 하나님의 모든 뜻 전체가 포함되고, 복음은 신구약에서 화목의 사역으로 그리스도 예수 안에서 하나님께서 추구하고 구속하는 사랑에 속한 모든 것을 포괄한다."[64]

예수 그리스도의 복음의 좋은 소식은 '이전의 그때-현재 지금-장래의 그때'의 구조를 이루고 있다. 복음은 '이전의 그때'에 죄 용서를 받았다고 말한다. 복음에는 '장래의 그때' 죄와 갈등이 없는 곳에서 주님과 함께 영원히 살게 된다는 소망의 약속이 있다. 복음은 '현재 지금' 여기에서 자기 정체성을 갖고 이 세상에서 살아야 함을 말해준다.[65]

성경을 통해 인간은 자신에게 죄성이 있으며, 그 죄의 능력이 매우 큰 힘이 있다는 사실을 깨달아야 한다. 그래야 죄의 심각성을 알고 피하거나 유혹에 넘어가지 않을 수 있다. 신자들 마음에서 내면의 전쟁이 일어나고 있다는 것은 사실이다. 인간 스스로에게 가장 큰 문제는 신체 외부의 질병이나 주어진 환경이 아니라 자기 내면에 있다. 현재 하나님의 자녀라는 신분은 끊임없는 사역과 지속적인 성장, 계속된 고백과 회개의 삶을 요구한다.[66] 그래서 하나님 말씀을 통한 복음전파 사역은 인간의 자아에 중점을 두지 않고, 하

---

64) Louis Berkhof, *Introduction to Systematic Theology*, 권수경 · 이상원 역, 『벌코프 조직신학 하』(서울: 크리스챤다이제스트, 1992), 873.

65) Timothy S. Lane & Paul David Tripp, *How People Change* (Greensboro, NC: New Growth Press, 2008), 3-4.

66) Lane & Tripp, *How People Change*, 5-6.

나님 중심으로 세상과 사물과 환경을 바라보게 하는 것이다.

복음은 하나님의 나라가 이 세상에 임했으며, 죄가 없으신 예수 그리스도께서 십자가에서 돌아가심의 결과로 임한 좋은 소식이다 (고전 15:1-11; 막 1:1, 15; 빌 1:27). 이 소식은 하나님과 인간 죄인의 관계를 회복시켜 하나님과 화해하게 한 구원에 관한 것이다. 이 복음의 내용은 신약의 복음서만이 아니라 구약에서부터 계획되어 지금까지 지속하고 있으며 앞으로 이루어질 은혜의 언약이다. 그러므로 상담자는 성경의 내용을 피상담자에게 가르쳐 해석할 줄 알아야 한다. 상담자의 삶의 태도는 성경에 근거하여 모든 일에 하나님의 주권을 인정하여 하나님의 은혜에 의지하여 하나님의 영광을 추구하는 삶을 살도록 하는 것이다. 상담자는 성경을 바르게 해석할 줄 알아,67) 성령의 조명하심으로 하나님의 말씀을 통해 사람의 마음을 비추어 밝혀낸다. 그리하여 피상담자의 문제를 통해 성경의 말씀을 하나님의 관점으로 해석함으로써 피상담자가 복음에 도달하게 도울 수 있다.

(5) 성경적 상담의 본보기 예수 그리스도

a. 상담자로서 예수 그리스도

예수 그리스도는 완전한 신성과 완전한 인성을 소유한 하나님이시며, 성육신하신 하나님의 아들이다. 인간으로서 예수님은 인간의 고통과 모든 연약함을 친히 체험하여 아셨고, 모든 시험을 극복하셨고, 환란과 유혹을 체휼하셨다(히 4:15, 벧전 3:8). 그러므로 완전

---

67) Scipione, *Introduction to Biblical Counseling*, 15-23.

한 인간으로 제자들의 모범이 될 수 있었다. 하나님의 구원 계획을 위해, 죄가 없으시며 중보하실 참 하나님으로 희생 제사에 순종하셨다. 하나님의 진노를 구속적으로 감당하기 위해, 율법의 저주로부터 인간을 해방시키셨다.[68]

그리스도 예수는 상담자로서 모사(The Wonderful Counselor, 사 9:6)이고,[69] 지혜와 총명의 영이며, 모략과 능력이 있으며, 지식과 여호와 하나님을 경외하는 분이다(사 11:1-2). 예수님의 공생애 기간은 예수를 믿고 따르는 자들에게 놀라운 상담의 실제 사례가 되었고, 지금도 상담의 중심이 된다. 상담자로 성육신한 예수 그리스도는 우리 인간을 완전하게 이해하였다. 우리와 똑같이 마음이 아팠고, 육체가 피곤했고, 배도 고프셨고, 목도 마르셨으며, 분을 내기도 했으며, 모든 것을 언어로 직접 표현하였고 행동하였다. 그러므로 인간을 완전히 이해하며 인간을 온전하게 치료해 주셨다. 또한, 예수 그리스도는 인간의 삶에 대한 해석을 해주셨다. 실제 생활 속에서 일어나는 것들에 대해서 실례를 들어 설명하셨고, 누구든지 분명하게 이해할 수 있었고, 비유로 하신 것은 다시 해석해 주셨다.

완전하신 하나님이시지만 성육신하여 이 땅에 오신 예수 그리스도는 "선지자로서 인간과 교제하는 하나님을 대표하고, 제사장으로 하나님의 임재 앞에 선 인간을 대표하며, 왕으로서 통치하시고 인간 본래적 지배권을 회복시키신다."[70]

---

68) Berkhof, 『벌코프 조직신학』하, 548-549.

69) OM literature, *Matthew Henry's Commentary: On The Whole Bible.* Chicago. Illinois: Moody Press, 1999), 512.

70) Berkhof, 『벌코프 조직신학』하, 595.

왕으로 오신 예수 그리스도는 큰 권능, 기적, 표적을 행하셨다. 마귀와 마귀의 일들을 멸하셨다. 인간도 예수 그리스도처럼 권세 있는 존재이다. 하나님의 형상으로 지음 받은 인간은 자연을 다스리고, 사탄 마귀를 대적하는 가운데 하나님 나라와 의를 구하여 사는 권세 있는 존재이다. 상담자로 오신 예수 그리스도는 인간 상담자를 그리스도의 대사로 부르시고(고후 5:14-6:2), 자신을 따라 살기를 원하신다. **선지자**로서 예수 그리스도는 전적으로 하나님을 향해서 사셨다. 하나님의 말씀을 받아 선포하셨고, 말씀대로 순종하여 하나님의 뜻을 행하고 온전히 이루며 사셨다. **제사장**으로서 예수 그리스도는 온전히 이웃을 향하여 사셨다. 병든 자를 치유하고 죽기까지 죄인을 사랑하고, 중보자로서 기도하고 계신다. 하나님의 형상으로 피조된 인간도 "형제를 사랑하고 존경하기를 먼저 하며, 형제의 허물을 용서하며, 나누어주기를 좋아하며, 서로를 위하여 기도하기를 좋아하는 삶을 살아야 하는 사회적 존재이다."[71]

예수 그리스도는 상담의 본을 위대하게 보이셨다. 성경적 상담자는 모든 상담에서 예수 그리스도처럼 피상담자를 이해하고 공감해주며, 당면한 문제의 상황을 듣고, 문제를 해결하는 것을 뛰어넘어 그리스도가 완전하심과 같이 완전함에 이르도록 이끌어 줄 수 있다. 그러므로 상담자도 피상담자의 생활에서 나타나는 각종 문제에 대해 해석해줄 수 있어야 한다. '왜 그런 문제가 나타났는지?' '그 문제의 특징이 무엇인지?' 그 문제에 대해 성경적 관점에서 바라보는 방법과 문제에 대한 해답을 줄 수 있어야 한다. 우리의 생활 가운데서 일어나는 현실적인 문제의 해결 방법들을 체험함이 필요하다. 그럼으로써 피상담자 스스로 생활 가운데서 일어나는 문제들을 성경적으로 해결하는 방법을 구체적으로 생각하며 행동으로 순종하게 할 수 있다. 여기에서 성령 하나님께서 지혜를 주시고 대면하는

---

71) 정정숙, 『성경적상담학』, 203-205.

힘과 지혜를 공급해 주시어 문제를 해결해 나가도록 직면하는 훈련을 하는 것이다.[72]

상담자로 오신 예수 그리스도는 왕으로서 인간의 삶을 통치하시며, 제사장으로서 예수님은 인간의 문제를 해결해 주시며 선지자로서 예수님은 하나님의 뜻을 행하셨다.

b. 예수 그리스도의 상담 원리와 상담 방법

예수 그리스도는 상담자로서 모사(The Counselor)이시다.[73] 예수님의 지상사역에서 사람들을 만나서 하셨던 모든 장면에 상담자가 본받을 면이 있다. 예수 그리스도의 공생애 사역은 상담사역이라고 해도 과언이 아니다.

복음서에 나타난 예수님의 상담 원리는 세 가지 면에서 나타난다. 첫째, 모든 이의 언어적 표현인 말을 경청하셨고, 비언어적 표현에도 응답하셨다. 문화의 장벽을 뛰어넘어 여인의 현실적인 문제를 지적하여 변화를 일으키고, 구원에까지 이르게 하여 하나님의 백성이 되게 하셨다. 둘째, 회개와 용서이다. 예수님이 하신 사역은 시작부터 회개를 외치셨고, 용서의 가르침을 강조하였다. 회개를 통한 사죄의 용서는 예수님만이 특권이다. 죄의 용서와 육신의 치료가 동시에 이루어졌다. 셋째, 사랑이다. 십자가의 사랑으로서 죄인에 대한 사랑을 실제 몸소 보여주셨다.[74]

예수 그리스도는 상황에 적절하게 대면하는 상담사례를 보여주

---

72) 직면(confrontation)하는 것은 영적인 전쟁과 같다. 문제 속에서 하나님을 의지하여 마귀를 대적할 수 있는 믿음의 생활을 하는 것이다. 벧전 5:8-9, 약 4:7, 엡 6:13.

73) 메시아의 표현으로 Wonderful Counselor(사 9:6), the Spirit of counsel and of power(사 11:2)이다.

74) 정정숙, 『성경적상담학』, 41-44.

섰다. 예수 그리스도는 당시의 문화에 상관하지 않고 생명의 존귀함을 보여주셨다. 그 예로 사마리아 여인을 길가의 우물에서 낮에 만나 상담하셨다(요 4:3-42). 유대인 남성으로 예수 그리스도는 당시의 문화를 뛰어넘어 편견을 갖지 않았고, 사마리아 여인에게 먼저 물을 청하며 대화를 통해 영적인 문제까지 해결해 주셨다. 현실생활에 필요한 마실 물에서 영적인 문제로까지 확대한 것이다. 그리하여 그 여인은 "네게 말하는 내가 메시야, 그리스도다(요 4:26)."라는 대답을 듣게 된 것이다. 그리하여 이 여인이 사마리아 땅에서 첫 번째 전도자가 되었다.[75] 하인의 중풍을 고쳐달라는 백부장의 요청도 마다하지 않으시고 고치셨으며(마 8:5-13), 바리새인 시몬의 집에서 죄인인 여인의 모든 행동을 용납하시면서 그녀의 모든 죄를 용서해 주셨다(눅 7:36-50). 수로보니게 여인이 귀신 들린 딸의 치유를 간절히 구할 때, 대화를 통해 여인의 믿음을 보시고 딸을 고쳐 주셨으며(막 7:25-30), 12년 동안 혈루병을 앓는 여인이 군중의 무리 속에 있는 예수의 옷자락을 만짐으로 치유함을 얻었다(막 5:25-34). 예수께 나아오는 자는 누구나 남녀노소, 지위 고하를 막론하고 고침과 돌봄을 받았다. 심지어 간음 현장에서 잡힌 여인과의 만남에서 예수님 스스로가 올무에 빠질 수 있는 상황임에도 불구하고 그 여인을 구해주셨다(요 8:1-11). 예수 그리스도는 각각의 문제 상황에 부닥쳐 있는 사람들의 문제를 해결해 주셨다. 죄인들을 불쌍히 여기시고 문제의 원인을 아시고 죄를 용서하시며 문제에서 벗어나도록 도우셨다. 최종적으로 문제의 근원인 죄를 용서받

---

75) "사마리아 여인과의 상담은 불신자 상담의 대표적인 사례이다. 진실함과 정직함을 통해 문제의 핵심을("네 남편을 불러오라") 지적하여 문제를 해결하고, 근본적인 변화를 일으켰다." 정정숙, 『기독교상담학』, 501-505.

고 하나님의 자녀로 양자가 됨을 얻게 된 것이다.

(6) 이 세상에서 고통당하는 존재로서의 인간

a. 고통의 의미

고통(pain)은 '아픔', '괴로움', '고난' 등으로 표현된다. 또 '괴로움'은 정신적인 것으로, '아픔'은 육체적인 것으로 구분하기도 한다.[76) 국제고통학회에서 정의한 '고통(pain)'의 뜻은 "신체적 조직의 실제적인 혹은 가능한 파손과 관계하여 겪는 불쾌한 감각적이고 정서적 경험, 혹은 그러한 파손이란 표현을 사용하여 서술되는 불쾌한 감각적, 정서적 경험"을 말한다.[77)

모든 어려움은 고통에 해당한다. 신약에서의 고통은 페이라스모이스(πειρασμοῖς)와 쓰립시스(θλῖψις)라는 두 가지로 표현된다. 페이라스모이스는 외적인 시험(πειρασμοῖς, 약 1:2)과 내적인 유혹(πειρασμόν, 약 1:12)이며, 쓰립시스는 신체적·감정적·영적 어려움으로서, 환란으로 오는 고통을 말한다. 고통은 신체와 정서적인 면에서, 영적·관계적인 면에서 내적이고 외적인 억압을 일으키는 모든 경험을 말한다.[78)

C. S. 루이스는 고통을 두 종류로 구분하였다. 먼저, 분화된 신경섬유들을 통해 전달되는 것으로 여겨지는 특정한 종류의 감각으로, 본인이 좋아하든 싫어하든 인지되는 감각이다. 다른 하나는 육체적

---

76) 손봉호, 『고통받는 인간: 고통문제에 대한 철학적 성찰』(서울: 서울대학교출판부, 1996), 27.

77) 손봉호, 『고통받는 인간』, 26.

78) Frauke C. Schaefer 외, *Trauma & Resilience: a Handbook: Effectively Supporting Those Who Serve God*, 도문갑 역, 『고통과 은혜: 트라우마와 회복력에 관한 모든 것』(서울: 도서출판 디모데, 2016), 30-32.

이든 정신적이든 본인이 싫어하는 모든 경험으로, 고뇌, 고난, 시련, 역경, 곤란을 포함한다.[79)]

손철민은 고통에 대해 3가지 측면으로 논하였다. 첫째, 고통은 전인으로 경험하며, 몸, 마음, 정신 등 역사적으로 몸과 마음을 이원적으로 구분하는 것을 거부한다. 신체적 고통은 감정적 고통을 일으키므로 느낌을 표현할 수 있도록 하는 것이 중요하다. 둘째, 고통은 파멸이 임박할 것을 개인이 인식할 때 일어나는, 위협적인 사건으로 인한 극심한 절망의 상태이다. 셋째, 고통은 자기 자신, 가족, 대인관계, 신앙 등 개인이 맺고 있는 관계의 영역에서 일어난다.[80)] 이러한 고통의 경험을 통해 "나의 고통의 원인은 무엇인가라는 질문에서 지식과 통찰을 얻게 되고, 그러한 상황을 대처해 나갈 전략을 세우는 이해의 단계를 거쳐, 삶의 의미와 가치를 배우는 반성과 관계성을 관찰하는 의미를 얻게 된다."라고 하였다.[81)]

고통은 주관적 체험이기 때문에 개인마다 다르게 표현된다. 그렇기에 한마디로 정의하기가 어렵다. 이 고통이나 고난은 악인이나 의인 누구나 겪게 되어 있다. 그러나 고통의 유무나 고통의 질 등의 차이로 인해 고통은 철저하게 개인적인 경험이며,[82)] "하나님께 돌아오는 사람에게 고통이나 고난은 소중한 기회이다."[83)]

고난과 고통은 인간을 아프게 한다. 고통은 다른 사람과 나눌 수 없다. 외롭게 고통을 당한다. 고통은 '나'를 의식하게 되는 계기가

---

79) C. S. Lewis, *The Problem of Pain*, 이종태 역, 『고통의 문제』(서울: 홍성사, 2002), 136-137.
80) 손철민, 『고통』(서울: 은혜출판사, 2003), 18-19.
81) 손철민, 『고통』, 27.
82) 정정숙, 『성경적상담학』, 221-223.
83) Frauke C. Schaefer 외, 『고통과 은혜』, 45.

되어 자신의 모습을 깨닫게 해주고, 정신적·육체적으로 고통이 지속할 때 반성의 사고로 이어진다. 성경은 인간의 죄로 인해 고통이 수반됨을 말씀하셨고, 이 고통조차 하나님은 합력하여 선으로 바꾸시며 소망을 주셨다. 그러므로 고통의 실체를 바로 이해하고 극복하면 신앙적 성숙에 이를 수 있다.[84]

인간은 세상에서 고통을 당하는 존재이다. 그러나 그 고통에는 목적이 있다. "고통은 귀먹은 세상을 불러 깨우는 하나님의 메가폰"이며,[85] 고통을 통해 결국 세상에는 진정한 소망이 없고 우리의 소망이 영원한 것에 있다는 것을 깨닫게 해준다.[86] 고통은 나의 잘못된 선택에서 기인하는 것도 있지만, 다른 사람의 잘못으로 인해 내가 겪는 고통도 있다. 고통에는 한 번에 한 가지 이상의 원인이 있다. 성경이 고통의 원인을 알아내는 데 항상 명확한 지침을 주는 것은 아니지만, 고통의 원인이 무엇이든지 상담자는 피상담자의 고통을 위로하며 불쌍하게 여기는 마음을 갖는 것이 원칙이다.

인간이 고통 중에 인식해야 할 것은 하나님이 위로의 근원이라는 사실이다(고후 1:3-14). 하나님은 자신의 자녀들을 사랑하기 때문에, 죽음과 같은 고통일지라도 그들로부터 하나님의 사랑을 빼앗지 못한다(롬 8:38-39). 이것은 사람이 고통 중에 받은 위로를 통해 실제 경험한 하나님의 사랑을 전하라는 것이다. 하나님은 그리스도가 겪은 고통을 나누기를 원하신다. 우리가 겪은 고통조차도 우리 자신의 것이 아니라 예수 그리스도께 속해 있다. 이 모든 것으로 보아 고통은 타락한 세상에 있을 수밖에 없지만, 그리스도 예수 안에

---

84) 정정숙, 『성경적상담학』, 224.

85) C. S. Lewis, 『고통의 문제』, 141.

86) 황규명, 『성경적상담의 원리와 방법』, 135.

서 소망을 갖게 한다.87) 그리스도께서 고통을 경험했기 때문에 고통을 당하는 인간을 위로해 주신다. 이런 이유로 인간은 고통 중에 부르짖을 때 위로를 얻는다. 그리고 고통 가운데 그리스도께서 완전함에 이른 것처럼 그를 따르는 자들도 고통 가운데 완전함에 이를 수 있다.

b. 고통에 대한 성경적 상담학자들의 관점

성경적 상담 운동을 시작한 제이 아담스(Jay E. Adams)는 당시 세속주의 상담에 대항하기 위해 '죄와 책임, 죄책감 회복'을 강하게 주장하였다. 그렇기에 인간의 고통은 인정하되 고통을 당하는 사람을 상담하는 방법에 대해서는 상세하게 논하지 않았다. 고난에 대한 제이 아담스의 전형적인 방식은 세 가지로 정리해 볼 수 있다.

> 첫째, 제이 아담스는 고통을 겪는 사람들의 혼란에 대해 역학적 관계를 살피거나 구체적으로 자세히 알아보지 않고, 곧바로 고난이 주는 유익에 대해 곧바로 화제를 돌렸다. 고난이 유익이 되기도 하지만, 성경은 동시에 고난당하는 것은 어려운 일이며, 사람을 아프게 한다는 것을 명확히 말씀하고 있다. 둘째, 제이 아담스는 말씀으로 돌아가야 한다는 도덕적인 노력에 중점을 두었다. 피상담자가 고난의 범위를 인정하기 전에, 사랑하시고 도움을 베풀고자 하시는 하나님의 부드러운 은혜의 약속으로부터 동떨어진 단순 윤리적 명령으로 '말씀으로 돌아가라'라고 제시한 것은 피상담자에게 위로가 되지 못한다. 오히려 율법적이고 기계적인 반응이 되어 피상담자에게 혹독하게 느껴질 수도 있을 것이다. 셋째, 제이 아담스는 고통의 짓누름으로 불평하고 투정하는 자들을 '푸념하는 자들'과 '한탄하는 자들'로 표현했다. 이러한 비성경적인 냉철함과 둔감함이 비평가들의 비난을 받았으며, 2세대 성경적 상

---

87) Tripp, *Instruments in the Redeemer's Hands*, 151-154.

담자들이 수정해야 할 주제가 된 것이다.[88]

이에 2세대 성경적 상담학자들은 제이 아담스(Jay E. Adams)의 부족한 점을 보충하여 피상담자가 겪는 고난과 고통에 관심을 갖고 치중하였다. 상담자는 피상담자와 신뢰성을 쌓기 위해, '피상담자가 당면한 문제들과 관련된 모든 쟁점을 다룸으로써' 피상담자의 신임과 존경을 얻어야 한다.

현재 성경적 상담 운동이 부흥하게 된 이유는 2세대 학자들의 공헌이다. 성경적 상담의 개척자인 제이 아담스의 부족한 점인 고통과 고난에 대해 체계화했고, 사람들이 고난을 겪게 되는 근원에 대한 이해를 넓혔으며, 상담 현장에서 고난에 대한 확고한 이해가 어떻게 작용하는지를 보여주었다. 특히 CCEF의 인간의 역동적인 변화에 있어서 '더위(heat)'는 일상생활에서 고난에 처한 고통의 상황으로 피상담자의 고난을 의미한다.[89] 성경적 상담 운동 1세대가 강조한 것을 2세대가 더욱 풍성하게 확장하여 고난의 환경에서 말씀의 역동적 작용으로 변화를 이루는 것을 체계화한 것이다.[90] 제이 아담스(Jay E. Adams)가 내린 '죄'라는 단순한 진단을 넘어서 피상담자의 고난에 대한 원인을 다방면으로 이해하는 방식으로 새롭게 발전하였다. 웰치(E. L. Welch)는 인간이 당하는 고통의 원인을 다음과 같이 쓰고 있다.

첫 번째는 다른 사람에 의해서이다. '우리는 다른 사람들 때문에

---

88) Lambert, *The Biblical Counseling Movement after Adams*, 54-55.
89) Lane & Tripp, *How People Change*, 83.
90) Lambert, *The Biblical Counseling Movement after Adams*, 61.

부득이하게 고통당하고, 그로 인해 깊은 상처를 입는다.' 두 번째는 자기 자신이다. '내가 죄를 지었기 때문에 고난을 받고 있다.' 세 번째는 아담의 원죄이다. 그로 인해 저주 때문에 세상에 죄가 존재하여 사람들이 고난을 받는다. '최초의 사람, 아담이 죄를 지어 자손들에게 불행과 죽음을 가져다주었다. 그의 죄로 인해 모든 피조물이 함께 고통을 당하고 있다'. 네 번째는 사람들의 삶에 고난을 일으키는 사탄의 역사이다. '사탄의 역사는 포착하기 어렵지만, 인간 고난의 확실한 원인이다.' 마지막은 하나님의 주권이다. 우리는 그분의 뜻 안에서 고난을 받기도 한다. '우리에게 고난이 올 때 그것은 하나님의 뜻이다'[91]

우리가 당하는 고통의 원인은 다양하다. 폴 트립은 상담자가 다양한 원인으로 고통당하는 피상담자의 환경에 동일시할 것을 강하게 권고한다. 이는 예수 그리스도가 친히 육체적으로 고난을 겪으신 구원자이고, 그는 우리의 고난을 긍휼히 여기셨고, 함께 고난을 겪는 자로서 사람들과 관계를 맺으셨기 때문이다.[92] 따라서 상담자는 피상담자의 고통과 고난에 대해 공감하고 수용하며 동일시하는 것이 필요하다는 것이다.

c. 고통받는 사람들을 위한 상담

상담은 피상담자의 고통에서 시작된다. 모든 곳의 모든 사람에게는 고통과 고난이 있다. 고난이나 고통은 인간을 아프게 한다. 상담자는 피상담자의 고통과 고난을 경청하여 고통을 나누고, 이전에 상담자 자신이 고통과 고난을 겪는 중에 배운 성경의 진리를 겸손하게 나누는 것이다.

---

91) Edward T. Welch, "Exalting Pain? Ignoring Pain? How Do We Counsel Those Who Suffer?", *Journal of Biblical Counseling*, Vol. 12. No.3 (1994), 4.

92) Lambert, *The Biblical Counseling Movement after Adams*, 63.

고통에 대한 하나님의 목적은 그리스도가 완전함 같이 신자가 전 인격적으로 성숙하기를 원하는 것이다(마 5:48, 엡 4:12, 딤후 3:17). 고난은 신자를 시험하고 믿음을 굳세게 한다(약 1:12). 또한, 고난은 고통을 회피하지 않고 하나님께 순종함으로 변화와 성장이 일어나게 하며(벧전 4:1-2), 고통을 통하여 신자의 인격적 변화를 일으킨다(히 12:7-9). 결국, 고난의 결과로 예수 그리스도의 거룩함에 동참함으로써 결국 영원한 생명을 얻게 된다.[93]

고통을 당할 때 하나님을 향한 신뢰와 소망을 잃지 않는 것이 중요하다. 피상담자는 고난과 고통을 통하여 하나님의 자녀라는 정체성이 확고한 인격을 형성한다. 고통이나 고난은 하나님과 인간과의 관계를 재정립할 수 있게 해주는 효과적인 기회가 된다. "고난은 하나님의 통제 안에 있다. 때로는 징계와 경고의 의미와 정결케 하는 목적이 있을 수 있다."[94] 하나님은 신자의 고통에 대해 절대로 방관하지 않는다.

> 신자에게 고난은 결코 이상한 일이 아니다. 고통 중에 자신의 마음을 보여주며(시 119:67, 71; 롬 8:28, 29; 히 12:10, 11), 고통은 세상을 직시하게 하고, 영원한 삶에 대한 소망을 갖게 한다(롬 5:3, 4; 고후 4:17). 고통으로 인해 다른 사람을 이해할 수 있게 되며, 하나님의 위로를 받고 그 위로를 가지고 다른 사람을 위로할 수 있게 된다(고후 1:3-7).[95]

인간의 고통을 해결하는 방법은 성경의 예언대로 성육신한 예수 그리스도를 믿는 것이다. 이것이 소망이다. 고통 속에 삶의 의미를

---

93) Frauke C. Schaefer 외 2인,『고통과 은혜』, 50.

94) 고성실, "아담스의 권면적 상담에 근거한 위기상담 활용방안에 관한 연구", 40.

95) 옥한흠,『고통에는 뜻이 있다』(서울: 국제제자훈련원, 2004), 18-19.

잃어버린 피상담자에게 소망을 줄 수 있는 것은 오로지 하나님의 약속들이다. "피상담자가 삶의 의미를 필요로 하고, 소망을 필요로 한다는 것은 사실이다"[96] 상담자는 살아갈 의미를 잃은 피상담자에게 예수 그리스도로 인한 소망을 전달할 수 있다. 소망은 가장 어려운 시련 가운데서도 기쁨을 만들어 내며, 소망은 인내와 확신을 가져온다. 소망은 효과적인 사역을 가져오며, 지속성을 가져온다. 소망은 증가한 힘과 열정을 가져오며, 하나님과의 좀 더 친밀한 관계를 맺어오며, 개인적 정결함을 가져온다.[97]

예를 들어, 날 때부터 소경인 자처럼(요 9장) 오랫동안 지속된 문제를 가진 사람들, 오랫동안 혈루증을 앓은 여인처럼 특별히 어려운 문제를 지닌 사람들, 정신분열증 환자나 긴장성질환 등 잘못된 질병의 이름을 가진 사람들, 신체를 마비시키는 두려움으로 괴로움을 당하는 사람들, 과거에 소망이 여러 번 계속해서 좌절된 사람들, 노력했지만 실패를 거듭한 사람들, 직업과 건강과 사랑하는 사람을 잃은 노인들, 자기연민에 빠져 낙심한 사람들, 자살하려는 사람들, 죽음과 이사, 간음과 이혼 등 상실로 인해 인생의 파탄을 경험한 사람들, 소유와 지위의 상실로 인해 슬퍼하는 사람들, 신경쇠약으로 고통받는 사람들, 그리스도가 없는 사람들에게는 진정한 하나님의 소망이 필요하다.[98]

인간의 고통에 있어 진정한 소망은 예수 그리스도이다. 하나님은 이 세상이 창조되기 전부터 인간의 구원을 계획하였고, 세상이 창조된 이후 어린 양 예수 그리스도의 보혈 피로써 약속하신 대로 인

---

96) Adams, *The Christian Counselor's Manual*, 48.
97) Mack 외, *Introduction Biblical Counseling*, 240.
98) Adams, *The Christian Counselor's Manual*, 41-46.

간을 구원한 것이다.99) 피상담자가 고통 속에서 하나님의 뜻과 목적을 발견하도록, 상담자는 피상담자와 함께하며 인내하고 기다리는 것이다. 고통 속에 있는 인간에게 진정한 소망은 예수 그리스도의 구원의 복된 소식이다. 실제로 고통 중에 있는 피상담자와 함께 있을 때 상담자도 매우 고통스럽다. 함께하기가 쉽지 않지만, 친구를 위해 생명까지 주신 예수 그리스도처럼, 그분을 본받아 시간과 물질을 나누는 것까지 필요하다.

(7) 인간의 진정한 변화는 성령의 역사

다른 보혜사(Another Counselor)로 온 성령님은 성경적 상담의 주역이다. 성령 하나님은 첫째, 위로자로 온 보혜사이시다.100) 성령님은 놀라운 모사, 선생님, 지도자, 친구로서 예수 그리스도와 같은 분이며, 또 다른 위로자이다. 성령님은 에너지가 아니라 모든 인격적 속성을 갖고 있다(마음, 롬 8:27; 감정, 엡 4:30; 의지, 히 2:4). 또한, 모든 신적 속성이 있으며(행 5:3-4), 예수님과 같은 속성을 지닌 위로자이다. 둘째, 진리로 인도하는 진리의 성령님이다. 성령님은 신자들을 가르치며, 신자들을 위해 진리를 조명한다(고전 2:12). 성령님은 모든 것, 곧 하나님의 깊은 것까지도 통달한다(고전 2:9-10). 성령님은 비신자들에게 하나님을 알게 하시며, 비신자가 회개하고 구원이 필요함을 가르쳐 주신다(요 16:7-11, 딛 3:5).

---

99) Adams, *A Theology of Christian Counseling,* 174.

100) 요14:16의 다른 보혜사(*aijthvshtev*)는 파라클레토스로 "또 다른, 같은 종류에서의 또 다른 것"을 나타내며, 요일 2:1의 대언자(paravklhton), 곧 의로우신 예수 그리스도도 보혜사가 파라클레토스이다. paraklhvsew는 보통 위로(comfort), 위안(consolation)의 뜻이다. 하나님은 모든 위로의 근원이시다(고후 1:1-7). Adams, *The Christian Counselor's Manual,* 5.

셋째, 신자를 진리 가운데 거룩하게 하면서 항상 함께하신다(요 17:17). 내주하는 성령님은 모든 신자와 함께 그들 안에 거한다는 뜻이다(요 14:17하, 고전 3:16, 고전 6:19, 고후 6:16). 성령님이 그리스도와 연합하여 신자들과 함께하신다. 넷째, 성령님은 신자가 하나님의 계명을 지키게 하시고(요 14:15, 21), 성령님으로 말미암아 하나님의 사랑이 믿는 자의 마음에 부어져서(롬 5:5) 하나님을 사랑하고 다른 동료 인간을 사랑하게 하신다(요일 4:19). 성령님은 의로운 열정과 거룩한 감정을 불러일으키고, 우리의 마음에 하나님의 사랑을 주어 신자들 안에 내주한다.

인간의 진정한 변화는 신자 안에 내주하는 성령님의 역사를 통해서이다.[101] 성령님의 내주하심으로 이전에 볼 수 없었던 것을 보는 새로운 변화가 내면에서 조용히 일어난다. "성경적 상담은 하나님의 말씀과 기도를 통하여 성령님이 우리의 마음을 감화, 감동할 때 진정한 변화를 체험하게 된다."[102] 인간의 행동은 마음으로부터 나온다. 말(언어)도 마음에서 나오고, 감정도 마음으로부터 나온다. 인간의 마음은 심히 부패하였기 때문에(막 7:15-16, 렘 3:17, 롬 1:21-23, 눅 6:43-45), 마음의 변화를 이끌어 내기 위해 성령님께서 주체적으로 하나님의 말씀으로 역사하는 것이다. 이때 기도는 매우 중요하다. "상담의 핵심은 기도이다. 기도로 하나님 아버지와 의사소통을 한다. 하나님의 말씀이 우리를 가르쳤기에 기도한다. 기도는 하나님의 함께하심을 경험하게 한다."[103] 기도는 성경적 상담의

---

101) Lane & Tripp, *How People Change*, 155.

102) 황규명, 『성경적상담의 원리와 방법』, 114.

103) H. Norman Wright, *Self-talk, Imagery, and Prayer in Counseling*(Waco. Texas: Word Books, 1986), 131.

핵심으로 하나님을 믿고 의지하게 해준다.

인간 상담자는 성령님의 능력과 성결케 하시는 성령님의 충만함을 위해 자신의 죄와 무능함을 인정하고 항상 그리고 규칙적으로 기도하는 것이 필요하다.[104] 성령님으로 하지 않고서는 그리스도를 구주로 고백할 수 없다(고전 12:3). 인간의 연약함을 아시고 탄식함으로 우리를 위해 기도하시고 계시는 하나님이시다(롬 8:26-27).

하나님의 형상으로 창조된 인간은 성령님의 역사로 변화가 가능한 존재다. 변화는 인간의 노력만으로 완전히 이루어질 수 없다. 그렇다고 인간의 책임 소재를 무시하는 것은 아니다. 진정으로 완전한 변화는 성령님의 역사함으로만 가능하다. 종족이나 민족이 다르다고 해서 이 진리가 변하는 것은 아니다. 사도 바울을 이방인의 사도로 부르신 하나님은 모든 열방과 족속과 민족이 하나님의 인도함을 따라 하나님의 말씀으로 살기를 원하신다. 경건한 생활을 지속하도록 성령님은 하나님과 신자들과의 교제로 인한 변화의 삶을 살도록 돕는 것이다.[105]

성령님은 상담의 주역이다. 하나님의 말씀인 성경을 통해 상담의 목표가 무엇이며, 사람이 어떻게 변화할 수 있는지를 가르쳐 준다. 상담자의 역할이 어떠해야 하며, 상담을 하는 동안 무슨 말을 어떻게 할지를 알려준다. "성경은 변화를 위한 지혜의 원천이며, 예수 그리스도는 변화를 위한 능력의 원천이요, 교회는 변화를 위한 중심 역할이다."[106] 성경과 예수 그리스도와 교회는 떼어낼 수 없다.

---

104) Adams, *The Christian Counselor's Manual*, 49-51. 기도를 자기연민으로 바꾸거나, 변화를 위한 행동을 하지 않고 기도만을 하는 위험성에 대해 주의해야 한다.

105) 정정숙, 『기독교상담학』, 72-78.

106) Lambert, *The Biblical Counseling Movement after Adams*, 24.

성령님도 예수 그리스도와 성부 하나님과 함께하며, 신자와 함께하신다. 신자는 성령님의 전(殿)이기 때문이다(고전 3:16, 6:19).

성경적 상담의 궁극적인 목적은 '성화'이다.107) 성화는 "우리의 삶에 대한 하나님의 본질적이고 절대적인 뜻이다. 자아실현이 아닌 우리 안에서 그리스도 실현이다."108) 성화를 일으키는 성령님의 역사는 하나님의 말씀을 통해서이다.109) 성화의 본질은 하나님의 초자연적 사역이다. 이는 옛사람인 죄의 몸을 극복하며, 그리스도 안에서 선을 위해 창조된 새사람으로 소생하는 것을 말한다.110) 하나님의 전신 갑주로 무장하기 위해 상담자와 피상담자는 오직 '성령의 검, 즉 하나님의 말씀'을 풍성하게 소유하여 실제 삶 가운데 적용할 수 있어야 한다(엡 6:13-17). 결국, 성령님은 상담의 주역으로서 피상담자가 중생하게 하는 사역과 성화시키는 사역을 가능하게 한다. 또 성령님은 하나님의 말씀인 성경을 통해 상담의 목표가 무엇이며, 사람이 어떻게 변화할 수 있는지를 가르쳐 준다. 이것은 상담자의 역할이 어떠해야 하며, 상담의 방법이 무엇인지를 알려준다.

이상과 같이 성경적 상담의 기본 원리는 인간이 하나님의 형상으로 창조되었으며, 죄로 인하여 타락한 존재라는 것이다. 이러한 인간의 진정한 문제는 마음의 문제이다. 인간은 세상에 살아있는 동안 고통당하는 존재이다. 성경적 상담은 개혁주의 신학을 바탕으로 하는 성경에 근거하며, 복음이 핵심이다. 성경적 상담의 본보기는

---

107) MacArthur & Master's College Faculty, 『상담론』, 163-174.

108) Antholzer, 『심리치료와 성경적상담』, 126.

109) 하나님의 말씀과 성령님의 관계는 "성령이 죄인들의 마음속에 작용할 때만 말씀은 믿음과 회심으로 이끄는 효력을 발생한다." Berkhof, 『벌코프 조직신학』하, 873.

110) Berkhof, 『벌코프 조직신학』하, 784.

예수 그리스도이며, 인간의 진정한 변화는 궁극적으로 상담자의 언어가 아닌 성령 하나님의 역사하심으로 이루어진다.

2. 성경적 상담의 방법

성경적 상담은 하나님이 명령하신 하나님과 이웃을 향한 사랑을 촉진하는 하나의 도구이다.[111] 성경적 상담은 실제 상담 현장에서 예수 그리스도를 전하며, 그의 제자를 양육하는 데 효과적인 방편이 된다.[112] 복음을 전하며 제자 양육을 가능하게 하는 성경적 상담은 여타의 문화를 초월한다.[113] 왜냐하면, 복음의 주체이신 예수 그리스도가 문화를 초월하셨기 때문이다. 성경적 상담은 상담 현장에서 예수 그리스도를 전파하는 전도요 선교이다. 이는 피상담자에게 예수 그리스도를 전파하고 피상담자를 권면하여 예수님의 제자로 세우는 양육과 훈련이 되게 하기 때문이다.

상담의 방법을 결정하는 것은 신학적 결정이다. 상담 방법에서 상담자의 가치관으로서 신학이 드러난다.[114] 상담 현장에서 상담자가 피상담자에게 하는 모든 행위는 피상담자의 문제와 문제 해결에 대한 상담자의 믿음을 가장 잘 보여준다.

---

111) 정정숙, 『기독교상담학』, 495.

112) 제이 아담스는 상담자의 제자훈련 과정은 상담 과정에 필수적임을 강조했다. Adams, *A Theology of Christian Counseling*, 89-92.

113) An Editorial, "Counseling Cross-Culturally", *Journal Pastoral Practice*, Vol. 1 No. 1, (Winter 1977), 19.

114) Edward T. Welch, "How Theology Shapes Ministry Jay Adams's View of the Flesh and an Alternative", *Journal of Biblical Counseling*, Vol.20. No.3. (Spring 2002), 16.

<표 1> 성경적 상담의 방법 모델 비교

	아담스의 재습관화	웨인 맥의 EIGHT-I	Tripp의 4단계	정정숙의 8단계	고성실의 7단계
상담의 진행 과정	1. 경청하라 2. 이해하라 3. 명료화하라 4. 권면하라 5. 문제를 해결하고 습관화시켜라	1. 관계수립 (Involvement) 2. 피상담자에게 소망주기 (Inspiration) 3. 피상담자 탐색: 자료 수집 (Investigation) 4. 피상담자의 자료 분석 (Interpretation) 5. 가르침(Instruction) 6. 권고하기(Inducement) 7. 실행(Implementation) 8. 일체화(Integration)	1. 사랑하라 (Welcome) 2. 알라 (Understand) 3. 말하라 (Confront &Comfort) 4. 행하라 (Action)	1. 신뢰 관계를 형성하라 2. 소망을 주라 3. 문제 이해 4. 자료 수집 5. 자료 해석 6. 권면하라 7. 변화하게 하라 8. 열매를 맺게 하라	1. 첫 만남의 과정 2. 문제 진입 과정 3. 도전 진입 과정 4. 대안 고려 과정 5. 계획 수립 과정 6. 내담자 실천 과정 7. 전인 회복 확인 과정

성경적 상담의 방법은 <표 1>과 같이 크게 제이 아담스(Jay E. Adams)의 재습관화,[115] 웨인 맥(Wayne Mack)의 Eight-I,[116] 폴 트립(Paul D. Tripp)의 4단계이다.[117] 국내의 성경적 상담 모델로는 정정숙의 8단계[118]와 고성실의 7단계[119]가 있다. 위의 상담 방법의 내용을 자세히 살펴보면 언어적 표현이 다를 뿐, 상담 진행 과정에 차이가 없음을 알 수 있다.

---

115) Jay E. Adams, *Competent to Counsel*(Grand Rapid. Michigan: Baker Book House, 1970), *The Christian Counseling Manual: The Practice of Nouthetic Counseling*(Grand Rapid. Michigan: Zondervan Publishing House) 1973. 제이 아담스는 상담 모델을 명명하지 않았으나, 성경적 상담을 최초로 소개한 정정숙의 『기독교상담학』, 306-312에 상담 진행 과정을 정리하였다.

116) Mack 외, *Introduction Biblical Counseling*, 219-364. MacArthur & Master's College Faculty, 『상담론』, 195-378. Peabody, "Biblical Counseling As An Evangelistic Method", 90-91.

117) Tripp, *Instruments in the Redeemer's Hands,* 115-276에서 각 단계별로 상세한 내용을 쓰고 있다. CCEF상담 방법은 파울리슨의 이론을 트립이 정립하였다. Tripp, *Instruments in the Redeemer's Hands,* 331.

118) 정정숙, 『성경적상담학』, 187-198.

119) 고성실, 『기독교위기상담학: 아담스와 로렌스 크렙 관점에서의 위기상담 과정 활용』(서울: 도서출판 예명드보라, 2014), 179-202.

상담 방법에 있어 공통적인 점은 첫째, 피상담자의 정보를 수집하는 것이 중요함을 인식하고 있다. 피상담자의 고통의 문제와 상황을 공감하는 경청의 자세로 피상담자와 신뢰 관계를 수립하며, 피상담자가 문제 상황에서 소망을 갖게 하는 것이다. 이는 그리스도의 사랑으로 사랑하며 하나님이 말씀하시는 것을 깨닫는 것이다(LOVE, KNOW). 두 번째, 가르침의 중요성이다(SPEAK). 성경적 상담에서 가르침은 직면의 형태로 상담자의 전문성을 요구하는 매우 중요한 부분이다. 언어로 도전하고 명료화하여 대안을 수립하는 것이다. 세 번째, 상담의 실제 적용이다(DO). 제이 아담스의 경우 탈습관화와 재습관화를 하는 것이며, 웨인 맥의 경우 과제나 훈련, 트립은 행동하라, 정정숙의 경우 변화하게 하여 열매를 맺게 하라 등 상담 과정에서 듣고 배운 내용을 실제 생활에서 적용하는 것이다. 성경적 상담은 단지 통찰하거나 말을 하는 게 아니라 사람을 변화시키는 것이기 때문이다.[120]

본 연구에서는 폴 트립의 4단계를 중심으로 성경적 상담의 방법을 살펴본다.[121] 이는 상담자가 상담을 진행할 때 함축성과 실효성 면에서 상담 방법을 극대화할 수 있으며, 상담자가 간단하고 명료하고 쉽게 숙지할 수 있기 때문이다. 먼저 피상담자와 신뢰 관계를 맺으며 소망을 주는 '사랑하라'의 단계, 피상담자의 상황을 이해하기 위해 정보를 수집하고 이해하며 수용하는 '알라'의 단계, 문제를 해결하기 위해 성경적으로 죄와 문제 상황을 직면하게 하는 '말하라'의 단계, 피상담자가 깨달은 대로 생활 가운데서 변화의 삶이

---

120) Lambert, *The Biblical Counseling Movement after Adams*, 83-86.

121) 상담에 있어서 과정은 반드시 순서를 나타내는 것은 아니다.

드러나도록 행동하게 하는 '행하라'의 네 단계로 크게 구분한다.

(1) 사랑하라(Love)

성경적 상담자의 기본자세는 성경적 원리와 방법에 근거하여 피상담자를 대하는 것이다. 마음을 다하고 뜻을 다하여 하나님을 사랑하고, 네 이웃을 네 몸과 같이 사랑하며, 원수까지 사랑하는 것이다. 문제에 빠진 피상담자를 만나는 제일의 방법은 인간 피상담자를 그리스도의 사랑으로 아무 조건 없이 사랑하는 것이다.

성경적 상담에서 '사랑하라'는 먼저 피상담자의 세계로 들어가고, 두 번째로 그리스도의 사랑으로 성육신하며, 셋째로 피상담자의 고통에 공감하며, 마지막으로 하나님의 새로운 계획을 받아들이는 것이다.122)

먼저 상담자는 피상담자의 '문제'에 초점을 맞추지 않고 '사람'에 초점을 맞춘다. 피상담자와 신뢰 관계를 형성하며 피상담자의 세계로 들어가는 것이다. 겉으로 드러난 피상담자의 문제 속에 숨겨있는 동기 또는 마음의 상황을 알기 위해 하나님이 허락하신 진입구(entry gate)를 찾아내는 것이다. 진입구는 특별한 상황이나 환경이 아니다. 또 마음의 깊은 고민으로 피상담자가 경험하는 객관적인 문제가 아니다. 진입구는 피상담자가 자신의 문제에 대해 특별하게 겪은 경험, 두려움, 분노, 죄의식, 초조함, 절망, 외로움, 질투, 낙심, 복수심 등이다.123) 상담자는 피상담자가 인식하지 못하고 있는 그 동기를 발견해 나가는 것이다.

---

122) Tripp, *Instruments in the Redeemer's Hands*, 126.
123) Tripp, *Instruments in the Redeemer's Hands*, 125-126.

상담자는 마음의 동기를 찾기 위해서 목적을 갖고 경청해야 한다. 경청할 때 특히 피상담자가 감정적으로 느끼며 하는 말이 무엇인지 알 수 있다. 피상담자가 사건이나 문제에 대해 해석하는 언어표현은 중요하다. 피상담자는 자신이 갈등하는 문제들을 스스로 해석한 대로 표현하기 때문이다. 상담자는 피상담자가 그 자신에게 하는 말에 귀를 기울여야 한다. 그 안에 두려움, 분노, 죄의식, 절망 등이 포함되어 있다. 피상담자가 하나님에 대한 말을 할 때 하나님을 어떤 분으로 인식하고 있는지, 자신이나 문제 상황에 대해 왜곡된 생각을 하고 있는지 등, 소망의 근거가 하나님께 있다는 사실을 알려주기 위해 적극적인 경청을 해야 한다.[124]

인간 상담자가 그리스도의 사랑으로 사랑하는 것은 그리스도의 사랑을 자신의 삶 속에 적용하는 것이다. 왜냐하면, 피상담자는 하나님께 속해 있고, 상담자는 그리스도의 사역에 부름을 받은 자이기 때문이다. 피상담자는 사랑의 기능으로써 먼저 자신의 죄를 고백하는 회개가 우선되어야 한다. 그리하여야 사랑의 본체이신 그리스도께서 피상담자 안에서 역사하신다. 예수 그리스도는 단지 세상적인 인간의 행복을 목표로 하지 않고, 개인의 행복보다 더 높은 목표를 갖게 하여 하나님이 피상담자와의 관계 안에서 변화의 바탕이 되게 한다. 이 바탕 위에 더 높은 목표는 바로 칭의와 양자 됨과 성화이다.[125] 그러므로 성경적 상담에서는 하나님과의 관계 회복이 우선이다. 하나님의 자녀로서, 하나님 나라의 백성으로서 올바른 관계를 성립하여 자신의 정체성을 확인하는 것이다.[126]

---

124) 황규명, 『성경적상담의 원리와 방법』, 215-216.

125) Tripp, *Instruments in the Redeemer's Hands*, 120.

126) 엄옥순, "기독 청년의 자아정체성에 관한 연구", 「복음과 실천신학」, 제 43권 (2017): 9-39 참

상담자가 사랑하는 것은 피상담자를 하나님의 자녀이며 신자라는 같은 정체성을 가지고 전적으로 수용하고 공감하는 것이다. 피상담자의 상황에 공감함으로써 신뢰 관계를 형성한다. 신뢰 관계를 통해 피상담자를 문제를 소유한 개인이 아니라 상담자와 동일시하게 된다. 상담자나 피상담자는 그리스도 안에서 한 가족이며, 가족 안에서 동일한 위치를 갖고 있고, 동일한 삶의 경험을 공유하고 있기 때문이다.127) 피상담자가 상담자를 만난 현장은 문제를 가진 위기 상황이기도 하다.128) 피상담자에게 가장 고통스러운 것은 자신이 홀로 남겨졌다는 두려움이다. 두려움의 문제 상황에서 상담자는 피상담자에게서 "하나님이 함께 하신다(사 41:10)."라는 메시지를 전하는 것이다. 피상담자를 도와서 문제를 해결할 수 있도록 돕겠다고 말함으로써 하나님이 함께하신다는 것을 알게 하는 것이다. 이것을 기점으로 상담자와 피상담자의 신뢰 관계가 성립되며(수평적인 신뢰), 하나님에 대한 소망(수직적인 소망)을 갖게 된다. 이때 상담자는 피상담자가 감정을 발산하도록 도와주고, 피상담자에게 향하신 하나님의 변화 사역에 헌신하고자 한다는 상담자의 결심을 알리면서, 하나님께 피상담자를 맡기도록 격려한다. 이것이 초기 상담의 목표가 된다.129)

피상담자를 사랑하는 방법은 그리스도의 사랑으로 성육신하신 방법을 실천하는 것이다. 여기에서 성육신이란 희생을 각오하며, 말이 아닌 행동으로 하나님의 계획과 사랑을 드러내는 것이다. 이

고하라.

127) Tripp, *Instruments in the Redeemer's Hands*, 146.

128) 고성실, "아담스의 권면적 상담에 근거한 위기상담 활용방안에 관한 연구", 80-124 참고하라.

129) Tripp, *Instruments in the Redeemer's Hands*, 131-132.

미 그리스도를 인격적으로 만난 상담자는 그리스도 중심의 생활을 함으로써 피상담자가 예수 그리스도를 만나도록 주선하는 역할이다. 성경적 상담은 말로 문제를 해결하고 치유하는 언어 치료가 아니고, 피상담자가 생활하는 가운데 예수 그리스도를 인정하는 놀라운 고백에서 변화의 시작을 보여주는 것이다. 변화의 시작은 하나님의 주권을 인정하는 삶에서 시작한다.

하나님의 주권을 인정하면 소망이 생긴다. 성경적 소망은 피상담자가 하나님의 자녀임을 인식하는 것이다. 이를 위해서 사고의 전환이 반드시 필요하다. 비신자일 때에는 복음을 제시하고, 피상담자와 신뢰 관계를 형성하여 마음속 동기를 발견하는 것이 중요하다. "우울감에 빠진 피상담자에게 소망을, 갈등을 겪고 있을 때 동정을, 두려워하고 있을 때 신뢰의 문을 사용하라."라는 것이다.[130]

성경적 상담의 방법에서 사랑하는 단계는 상담자와 피상담자가 의사소통을 통해 사랑하고 공감하며, 존경과 신뢰를 통해 성경적 소망을 소유하며 이해하는 단계이다. 사랑하는 것은 피상담자의 고통에 동화되는 공감이다. 하나님은 고통을 일으킨 장본인이 아니라 고통당하는 피상담자와 함께하시는 분이다. 고통에는 하나님의 뜻이 있다.[131]

하나님의 섭리 안에서 피상담자의 고난과 고통을 통해 구원의 목표를 이루시고 믿음을 성장하게 하며, 성화의 과정을 살게 된다. 이것은 피상담자가 하나님의 주권을 인정하며 새로운 계획을 받아들이는 것이다. 상담자가 하나님의 이러한 목표를 마음속에 분명히

---

130) Paul Tripp 외, *The Nature of Biblical Counseling*, 111.
131) "고통의 가장 위대한 목적과 사용은 시험을 통한 성장이다." Adams, *A Theology of Christian Counseling*, 275.

가지고 피상담자를 받아들이는 단계이다.

(2) 알라(Know)

성경적 상담의 두 번째 단계로서, 피상담자가 그리스도를 깊이 알아가는 단계이다. 상담자는 피상담자와 동일시하기 위해서 상황을 알 필요가 있다. 자료 수집과 분석은 변화가 필요한 부분을 알아가는 과정이다. 먼저 피상담자의 마음속 어떤 부분에서 낙심과 어려움, 고통과 갈등, 시련과 유혹이 일어나고 있는지 알아낸다. 상담자와 피상담자는 하나님께서 개개인의 삶을 주관하시며, 어느 사람도 똑같은 삶을 살아가지 않고 사람마다 다르게 살아간다는 사실을 기억하고 있어야 한다.

자료 수집은 피상담자를 알아가기 위해 첫 대면부터 계속해서 이루어지는 중요한 과정이며 필수적이다.[132] 자료 수집의 목표는 상담자가 피상담자의 인격을 이해하여 하나님이 돕기 원하는 방법으로 돕는 것이다. 피상담자의 자료를 수집하는 것은 단지 피상담자의 문제를 발견하거나 죄를 드러내기 위한 것이 아니라, 피상담자의 인격을 이해하기 위해서이다. 피상담자의 마음을 알고 더 나아가 피상담자의 자기 인식과 자기 이해를 돕는 것이다.[133]

또한, 자료 수집의 원칙은 외부적 상황을 알아가다가 내부적 상황에 초점을 맞추어 마음에까지 도달해야 한다는 것이다. 상담자의 적극적인 경청이 필요하며, 피상담자의 진술 내용과 감정과 의도를

---

132) 자료 수집의 내용은 Adams, *The Christian Counselor's Manual*, 257-273. MacArthur & Master's College Faculty, 『상담론』, 251-279.

133) Tripp 외, *The Nature of Biblical Counseling*, 112-113.

정확하게 알아야 한다.134) 자료 수집의 방법은 질문과 관찰을 통해서, 과제로 내준 내용을 통해서 알게 된다.135) 상담자가 정리하고 파악한 내용이 정확한지 확인하기 위해, 상담자가 생각하고 있는 내용이 정확한지 피상담자의 언어로 표현하도록 질문하여 다시 확인할 필요가 있다. 왜냐하면, 상담자와 피상담자는 각자의 경험이 다르므로 표현한 뜻의 넓이와 깊이가 다를 수 있기 때문이다. 피상담자의 말이 무엇을 의미하는지, 구체적이고 실제적으로 생활 속의 예로 설명해 주기를 요청하는 것이다. 이렇게 함으로써 상담자가 피상담자에 대해 속단하거나 추측하는 경우가 없어진다.

이 단계에서 수집한 자료를 성경적으로 조직하여 성경적으로 해석하고 분석하는 것이 필요하다. 피상담자에게 어떤 일이 일어났으며, 현재 어떤 일이 일어나고 있는지 상황을 살피는 것이다. 발생한 일과 어떻게 상호작용했는지, 피상담자 마음의 생각과 감정, 동기를 알아내는 것이다. 인간의 행동과 생각과 말속에는 감정적인 요소가 내재하여 있으므로 감정에 대한 표현을 아는 것도 중요하다. 이 상황에 대해 어떻게 반응했으며, 어떤 생각을 하고 있는지를 분석하고 해석하는 과정이다. 질문을 통해 반응한 행동을 무엇이었는지를 아는 것이다.

피상담자가 말하는 진술에서 내용과 감정과 의도를 잘 파악할 줄 아는 듣는 기술이 상담자에게는 필요하다. 또한, 이 진술들을 성경적으로 구성할 필요가 있다. 구성이란 피상담자의 시각을 외적인 시각에서 내적인 시각으로 옮기는 것이다. 겉으로 보이는 상황이나

---

134) Tripp 외, *The Nature of Biblical Counseling*, 120.
135) Adams, *The Christian Counselor's Manual*, 294-300. Tripp, *Instruments in the Redeemer's Hands*, 318-328.

문제에서 인생의 주관자이신 하나님의 주권을 인정하고 인식하는 믿음이다. 피상담자가 상담을 중간에 포기하지 않고 지속할 수 있도록 피상담자와 신뢰 관계를 유지하는 것이 매우 중요하다. 상담자는 수집된 자료들을 이해하기 위해 피상담자를 성경적으로 개념화한다. 즉 "이 상황에서 피상담자는 왜 그렇게 반응하며, 성경은 그러한 상황일 경우에 어떠한 변화를 지시하는가?"를 주목한다. 그리하여 피상담자의 마음에 숨겨져 있는 진정한 문제를 캐는 것이 필요하다.[136]

자료 수집을 통해 피상담자의 문제, 마음속의 동기, 가장 추구하고 따라가는 마음의 우상들을 파악하여 스스로 깨닫게 하고, 하나님의 말씀에 비추어 변화할 것을 권면하는 것이 세 번째 단계이다.

(3) 말하라(Speak)

피상담자와 신뢰 관계가 형성된 후, 사랑을 가지고 진실을 말해주는 성경적 직면을 하는 단계이다. 효과적인 직면을 위해서는 공감적 관계를 통한 안전한 환경이 조성되어야 한다. 성경적 직면을 위해서는 상담자와 피상담자 사이의 상호 신뢰가 선행되어야 한다. 직면을 통해 피상담자는 새로운 시각을 가지고 내적·외적 행동이 변화하기 때문에 상담에서 매우 중요한 가치가 있다.[137]

상담자가 피상담자에게 몰입할 정도로 관심이 있다는 사실을 피상담자도 알아차리도록 해야 한다. "아비가 자기 자녀들에게 하듯 권면하고 경계하는데(살전 2:11)" 이러한 태도는 "너희를 사모하여

---

136) Tripp 외, *The Nature of Biblical Counseling*, 120-123.
137) Egan, 『유능한 상담자』, 270.

하나님의 복음만이 아니라 우리 목숨까지도 너희에게 주기를 즐기는(살전 2:8)" 마음이 있을 때 가능하다.[138] 이는 피상담자가 상담자를 신뢰하고 상담자가 피상담자를 긍휼히 여기는 마음으로 가득할 때이다.

또한, 상담자는 피상담자의 문제를 분석한 후, 드러나는 죄를 직면하게 해야 한다. 성경적 상담에서는 피상담자가 "언어적 행동과 비언어적 행동 사이에 불일치를 직면하고,"[139] 죄를 직면하는 것을 가장 강력한 상담 기술로 삼고 있다. 예를 들어 대결은 사랑을 기반으로 하는 직면이 아니다. 상담자의 도발적인 말, 삿대질, 얼굴을 붉히고 눈을 부라리는 행동은 대결의 행동이다. 성경적 직면의 좋은 예는 나단 선지자가 다윗 왕에게 직면한 일이다(삼하 12장). 직면할 때 하나님의 말씀이 거울이 된다(약 1:22-25).[140]

성경적 상담에서 직면하는 이유는 하나님을 사랑하고, 이웃을 네 몸과 같이 사랑하라는 하나님의 큰 계명에 순종하기 위해서이고, 또 모든 인간관계에 도덕적 책임이 있기 때문이다(레 19:15-18). 그러나 죄를 직면하기 어려운 점은 사랑보다는 미움에 근거하기 때문이다. 피상담자를 사랑하는 마음과 긍휼히 여기는 마음이 공감되면 자신의 죄를 직면하는 데 두려움이나 망설임이 사라지게 된다.[141]

성경적 직면은 피상담자의 신분을 하나님의 자녀로 인식하기 때문에 피상담자를 예수 그리스도 앞에 설 수 있도록 돕는 일이다.

---

138) Jay E. Adams, *How to Help People Change: the Four-Step Biblical Process* (Grand Rapid. Michigan: Zondervan Publishing House, 1986), 96.

139) 강봉규, 『상담이론과 실제』(서울: 교육출판사, 2002), 302.

140) Tripp 외, *The Nature of Biblical Counseling*, 124.

141) Tripp, *Instruments in the Redeemer's Hands*, 200-201.

이때 반드시 기억할 것은 상담자가 먼저 자신의 마음을 살펴서 피상담자를 '책망'하지 않도록 주의해야 하며, 성급함이나 좌절, 마음의 상처나 분노로 피상담자를 대해서는 안 된다는 점이다. 직면에 있어서 중요한 만남은 상담자와 피상담자의 만남이 아니라 피상담자가 그리스도를 만나는 것이 되어야 한다.142) 피상담자가 상담자의 판단을 받아들이는 것이 아니라 자신의 죄를 회개하여 용서받는 은혜에 이르게 하는 것이다.

상담자는 정직하고 사랑하는 마음으로 피상담자를 하나님의 말씀에 따라 직면하게 한다. 직면하는 일의 목표는 먼저 피상담자의 삶에서 하나님의 시각이라는 도구로써 사용되고자 하는 것이며, 또 다른 목표는 상담자가 회개의 매개자로서 하나님께 쓰임 받는 것이다. 피상담자의 행동을 변화하라고 압박하고 강요하는 것이 아니라, 복음 안에서 새로운 인격을 갖도록 격려하는 것이다. 상담자가 말하는 내용인 메시지와 말하는 방식과 방법, 상담자의 태도와 인격을 통해서, 하나님이 피상담자의 마음을 바꾸시는 것이다. 상담자는 하나님의 일꾼으로서 구속적인 부르심이라는 의식을 갖고 피상담자와 신뢰 관계를 추구하도록 선택된 것이다.143)

상담자는 복음을 전파하는 매개자로서 복음을 두려워하고 절망한 피상담자들에게 실제적인 용기를 주는 역할을 하게 된다. 이 복음은 피상담자가 모든 환경의 피해자라며 자신만을 생각하는 자리에서 일어나 기쁘게 다른 사람을 돕고 다른 사람을 섬기는 자로 만든다. 상담자가 직면의 단계에서 하나님의 말씀으로 피상담자의 문

---

142) 황규명, 『성경적상담의 원리와 방법』, 276.
143) Tripp, *Instruments in the Redeemer's Hands*, 212-213.

제와 죄를 직면할 때 주의할 내용은 다음과 같다.

> 첫째, 실패와 죄를 강조하는 것이 아니고, 복음을 제시한다. 이때, 상담자는 겸손하고 사랑이 풍성하며 정직한 권면의 말을 한다. 둘째, 그리스도 안에서 피상담자가 누구인지 그 정체성을 일깨운다(벧후 1:3-9; 요일 3:1-9). 셋째, 하나님이 용서하신다는 놀라운 약속을 상기시킨다(요일 1:5-10). 넷째, 성령님이 피상담자와 상담자 안에 거하신다는 놀라운 약속(엡 3:20)과 이 성령님이 순종할 수 있는 힘과 위로를 주신다는 내용이다(롬 8:1-17).[144]

성경적 상담자는 복음을 제시하며 정체성을 깨우쳐 성령님이 함께하심을 직면할 수 있도록 반드시 복음의 핵심을 전함으로써 피상담자가 인격적으로 복음을 수용할 수 있도록 끝까지 인내해야 한다. 일반적으로 피상담자는 자신이 처해 있는 특정 상황에 대해 해석하는 인생관이나 가치관이 형성되어 있다. 성경적 상담자는 성경적 개입으로 피상담자의 가치관 내지 인생관을 성경에서 말하는 두 계명, 하나님 사랑과 이웃 사랑으로 해석하는 것이다.[145]

일반적으로 "사람들이 상담이나 도움이 필요로 할 때, 그들의 죄와 고난이 상관관계를 맺고 있는 경우가 많다."[146] 상담자가 상담 현장에서 일어나는 일들을 개인적인 것으로 받아들이면 분노의 시간을 보내게 될 수 있다. 피상담자에게서 일어났던 일들이나, 상담자와 피상담자 사이에서 일어나는 일들 사이에서 감정이 상담자 자신에게 이입되어 다른 사람들에게 다시 나타날 수 있다. 특히 "분노(anger)는 본질에서 죄가 아니지만, 마음속에 품어 침묵과 폭발이

---

144) Tripp, *Instruments in the Redeemer's Hands*, 214.
145) Tripp 외, *The Nature of Biblical Counseling*, 126.
146) 황규명, 『성경적상담의 원리와 방법』, 143.

연속될 때 죄가 된다."147) 그러므로 상담자 자신도 죄의 직면에 있어서 항상 기도하며 겸손하게 자신을 돌아보는 지혜가 요구된다.

하나님의 사랑 안에서 진리를 말하는 직면의 과정은 피상담자 자신의 죄와 허물, 실수를 회개하는 것이다. 회개는 행동의 변화까지 포함한다. 직면에는 숙고(consideration)와 고백(confession), 헌신(commitment)과 변화(change)의 네 단계가 있다.

첫째, 숙고의 단계에서 상담자는 피상담자가 하나님의 뜻대로 하는 것을 경험할 수 있도록 돕는다. "피상담자에게 무슨 일이 일어났는가? 그 일이 진행되는 동안 무엇을 생각하고 느꼈는가? 그것에 대한 반응은 무엇이었는가? 왜 그 일을 했는가? 그 결과는 무엇이었는가?"의 질문을 통해 돕는다. 둘째, 고백은 피상담자 스스로 마음속의 죄를 인정하고 회개하여 하나님의 용서와 도우심을 구하는 것이다. 셋째, 헌신은 피상담자의 마음과 생활에서 새로운 방식을 취할 수 있게 새로운 사고방식과 새로운 습관을 입도록 결단하는 것이다. 넷째, 변화는 피상담자의 매일의 삶 가운데 결단한 내용을 실제로 적용하는 것이다. 상담자는 직면의 단계에서 피상담자가 어떻게 행동할지 구체적으로 돕는다.148)

피상담자가 자신의 문제를 직면한 후 문제 해결을 위하여 행동으로 실천하도록 도전해야 할 원리들이 있다. 상담자는 피상담자와 함께 하나의 목표를 세우고 피상담자가 도전하도록 돕는다. 성취 가능한 목표를 세우고, 관심을 주고 염려하며, 조심스럽게 기도하며 구체적으로 도전한다. 약점보다 장점에 도전하게 하며, 무엇보

---

147) Adams, *The Christian Counselor's Manual*, 349.

148) Tripp, *Instruments in the Redeemer's Hands*, 223-231.

다도 하나님의 자녀로서의 가치관을 명료하게 하면서 피상담자에게 성취의 기회를 제공한다.149) 실천 가능한 목표를 한 가지 성취한 후 또 다른 목표에 도전하게 한다.

상담자가 직면을 시도할 때, 피상담자가 적대적으로 접근할 수도 있다. 이때에는 상담자의 의견을 내려놓고, 하나님의 뜻을 찾아야 한다. 하나님은 피상담자를 통해서 상담자를 훈련시키기도 하신다. 직면할 때는 위대한 상담자이신 주 예수님이 피상담자와 상담자에게 동일하게 역사하고 계신다는 사실을 어느 때보다 더 깊이 인식해야 한다.150) 상담자는 늘 기도하며 최우선으로 피상담자의 복리를 추구한다.

피상담자가 직면을 회피하면 변화가 일어나지 않는다. "그리스도인은 변화를 믿는다. 하나님은 변화의 하나님이시다. 아들 예수님을 보내어 변화의 기반을 마련하였고, 성령 하나님과 하나님의 말씀은 실제로 변화를 가져온다."151) 책망이 아닌 진정한 회개를152) 통해 피상담자가 자신의 정체성과 상황과 문제들을 직면해야 한다.

(4) 행동하라(Do)

제4단계로서 '행동하라'에는 4가지 목표가 있다. 첫째, 개인적으로 새로운 계획(personal ministry agenda)을 세우라. 둘째, 책임감

---

149) Gerard Egan, *The skilled helper*, 오성춘 역, 『상담의 실제: 효과적인 상담 기술』(서울: 한국장로교출판사, 2006), 245-252.

150) Tripp, *Instruments in the Redeemer's Hands*, 209-210.

151) Adams, *How to Help People Change*, 135.

152) 회개는 먼저 하나님과 사람들에게 자신의 죄를 고백하고 용서를 구하며, 죄악 된 방법과 습관들을 버리고, 하나님이 기뻐하시는 삶의 방식으로 살아가는 것을 의미한다. Adams, *How to Help People Change*, 144.

을 명확하게 하라.153) 셋째, 그리스도 안에서 정체성을 심어주라. 넷째, 책임에 대해 감독과 책무성을 제공하라.154)

상담자는 그리스도의 대사이다. 하나님의 사명을 받은 자로서 피상담자를 변화의 행동으로 이끌도록 돕는 자이다. 단 한 번의 변화가 아닌 변화의 행동이 습관화되도록 이끄는 것이다.

a. 개인적으로 새로운 계획을 세우라

상담자는 처음부터 피상담자의 여러 정보를 수집하였다. 이 정보에 대해 성경적 세계관을 통해 피상담자를 이해하는 것이다. 첫 번째 질문은 피상담자의 상황을 통해 "하나님이 가르치시고 약속하시고 명령하고 경고하시며 격려하고 행하시는 일은 무엇인가?"이다. 이러한 질문을 통해 성경이 말하고 있는 것에서 성령님의 인도로 새로운 보화를 발견하도록 하는 것이다. 두 번째 질문은 이러한 상황에서 "피상담자를 변화시키기 위한 하나님의 목표는 무엇인가?"이다. 세 번째 질문은 "변화를 위한 하나님의 목표를 성취하기 위한 성경적인 방법은 무엇인가?"이다.155) 이 세 가지 질문을 통해 광범위하게 성경의 주제와 개인적인 적용을 계획하는 것이다.

위의 세 질문을 염두에 두고, 구체적인 계획은 첫째, 하나님의 계획과 일치하며 피상담자가 하나님의 뜻에 따르게 하는 상황을 만드는 것이어야 하며, 둘째, 피상담자의 행동이 일관성 있고 실제로

---

153) "네가 낫기를 원하느냐"라고 물으신 예수 그리스도의 질문은 바로 "네가 변화되기를 원하느냐?"의 질문이다. 변화하고 성장하는 것은 자신의 책임이다. 변화에는 위험이 따를 수 있는데, 피상담자는 시간, 노력, 진통을 겪으려 하지 않는다. H. Norman Wright, *Self-talk, Imargery, Prayer in Counseling*, 84.

154) Tripp, *Instruments in the Redeemer's Hands*, 244.

155) Tripp, *Instruments in the Redeemer's Hands*, 246-248.

성경적인 인생관에 의해 이루어지는 구조이여야 하며, 셋째, 피상 담자의 마음은 오직 하나님께만 지배를 받으며 자신의 현재 상황에 서 하나님이 자기에게 원하시는 것을 하려는 마음이어야 하며, 넷 째, 피상담자의 행동이 일상생활에서 항상 다루어지는 상황이며, 인간관계에 대한 경건한 목표가 실제적인 표현으로서 전략으로 있 어야 한다.156) 상담자는 피상담자가 이전과 다른 새로운 삶의 목표 를 세우되 실행할 수 있는 계획을 세우도록 돕는다.

b. 책임감을 명확하게 하라

일반적으로 피상담자는 죄와 고난의 문제를 성경적으로 직면하 기보다는 타인에게 책임을 전가하고 비난하기까지 한다. 인생에서 중요한 질문은 "누가 무엇에 책임이 있는가?"이다. 하나님이 피상 담자에게 하라고 격려하시는 것을 피하지 않고, 피상담자가 적절하 게 반응하고 이해하려고 노력하며 행하는 것이다. 신실하게 순종하 는 것으로 책임을 다한다. 피상담자가 일상적으로 해야 할 임무들 을 하나님의 인도하심으로 인정하고 능동적으로 신뢰하고 순종하는 것이다. 다른 측면에서는 피상담자의 관심사이지만 능력 밖의 일들, 예를 들면 배우자의 사랑, 자녀들의 구원, 악을 복수하는 문제 등은 기도로 하나님께 맡기고 기다리는 것이다.157)

상담자는 피상담자의 여러 가지 관심사와 문제들을 분별 있게 행 동하도록 다음과 같은 질문을 통해 피상담자에게 책임이 있는 것과 피상담자의 책임이 아닌 것을 구별할 수 있도록 돕는다.

---

156) 황규명, 『성경적상담의 원리와 방법』, 302.

157) Tripp, *Instruments in the Redeemer's Hands*, 251-252.

1) 이 상황에서 나를 향한 하나님의 부르심은 무엇인가? 2) 이 상황에서 나의 책임은 무엇이고 다른 사람의 책임은 무엇인가? 3) 하나님이 하라고 부르시는데 내가 하지 않고 있었던 일은 무엇인가? 4) 내가 매일같이 습관적으로 해왔던 일 중에 더 이상 하지 말아야 할 것들은 무엇인가? 5) 내가 하나님이 하실 일을 대신하려고 했던 것들은 어디에서 무슨 일인가?[158]

상담자는 피상담자에게 책임의 소재가 명확할 수 있도록 책망이 아닌 겸손으로 질문하거나, 책임 소재를 분명하게 구분하도록 위의 내용에 대해 직접 기록하고 분명하게 하는 것이 필요하다.[159] 자신이 할 수 없는 일에 대해서 죄책감을 느끼지 않도록 하며, 자신이 해야 할 일들에 대해서는 선택하고 책임을 지도록 의식적인 선택과 결단이 요구한다.

c. 그리스도 안에서 정체성을 심어주라

피상담자의 어떤 문제가 자신을 온통 감싸고 있어서 헤어 나오지 못할 때, 그 문제로 인해 자신을 문제의 어떤 사람으로 규정하는 경향이 있다. 그러나 문제는 문제일 뿐이다. 그리스도 안에 있는 사람은 죄의 종에서 해방되어 의에 종이 되었다(롬 6:16-17). 사탄은 매일의 갈등 속에 문제를 갖고 하나님의 자녀로서의 정체성을 무력하게 만들어 하나님을 의지하지 않고 살도록 피상담자를 비참하게 만든다. 문제가 아닌 피상담자의 본래의 정체성을 상담자가 확인시켜 주는 것이 중요하다.

---

158) 황규명, 『성경적상담의 원리와 방법』, 307.

159) 여러 문제들과 역할들을 나열식으로 쓴 후 본인이 할 수 있는 일과 할 수 없는 일을 구분한다. 본인이 할 수 없는 일은 하나님께 기도하며 그 일을 위해 구체적으로 할 수 있는 다른 일을 고안한다.

피상담자는 바른 정체성을 통해 그리스도 안에서 이미 새로운 피조물로서의 신분, 즉 하나님의 자녀이며 그의 백성이요, 하나님 나라의 제사장이며 왕 같은 제사장임을 확인시켜 주어야 한다. 또한, 그리스도 안에서 연합된 자로서 받는 많은 영적 자원에 대해 끊임없이 밝혀주는 것이 중요하다.[160] 피상담자 자신이 하나님의 자녀라는 정체성이 회복되면 당면한 문제를 극복할 수 있는 힘이 생긴다.

d. 사랑으로 책무성(accountability)을 제공하라

책무성이란 상담자가 피상담자의 짐을 서로 지고(갈 6:2), 매일 피차 권면하여(히 3:13) 믿음과 순종과 용기로 함께 있는 것이다.[161] 이러한 태도와 행동은 성육신적 의미이다. 인간 상담자가 하는 것이 아니라 새롭게 변화를 결심한 피상담자와 상담자 안의 성령께서 하나님의 말씀을 통해 역사하신다. 하나님의 말씀을 통해 피상담자의 죄를 깨닫게 하고 용서하시고 회복시키신다.

상담자는 하나님의 대사로서 변화하기를 원하는 피상담자에게 지침(structure), 안내(guidance), 도움(assistance), 격려(encourage ment)와 경고(warning)를 하며 실제로 돕는 사람이다.[162] 이러한 역할을 사랑의 마음으로 하는 것이다.

---

160) Anthony A. Hoekema, *The Christian Looks at Him*, 정정숙 역『성경이 가르치는 자아형상』 (서울: 도서출판 베다니, 2008), 긍정적인 자아 형상은 이미(already) 새 생명을 얻었지만, 아직(not yet) 완전하지 않다. 새로운 피조물로 일생동안 계속되는 과정임을 가르쳐준다. 성경은 개인과 공동체로서의 정체성을 확실하게 말하고 있다.

161) "accountability(책무성)은 책무 이행의 당사자가 자신의 행위와 의무를 책무 이행 요구자에게 설명하고, 답하며, 그 이유를 정당화하는 것이다. 책무성을 '책무의 이행당사자(who)가 책무의 이행요구자에게(for whom) 책무 내용(for what)의 이행 결과에 대하여 보고, 설명, 정당화하며(how), 이행요구자는 이행당사자의 책무 이행 결과에 대해 평가, 판단한 후 이행당사자에게 보상, 제재 등을 제공(feedback)하는 행위의 총체 혹은 사회적 관계이다." 김영식, "국가별 교육책무성 정책과 학업성취도 분석", (박사학위논문, 서울대학교대학원, 2014.), 25.

162) Tripp, *Instruments in the Redeemer's Hands*, 270.

다음은 상담자가 새로운 습관을 갖기로 한 피상담자에게 책무성을 갖고 실제적 도움을 지속해서 제공할 때 스스로 물어보는 질문들이다.

　　1) 피상담자는 어떠한 종류의 도움을 지속해서 필요로 하는가? 2) 피상담자의 지속적인 변화를 돕기 위해 얼마나 자주 접촉해야 하는가? 3) 상담 기간 동안 그리스도의 몸 된 교회 공동체 안에 피상담자를 도울만한 다른 자원들이 있는가? 어떻게 이 자원들을 피상담자와 연결해 줄 수 있겠는가?[163)

　　특히 피상담자의 지속적인 변화를 위해 생활의 모든 영역에서 전체적인 재구조화가 필요하다.[164) 성경적 상담은 성경을 통해 문제를 해결하며, 하나님의 말씀에 뿌리를 내리는 매일의 삶을 살아내는 것이다.

　　성경이 문제 해결을 위한 백과사전은 아니지만, 상담자는 상담이라는 언어 행위와 사랑의 마음을 통해 피상담자가 성경으로서 문제를 바라보는 관점을 가지도록 돕는다. 상담자는 하나님의 도구이며 하나님의 대사이다. 성경적 상담은 하나님의 말씀을 가지고 성령께서 일하시도록 상담자가 피상담자를 돕는 사역이다. 피상담자도 자신의 문제를 해결해 가면서 자기 훈련을 통해, 또 다른 사람을 돕는 상담자로 세워진다.

　　2부에서 성경적 상담의 원리와 방법에 대하여 살펴보았다. 상담자와 피상담자는 하나님의 형상으로 창조되었으며, 죄로 타락하여

---

163) Tripp, *Instruments in the Redeemer's Hands*, 271.
164) Adams, *Compel to Counseling*, 155-156.

완전 부패한 죄인이다. 그러므로 세상에 살아있는 동안 고통당하는 존재이다. 죄인인 인간의 진정한 문제는 마음속에서 일어나는 동기이며, 문제 해결의 방법은 성경에 근거하며 복음이 핵심이다. 예수 그리스도는 상담자로 성육신하신 완전하신 인간이며 완전하신 하나님이시다. 인간 상담자는 예수님을 본받아 피상담자를 상담 현장에서 만나 예수님처럼 상담하는 것이다. 타문화권인 중국인에게 성경적 상담의 원리와 방법을 활용하기 위해 먼저, 피상담자를 사랑하고, 사랑하기 위해 어떤 상황인지를 알며, 문제 해결의 근원과 방법을 말하며, 듣고 배운 방법대로 행하도록 도전하고 격려하는 상담 방법에 대해 살펴보았다. 이 피상담자의 변화는 성령 하나님이 살아계시기에서 하나님의 말씀으로 역사하심으로 반드시 이루어진다는 것을 살펴보았다.

3부

현대 중국인의 문화가치와
종교성향의 상관관계 연구

2부에서는 성경적 상담의 원리와 방법들을 살펴보았다. 이에 본 3부에서는 성경적 상담을 타문화권에서 활용할 수 있는 연관성을 이끌어 내기 위해서, 개혁개방 이후 달라진 중국인을 이해하기 위해 중국인의 종교성향과 문화가치의 상관관계를 연구한다. 이를 위해 설문지 조사를 통한 양적 조사 연구의 결과를 분석 및 논의한다. 또한, 현대 중국인을 이해하기 위한 방편으로 전통적인 중국인의 성격과 가치관의 변화를 살펴보며, 현대 중국 사회에서 상담의 요구와 타문화권 중국에서 성경적 상담의 필연성을 기술한다.

1. 현대 중국인의 문화가치와 종교성향 분석

(1) 연구 방법

a. 자료 수집 방법

타문화권 피상담자로서 중국인을 이해하는 것이 상담의 첫 단계이다. 피상담자 중국인을 공감하고 수용하기 위한 한 방법으로 중국인의 종교성향과 문화가치와의 상관관계를 조사하였다. 사회과학적 조사 방법의 하나인 양적 연구 방법으로 설문지를 배포하여 설문하였다. 자료 수집은 중국 베이징을 중심으로 한 삼자교회와 가정교회 신자들, 삼자신학교와 가정교회에서 운영하는 신학교 학생들을 대상으로 하였다.

본 연구를 위해 설문지 300장을 배포하였고 그중 232장을 수거하여 분석하였다. 먼저 조사에 응답한 232명에 대한 인구통계학적 특징에 따른 연구 개념과 기술통계를 기술하고, 각 연구 문제에 대해 분석하고 그 결과를 기술, 연구 문제의 결과를 분석하기 위해 상관분석과 회귀분석을 시행하였다.

연구 문제를 조사하기 위한 문화가치 측정 도구는[1] 미국 내 한국인의 문화가치를 조사한 현용수의 질문지를 중국인의 상황에 맞게 본 연구자가 조정하여 사용하였으며, 종교성향 측정은 올포트와 로스(G. W. Allport & J. M. Ross)의 종교성향 척도(ROS: Religious Orientation Scale)를 사용하였다.

b. 자료 분석 방법

연구를 위하여 수집된 자료를 분석하려는 방법으로 SPSS Windows 18.0을 사용하였다.

첫째, 표본의 인구통계학적 분포 분석에는 빈도분석(Frequency Analysis)을 이용하였고, 둘째, 문화가치와 종교성향 두 개념의 신뢰도를 검정하기 위해 크론바흐 알파 테스트(Cronbach alpha test)를 사용하였다. 셋째, 문화가치와 종교성향의 각 구성 문항과 개념의 평균과 표준편차 분석에는 기술통계(Descriptive analysis)를 사용하였다.[2] 넷째, 문화가치와 종교성향 요인들의 상관관계 및 영향관계

---

1) 현용수, 『문화와 종교교육』(서울: 도서출판 쉐마, 2011), 216.
2) Earl Babbie, *The Practice of Social Research*, 고성호 외 10인 역, 『사회조사방법론』(서울: 센게이지 러닝코리아. 2013), 698.

등의 분석을 위해서는 상관관계 분석(Correlation analysis)과 다중
회귀분석(Multiple regression Analysis)을 사용하였다. 다섯째, 분류
변수별로 문화가치, 종교성향 연구 변인들이 차이가 있는지를 분석
하는 데는 독립표본 t-test와 분산분석(oneway ANOVA)을 이용하였
다. 수집된 자료의 통계적인 유의수준을 검정하기 위하여 유의수준
은 α =.05로 하였다.

c. 연구 개념의 이해

1) 문화가치의 개념

1949년 이후 중국인의 전통 문화가치는 공산주의와 사회주의 사
상으로 많은 변화가 있었다. 일반적으로 전통적 고유 문화가치는
종교, 관습, 사상, 언어, 역사 등 세대를 이어 전해지는 문화유산으
로 나타난다. 전통적 고유 문화가치는 내면적이며 고전적 가치로
형식적, 비형식적 교육을 통해 전해진다. 형이상학적인 가치이며,
절대적 도덕성, 근면, 주기적 미래 지향성을 포함한다. 근대 세속적
문화가치는 세속화로 인해 종교적 신조, 관습, 제도가 사회적 영향
력을 잃고 있는 문화가치이다. 일시적이거나 외형적인 사회 가치이
다. 고유 문화가치에 반하여 인간의 육감을 자극하는 일시적인 유
행으로 야기되며, 다문화 사회 속의 뿌리 문화와 대조되는 문화이
다. 근대적 세속 가치는 인간의 유일한 섭리를 종교가 아닌 과학으
로 보며, 도덕은 기독교와는 상관이 없고, 인간의 이성을 철저하게
신뢰하도록 사람들을 격려하고, 모든 사람이 자유를 소유할 수 있
으며, 사상과 행동이 다를 수 있으므로 충분한 자유를 보장할 것을
주장한다.[3] 세속 문화가치는 미래나 신성을 무시하며, 반종교적이

고, 물질을 추구하며, 현실 지향적이다.

　2) 종교성향의 개념

　하나님의 형상으로 창조된 인간은 종교성이 있기 때문에 인간 존
재 이후로 종교 현상은 어디에나 존재하였다. 종교성 혹은 종교성
향(religiosity)은 개인의 종교적인 성향과 정도라고 정의할 수 있으
며, 개인의 종교적 행동의 일관성이나 강도를 의미한다. 종교성향
은 내면화된 종교적 믿음 체계나 태도를 의미하며 종교적 정체감을
의미하기도 한다. 특히 기독교인의 종교성향은 인간의 전반적인 삶
에 영향을 끼친다는 것이 연구 조사되었다.4)

　종교성향의 개념은 처음에 고든 올포트(Gorden W. Allport)에
의해 시작되었다. 종교를 갖고 있는 사람이 편견이 강하다는 말을
듣고, 경험적 연구를 통해 종교성향을 내재적, 외재적 종교성향으
로 구별하였다. 처음에는 제도화된 종교와 내면화된 종교로 구분하
였으나, 그 후 올포트와 로스(J. Michael Ross)가 함께 연구하여 종
교를 갖게 된 동기와 종교를 통해 지향하는 가치, 종교를 통해 나
타내는 결과, 사람에게 보이는 것 등을 근거로 하여 종교적 성향
(Religious Orientation)을 내재적 종교성향과 외재적 종교성향으로
구분하였다.

　먼저, 내재적 종교성향(Intrinsic Religious Orientation)의 특징은
신앙 자체를 최상의 가치로 본다는 점이다. 종교에서 삶의 중심적
인 동기를 발견하여 '종교 자체가 삶의 목적'이 된다. 즉 자아 중심

---

3) 이원규, 『종교의 세속화』, 18.

4) 박은혜, "종교성과 상관관계가 있는 변인들을 통한 종교의 영향 고찰", 「기독교교육논총」, 제13
　집, (2006), 253-281.

적 개인의 욕구를 뛰어넘어, 기독교의 진리인 형제 사랑에 대한 하나님의 말씀을 심각하게 받아들이며, 전체적인 신앙의 도리들을 내면화하여 실제 삶 가운데 드러낸다. 또한, 개인이 종교에 봉사하고 종교의 교리가 가르치는 대로 살려고 한다. 다른 욕구들이 아무리 강하더라도 최우선으로 삼지 않으며, 가능한 종교적 신념과 종교적 계명과 조화시키려고 한다. 또 자신이 믿고 있는 교리를 내면화시키고 이를 충실히 실천하려고 한다. 신앙 안에서 통합하고 조화를 이루려고 노력하며, 종교적 진실성을 갖고 있는 성숙한 종교인이라 할 수 있다. 또한, 자신의 삶 자체를 종교적으로 사는 것을 지향하는 성숙하고 건강한 종교성향을 의미한다. 종교적 헌신 속에서 살며 더 큰 신앙의 성숙을 위해 신실하게 노력한다.

외재적 종교성향(Extrinsic Religious Orientation)의 특징은 자신의 안전과 보호, 사회적 출세를 위하여 종교를 이용한다는 점이다. 외재적 종교성향을 갖고 있는 사람은 항상 도구적이며 실용적이다. 또 공리적이고 자기방어적이며, 종교를 통하여 안전과 위안, 사회적 지위를 기대하며, 사교와 친목, 자기 합리화 등 종교에서 유용성을 발견한다. 이러한 성향의 사람들은 교리에 대해서도 가볍게 취급하거나 자기 욕구에 맞추어 선택적으로 믿는다. 모든 형태에 있어서 편견을 갖고 있으며 종교를 수단으로 이용하려고 한다. 결국, 외재적 종교성향은 종교를 자신을 위해 사용하는 미성숙하고 건강하지 못한 종교성향을 의미한다.

이러한 종교성향의 측정은 신앙인의 행동 뒤에 숨어 있는 하나님을 향한 동기를 측정하는 것이다. 즉 종교의 종류나 종교적 행위보다는 종교를 향한 동기와 인지성향을 측정하여, 종교에 대한 태도,

신념, 가치, 행동 등을 복합적으로 밝혀낼 수 있다. 왜냐하면, 인간
은 개인적으로 또는 사회적으로 선호하는 가치에 따라 행동을 선택
하기 때문이다.

내재적 종교성향과 외재적 종교성향의 특징을 정리하면 다음의
표와 같다.5)

<표 2> 종교성향의 특징

	내재적 성향	외재적 성향
반성 vs 무비판	반성적	반성적 비판적이 아님
개인적 vs 제도적	내재화됨, 생명력 있는 내면의 수준, 경건함, 내면화됨	제도적이며, 제도화됨, 외부적임
보편 vs 편협	우주적, 민족의 특성이 융해된 형제애의 이상과 교리, 이웃에 대해 사랑을 전제로 하는 긍휼함이 있음	배타적인, 민족 중심적인, 집단내부의, 집단외부를 희생시키는, 편협성을 선호하는
이기적 vs 비이기적	자기중심적 아닌, 자기중심적인 욕구를 초월하는	자기중심적, 자기 이익을 구하는. 보호적인, 자아 욕구와 자기 목적을 위해 이용
생활 전체와의 관련	인생 전체에 동기와 의미가 흐르는 생각과 행동, 한 가지 요소에 제한되지 않은, 종교적인 믿음과 실행에 다른 욕구가 조화를 이루는, 교리를 충실하게 따르는	한 가지 요소, 삶의 방식에 통합되지 않은 구분을 선호하는
특징	실제로 신앙이 중요, 신실한 믿음, 전체 교리를 받아들이는, 조건이 없는	교리 전체와 가르침이 채택되지 않은, 믿음이 가볍게 간직되는
궁극적 vs 도구적	종교 자체가 목적, 내재적, 자신의 종교를 섬기는, 마지막 선, 신앙이 최고의 선, 최고의 가치, 주된 동기, 궁극적인 의미	공리적인, 목적을 위한 수단, 도구적인, 외향적, 주된 동기가 아닌, 비종교적인, 목적을 지지하고 섬기는, 종교를 이용하는, 다른 것을 섬기는, 궁극적인 관심이 아닌

---

5) Richard A. Hunt & Morton King, "The Intrinsic-Extrinsic Concept: A Review and Evaluation", *Journal for the Scientific Study of Religion,* Vol. 10, No. 4. (1971), 342-344.

연합적 vs 공통의	연합적인, 더 깊은 가치를 추구하는, 종교적인 우정에 몰입하는	정치적이고 사회적인 요소, 공통의, 사회문화적인, 속하고 싶어 하는, 공통의, 동일시에 병합하는
겸손 vs 독단	겸손한	독단적
교회 예배 참석의 규 칙성	항구적인, 규칙적인	임시적이고 주변적인 신자, 규칙적으로 참석할 필요를 느끼지 않는

3) 종교성향에 대한 선행 연구

종교성향은 신앙생활을 하는 동기 유발에 따라 달라진다. 먼저, 종교성향에 대한 문헌 연구는 주로 종교 사회학적·종교 심리학적 연구에서, 드물게는 정신신경과에서 이루어졌다.

종교성향과 불안과의 관계에 대한 연구에서 장애인 집단과 비장애인 집단을 비교하여 연구한 결과, 두 집단 모두 내재적 종교성향을 가진 집단들이 긍정적인 대처를 하는 것으로 나타났다. 장애인 집단은 스트레스와 장래의 불안을 해소하기 위한 목적 등 환경적인 요인으로 인해 소극적인 의미에서 종교를 개인의 목적으로 활용하며, 비장애인 집단은 재물, 명예 등을 얻기 위한 적극적인 수단으로 종교를 활용하는 것으로 나타났다.6)

기독대학생의 종교성향에 따른 우울의 관계에 관한 연구에 따르면, 내재적 종교성향이 낮거나 외재적 종교성향이 높은 기독대학생이 높은 우울과 스트레스를 갖고 있었다. 또 스트레스는 외재적 종교성향과 우울과의 관계에서 매개의 효과가 있었다. 우울을 감소시키기 위한 내재적 종교성향과 스트레스 관리의 중요성도 강조되었다.7)

---

6) 조혜윤·손은정, "종교성향과 불안과의 관계에서 종교적 대처와 낙관성의 매개효과", 「한국심리학회지: 상담과 심리치료」, 상담심리학회, (2008), 773-793.

교회 내 소그룹들을 대상으로 종교성향과 주관적 행복감의 관계, 종교성향과 종교적 대처의 관계, 종교성향과 종교적 헌신도의 관계, 주관적 행복감과 종교적 헌신도의 관계에서 내재적 종교성향의 매개 효과 등의 상관관계를 연구한 결과에 의하면, 내재적 종교성향을 소유한 신자들은 예배 참석 빈도가 높았으며, 규칙적으로 기도 생활을 하는 것으로 드러났다. 또 외재적 종교성향을 지닌 사람은 주관적 행복감의 관계에서 부정적인 종교적 대처를 하고, 내재적 종교성향을 지닌 사람은 종교적 헌신도의 관계에서 긍정적인 종교적 대처를 하는 것으로 드러났다. 연구는 결론에서 신앙 훈련을 통해 외재적 종교성향의 사람도 내재적 종교성향의 사람이 될 수 있다고 밝혔다.[8]

기독교인의 종교성향에 따른 삶의 의미와 종교적 만족도에 관한 연구에 따르면, 한국 기독교인의 종교성향에 있어서 기혼자가 미혼자보다 외재적 종교성향이 높고, 미혼자는 기혼자보다 내재적 종교성향이 높은 것으로 나타났다. 이는 젊은 미혼자가 기혼자보다 종교 의존도가 낮고, 종교성향에 있어서 현실 욕구보다 이상적이고 순수함을 추구하고 있는 것으로 분석된다. 내재적 종교성향을 가진 사람이 외재적 종교성향을 가진 사람보다 더 많은 개인적인 종교 체험을 하고 있음도 연구되었다.[9]

종교성향과 인간의 부적응적 행동의 문제에 관한 연구에서, 문제

---

7) 오인근, "기독대학생의 종교성향에 따른 우울의 관계: 스트레스의 매개효과를 중심으로", 「교회사회사업」, Vol. 28, (2014), 7-32.

8) 박성기, "소그룹 리더의 종교성향 및 종교대처에 따른 주관적 행복감과 종교적 헌신도의 상관관계", 박사학위논문, 총신대학교대학원, (2009), 185.

9) 한재희, "Logotherapy와 기독교인의 종교성향", 「신학과 실천」, 한국실천신학회, Vol.3. (2000), 35-59.

가 있을 시 그것을 어떻게 해결하는지 조사한 결과에 의하면, 첫째, 외재적 종교성향을 가진 사람은 내재적 종교성향을 띤 사람보다 강박증, 대인 예민성, 우울, 불안, 적대감, 공포, 불안, 편집증에서 문제가 많음이 드러났다. 둘째, 외재적 종교성향이 있는 사람은 자기 주도적으로 문제를 해결하거나 하나님의 뜻과 의도를 찾아 함께 해결하려는 경향이 적고, 하나님께 책임을 전가하거나 수동적으로 의존하려는 경향이 강하였다. 반면에 내재적 종교성향을 띤 사람은 하나님께 책임을 전가하지 않고, 하나님과 함께 문제를 해결하려는 경향이 높았다. 즉, 문제를 대처하는 데 있어 종교적 가치가 더욱 큰 영향을 미칠 수 있다는 것이다.[10]

종교성향과 기질적 불안, 우울과의 상관관계를 알아본 결과, 내재적 종교성향은 우울과 기질적 불안과 부적 상관관계가 있었다. 또 내재적 종교성향을 지닌 사람들은 높은 정신 건강을 가지고 사회에 대한 책임감을 느끼고 있었다. 이들은 자기실현을 이루는 사람으로서 낮은 편견을 가지고, 전반적으로 인격적으로나 정서적으로 건강한 종교심을 갖고 사회적으로 잘 적응하는 사람들로 나타났다.[11]

종교성향과 만족감과 삶의 의미와 낙관성의 매개 역할을 연구한 결과, 내재적 종교성향이 높을수록 삶의 의미가 높아지고, 이에 따라 삶의 만족감이 증가함이 나타났다. 그러므로 실제 상담에서 종교를 가진 피상담자에 대해 효과적인 개입 방법을 통해, 피상담자

---

10) 제석봉 · 이성배, "종교성향 검사의 개발과 종교적 성향이 적응 및 종교적 문제 해결에 미치는 영향", 「연구논문집」, 대구효성가톨릭대학교, Vol. 52, No.1, (1996), 72.

11) 최영민 외, "한국판 내재적-외현적 종교성향 척도의 개발 및 표준화 예비연구", 「神經精神醫學」 제41권 제6호 제171호, 대한신경정신의학회, (2002년 11월), 1197-1208.

의 종교성향과 현재 삶의 의미를 서로 연관 짓고 그것을 통해 현재와 미래에 긍정적인 관점을 가지도록 하는 것이 피상담자의 삶의 만족도를 높이는 데 있어서 매우 중요하다고 볼 수 있다.[12]

기독교의 종교성향은 현세의 삶에도 영향을 끼치는 것으로 연구되었다. 특히 내재적 종교성향을 소유한 사람은 성숙한 종교성향이 있고 현재의 삶 가운데 기독교의 교리를 생활화하려 하며, 타인과의 관계, 세상에 대한 대처를 잘하여 비신자를 기독교적인 삶으로 인도하고 있음이 여러 상관관계를 통하여 나타났다. 편견의 문제에서는 내재적 종교성향을 가진 사람이 가장 편견이 없었고, 외재적 성향도 편견과 약간의 상관관계가 있었다.

위와 같은 종교성향에 대한 여러 변인과의 연구 결과에 따르면, 내재적 종교성향의 사람은 정신적으로 건강하며, 삶의 어려움을 이겨 나갈 힘을 종교 즉 신앙으로부터 얻으며, 신앙과 생활이 일치되므로 총체적으로 건강하고 성숙한 것으로 나타났다.

(2) 자료의 분석

본 조사 연구는 중화인민공화국 창설에 따라 공산주의가 영향을 미치고 개방 이후 자본주의 사상이 밀물처럼 들어온 이후, 현재 중국 기독교 신자의 문화가치와 종교성향과의 상관관계를 연구하여 피상담자로 만나게 될 중국인을 이해하기 위한 것이다.

---

12) 손은정 등, "종교성과 안녕감 간의 관계에서 삶의 의미와 낙관성의 매개 역할", 「상담과 심리치료」, 한국심리학회, Vol. 21, No.2, (2009), 465-476.

a. 종교성향 연구 개념의 개념 타당도 분석

본 연구에서 종교성향 연구에 사용된 변수들에 대한 개념 타당도를 분석하기 위해 탐색적 요인분석을 시행한 결과 2개 요인이 추출되었다. 아래 <표 3>은 각 요인을 구성하고 있는 항목 간에는 판별 타당성이 있음을 보여주고 있다. KMO(Kaiser-Mayer-Olkin) 값은 요인분석을 위해 설정된 항목들이 적합한가를 분석하는 측정으로서, .853으로 나타나 요인분석에 사용된 변수들의 선정이 양호하다고 진단할 수 있다.

<표 3> 종교성향 개념 타당도 분석	성분	
	1	2
나에게 있어서 종교는 삶의 위기에 관한 질문들에 대한 해답을 주기 때문에 중요하다.	.753	-.008
종교는 나에게 고통과 슬픔이 닥칠 때, 마음의 위로를 가져다준다.	.716	.275
나의 삶의 모든 방향은 나의 종교에 기초를 두고 있다.	.669	-.252
나는 가끔 하나님의 임재를 강하게 느낀다.	.651	-.202
종교에 관한 책을 즐겨 읽는다.	.616	-.124
나는 친구들과 시간을 보내기 위해서 교회에 간다.	-.241	.686
내가 기도를 하는 이유는 나의 평안과 보호, 복을 받기 위해서이다.	.080	.658
사람들이 나를 어떻게 생각할까 두려워서 나의 종교적 신념을 지키지 못할 때가 있다.	-.412	.641
내가 착하게 살면 신앙은 필요 없다고 생각한다.	-.590	.640
내가 기도하는 이유는 기도하라고 배웠기 때문이다.	.288	.590
교회에 출석하는 횟수	-.511	.572
내가 홀로 드리는 기도는 교회에서 드리는 기도만큼 중요하다.	.437	-.461
고유값	4.431	1.824
설명량	28.725	23.398
누적설명량	28.725	52.123

표준형성 적절성의 Kaiser-Meyer-Olkin=.853, Bartlett의 구형성 검정=946.925, df=66, sig=.000***
*** p<0.001

중국 기독교 신자의 종교성향에 대한 분석 결과는 내재적 종교성향과 외재적 종교성향 두 요인으로 구분할 수 있었다. 그러나 중국 기독교 신자의 '기도에 대한 이해와 훈련' 항목은 기존의 연구 결과와 다른 것으로 나타났다. 12번의 문항의 경우 내재적 종교성향이 아닌 외재적 종교성향으로 나타난 것이 특이하다. 중국인에게 있어서 기도(prayer)는 복을 비는 한 방편으로 가족의 건강과 안녕과 부를 위한 현세적 추구가 일반적이다. 사회주의 체제 이후, 종교형태로서의 기도 생활인 새벽기도나 금요기도회는 거의 없는 상황이기 때문인 것으로 분석된다.

b. 종교성향 개념의 신뢰도 분석

종교성향 연구에 사용된 변수들의 개념 신뢰도를 분석한 결과 Cronbach's α 값이 .756∼.771로 나타났다.13) 본 연구에 사용된 변수들은 항목 간 내적 일관성이 있음을 알 수 있다.

<표 4> 종교성향 개념 신뢰도	Cronbach's α	항목 수
내재적 종교성향	.756	5
외재적 종교성향	.771	7

c. 종교성향 연구 개념의 평균 분포

종교성향 연구 개념의 평균 분포를 아래 <표 5>와 같이 기술통

---

13) 종교성향 개념의 측정도구로 사용한 Allport & Ross의 측정도구에 대한 신뢰도는 Cronbach's α계수의 수치가 내재적 종교성향이 .743, 외재적 종교성향은 .573으로 신뢰할 만하다. 현용수, 『문화와 종교교육』, 218. 특히 타당도가 낮은 개념에 대해서는 본 연구에서 제외되었음을 밝혀 둔다.

계를 통해 살펴보았다.

<표 5> 종교성향 연구 개념 기술통계	N	최소값	최대값	평균	표준편차
종교에 관한 책을 즐겨 읽는다.	232	1.00	5.00	2.29	.95
내가 착하게 살면 신앙은 필요 없다고 생각한다.	232	1.00	5.00	4.56	.68
사람들이 나를 어떻게 생각할까 두려워서 나의 종교적 신념을 지키지 못할 때가 있다.	232	1.00	5.00	4.19	.95
교회에 출석하는 횟수	232	1.00	5.00	4.66	.62
나는 가끔 하나님의 임재를 강하게 느낀다.	232	1.00	5.00	2.03	.92
내가 기도를 하는 이유는 나의 평안과 보호, 복을 받기 위해서이다.	232	1.00	5.00	3.28	1.19
종교는 나에게 고통과 슬픔이 닥칠 때, 마음의 위로를 가져다준다.	232	1.00	5.00	2.38	1.17
나에게 있어서 종교는 삶의 위기에 관한 질문들에 대한 해답을 주기 때문에 중요하다.	232	1.00	5.00	2.13	1.04
나는 친구들과 시간을 보내기 위해서 교회에 간다.	232	1.00	5.00	4.16	.85
나의 삶의 모든 방향은 나의 종교에 기초를 두고 있다.	232	1.00	5.00	2.04	.90
내가 기도하는 이유는 기도하라고 배웠기 때문이다.	232	1.00	5.00	3.21	1.15
내가 홀로 드리는 기도는 교회에서 드리는 기도만큼 중요하다.	232	1.00	5.00	1.79	.82
내재적 종교성향	232	1.00	4.17	2.11	.57
외재적 종교성향	232	1.61	5.00	4.01	.52

조사 대상자들의 평균 수준을 살펴보면, '교회에 출석하는 횟수'에 대한 문항이 가장 높고, '내가 착하게 살면 신앙은 필요 없다고

생각한다'는 문항이 두 번째로 높으며, '내가 홀로 드리는 기도는 교회에서 드리는 기도만큼 중요하다'가 가장 낮은 것으로 나타났다. 교회 출석은 신앙 표현의 기본적인 형태로서 예배 참석의 횟수가 많을수록 내재적 종교성향이 높다는 연구 결과가 있었다.14) '착하게 살면 신앙이 필요 없다'는 생각이 높게 나온 것으로 보아 중국 기독교 신자들도 유교와 도교의 영향 아래 있음을 알 수 있다. 그러므로 상담할 때 거듭난 기독교 신자의 삶을 살고 있는지 늘 점검할 필요가 있다. 이러한 결과로 보건대, 사회주의 체제 속에서 직장이나 생활 가운데에서 기독교 신자임을 드러내기가 쉽지 않음을 알 수 있다.

유교의 근본 도리는 '인(仁)'의 사상이다. 즉 '착하게 살면 신앙이 필요 없다'는 생각이 높게 나온 것으로 보아 중국 기독교 신자들에게도 유교의 영향이 아직도 강함을 알 수 있다. 그러므로 상담현장에서 기독교인으로서 정체성을 확인하는 것이 중요하다. 중생한 기독교인으로 성경에 기록된 말씀을 대면하여 실천하며 살고 있는지 늘 점검할 필요가 있다. 이러한 결과로 보건대 사회주의 체제속에서 직장이나 생활 가운데에서 자기를 희생하며 다른 사람을 섬기는 기독교 신자로서의 삶을 보여줄 때, 비신자들에게 큰 영향을 주리라 확신한다.

또 중국인에게 있어서 기도는 가족의 안녕과 부를 위한 현세적 추구인 데다가, 평일에 기도하기 위해 교회에 출입하거나 가정에서

---

14) R. W. Hood·R. J. Morris, & P. J. Watson, "Prayer Experience and Religious Orientation", *Review of Religious Research*, Vol. 31, No. 1, (1989), 43-44. G. W. Allport & J. M. Ross, "Personal Religious Orientation and Prejudice", *Journal of Personality and Social Psychology*, Vol. 5, No. 4, (1967), 434, 441.

기도하는 습관이 없는 경우가 많고, 이중적 생활을 하는 기독교인이 많다. 오랜 사회주의 종교 정책이나 정착되지 않은 기독교 문화로 인해 중국인에게 개인의 기도 생활이 거의 없음을 알 수 있다.

d. 문화가치 연구 개념의 개념 타당도 분석

아래의 분석 결과, 중국 기독교인의 가치관은 성경에 근거하기보다 전통적 가치관과 근대적 세속 가치관이 서로 혼합되어 있음이 드러났다. 외국인을 포용하는 대륙적 기질과 중국인의 전통적 가치관인 가족 중심적 사고가 모든 사고와 인식의 중심임을 보여주고 있다. 특히 부모를 모시고 살지 않는 것은 가족의 범위가 남편과 아내, 그들의 자녀로 한정되는 핵가족 중심을 보여준다. 조사 대상자인 베이징에 거주하는 신자에게 조상숭배 개념은 거의 사라진 듯하다.[15]

e. 문화가치 개념의 신뢰도 분석

문화가치 연구에 사용된 변수들이 특정 개념을 동일하게 설명하고 있는지를 검토하기 위해 신뢰도 검정을 하였다. 신뢰성 검정은 크게 세 가지 목적으로 수행된다. 첫째로 동일한 대상에 대해 같거나 비교 가능한 측정 항목을 사용하여 반복 측정할 경우 동일하거나 비슷한 결과를 얻을 수 있는지, 둘째로 측정 항목이 측정하려고 하는 속성을 얼마나 잘 측정했는지, 셋째로 측정에 있어 측정 오차가 얼마나 존재하는지이다. 신뢰도를 분석한 결과 Cronbach's α 값

---

15) 조상숭배 문제는 한국, 일본, 아프리카 지역 등의 선교에 있어서 중요한 관건이나 대륙의 중국인들(주로 한족이며 도시민)에게는 죽음 이후의 삶에 대해 크게 관여하지 않음이 여러 연구에서 드러나고 있다. 배춘섭, 『기독교와 조상숭배』(용인: 도서출판 목양, 2010) 참고하라.

이 .630~.768로 나타나 본 연구에 사용된 변수들은 항목 간 내적 일관성이 있음을 알 수 있다.

<표 6> 문화가치 개념 타당도 분석	성분	
	1	2
내 자녀의 결혼 배우자로 외국인도 상관없다.	.713	.203
내 결혼 상대자는 외국인이든 중국인이든 상관없다.	.706	.244
어려운 문제가 닥칠 때 그 문제에 도전한다. 왜냐하면, 타당한 이유가 있다고 믿기 때문이다.	.633	.029
사회적 지위와 상관없이 자기 역할에 충실해야 한다.	.625	-.068
결혼 배우자의 선택은 신랑이나 신부 당사자가 선택해야 한다.	.572	-.306
자녀의 장래에 대한 지도가 부모의 욕망 때문에 좌우되어서는 안 된다.	.554	-.069
하늘 아래, 인간과 자연의 모든 것이 하나의 법칙 아래 놓여 있다.	.541	-.317
아내가 남편을 존중하는 것은 행복한 가정생활을 위해서 가장 중요한 요인 중의 하나이다.	.528	-.455
나는 돌아가신 조상들의 영혼이 자손들을 내내 보살핀다고 믿는다.	.022	.675
좋은 직책이나 돈을 더 주는 직업을 발견하면 현재 직장의 상황을 고려하지 않고 직장을 옮겨야 한다.	-.052	.594
간편하게라도 조상에 대한 제사는 계속 지내야 한다.	.136	.541
결혼 후 자녀가 출생하면 부모나 탁아소에 맡기고 계속 직장을 다닐 것이다.	-.059	.505
남편과 아내가 불행하면 이혼해도 좋다.	-.211	.479
내 가족의 명예를 위해서 일류학교를 진학하는 것이 좋다.	.101	.475
부모가 돌아가실 때까지 같이 살고 돌볼 책임이 있다.	-.222	.403
고유값16)	3.361	2.258
설명량17)	20.884	16.576
누적설명량	20.884	37.460

표준형성 적절성의 Kaiser-Meyer-Olkin=.729, Bartlett의 구형성 검정=792.025, df=105, sig=.000***
*** p<0.001

---

16) 고유값이란 자료 행렬을 요약하는 낱개의 수치이다.

17) 설명량은 종속변수를 설명해 주는 독립변수의 비중이다.

<표 7> 문화가치 개념 신뢰도	Cronbach's α	항목 수
고유 문화가치	.768	8
세속 문화가치	.630	7

(3) 연구 결과 및 논의

본 연구에서 수집된 자료의 인구 사회학적 통계는 아래와 같다.

<표 8> 표본의 일반적 특성		빈도	백분비(%)
연령	50세 이상	16	9.1%
	40 - 49세	28	15.9%
	30 - 39세	46	26.1%
	29세 이하	86	48.9%
성별	남	70	37.2%
	여	118	62.8%
혼인 여부	미혼	86	48.3%
	기혼	92	51.7%
월 소득(RMB)	1,000원 미만	30	21.1%
	2,000원 미만	7	4.9%
	3,000원 미만	38	26.8%
	3,000원 이상	67	47.2%
예수를 믿은 기간(년) (구간화됨)	3년 이하	81	34.9%
	4~10년	84	36.2%
	11년 이상	67	28.9%
교육 정도	중졸	53	26.1%
	고졸	59	29.1%
	대전(전문대)	65	32.0%
	대졸	14	6.9%
	대학원졸	12	5.9%
	기타	0	0.0%

부모님의 종교 배경	무종교	66	31.6%
	불교	11	5.3%
	유교	6	2.9%
	기독교	122	58.4%
	그 외의 종교	4	1.9%
교회에서의 직분	담임목사	4	2.0%
	부목사	0	0.0%
	전임전도사	25	12.3%
	장로	2	1.0%
	집사	25	12.3%
	평신도	108	53.2%
	기타	39	19.2%
섬기는 교회의 위치	대도시	117	57.9%
	소도시	34	16.8%
	지방도시	29	14.4%
	어촌	1	0.5%
	산골	2	1.0%
	농촌	19	9.4%
교회의 형태	삼자교회	75	37.3%
	등록된 가정교회	24	11.9%
	등록되지 않은 가정교회	91	45.3%
	기타	11	5.5%
예배의 장소	단독 건물	89	44.1%
	공공장소 임대	62	30.7%
	주거 공간	51	25.2%
교회의 주일예배 참석 인원	20명 미만	25	12.1%
	21~49명	47	22.8%
	50~99명	38	18.4%
	100~199명	33	16.0%
	200~299명	32	15.5%
	기타	31	15.0%
합계		204	100.0%

* 인구 사회학적 특성의 경우 무응답자가 있음.

a. 문화가치 연구 개념의 평균 분포

연구 개념의 평균 분포를 기술통계를 통해 살펴보면,[18] 중국인의 문화가치 연구 개념 관련 평균 수준에서는 '결혼 배우자의 선택은 신랑이나 신부 당사자가 선택해야 한다'가 가장 높고, '하늘 아래, 인간과 자연의 모든 것이 하나의 법칙 아래 놓여 있다'가 두 번째로 높으며, '나는 돌아가신 조상들의 영혼이 자손들을 내내 보살핀다고 믿는다'가 가장 낮은 것으로 나타났다.

<표 9> 문화가치 연구 개념 기술통계	N	최소값	최대값	평균	표준편차
1. 남편과 아내가 불행하면 이혼해도 좋다.	232	1.00	5.00	2.13	1.04
2. 여자는 남자보다 가정과 사회에서 동등한 권한과 기회가 없다.	232	1.00	5.00	2.19	1.24
3. 여자의 순결은 장래 결혼과 결혼 생활에 대단히 중요하다.	232	1.00	5.00	4.22	1.04
4. 아내가 남편과 이혼하면 가족의 명예에 나쁜 영향을 미치게 된다.	232	1.00	5.00	3.85	1.07
5. 아내가 남편을 존중하는 것은 행복한 가정생활을 위해서 가장 중요한 요인 중의 하나이다.	232	1.00	5.00	4.38	.89
6. 결혼 배우자의 선택은 신랑이나 신부 당사자가 선택해야 한다.	232	1.00	5.00	4.62	.84
7. 내 자녀의 결혼 배우자로 외국인도 상관없다.	232	1.00	5.00	3.70	1.05
8. 남편이 동의하지 않아도 아내 스스로 결정할 수 있다.	232	1.00	5.00	2.45	.95
9. 결혼 상대자를 선택할 때 신랑 신부 당사자의 선택이 중요하다.	232	1.00	5.00	3.80	1.15
10. 결혼 상대자는 외국인이든 중국인이든 상관없다.	232	1.00	5.00	3.42	1.16
11. 어려운 문제가 닥칠 때 그 문제에 도전한다. 왜냐하면, 타당한 이유가 있다고 믿기 때문이다.	232	1.00	5.00	3.93	.99
12. 나와 내 가족에게 일어난 나쁜 일들(폭행, 강간, 마약)을 다른 사람들에게 알려진다 해도 신고할 것이다.	232	1.00	5.00	3.59	.93

---

18) 기술통계(descriptive statistics)는 표본을 분석한 결과를 바탕으로 표본의 특성을 설명하는 것이다.

13. 진짜 사나이의 특징은 결단력과 야망을 품고 추진하는 것으로 생각한다.	232	1.00	5.00	3.31	1.19
14. 자녀의 장래에 대한 지도가 부모의 욕망 때문에 좌우되어서는 안 된다.	232	1.00	5.00	4.09	.96
15. 내 생애에 어려운 일을 당할 때, 하나님이 주신 운명으로 생각하고 그 상황을 받아들이는 수밖에 없다.	232	1.00	5.00	3.31	1.15
16. 나와 내 가족에게 일어난 나쁜 일들(폭행, 강간, 마약)을 공공기관에 보고하지 않는다. 왜냐하면 비밀이 다른 사람들에게 알려지면 가정의 명예에 상처를 입기 때문이다.	232	1.00	5.00	2.41	1.00
17. 직장의 상사는 일할 때만의 상사이다.	232	1.00	5.00	3.50	1.12
18. 직업을 선택할 때 육체노동이나 사무실에서 업무를 보는 직업이나 차별을 하지 않는다.	232	1.00	5.00	2.72	1.10
19. 직업에 있어서 승진은 높은 사람과의 관계보다는 능력과 열심에 근거를 두어야 한다.	232	1.00	5.00	3.06	1.08
20. 좋은 직책이나 돈을 더 주는 직업을 발견하면 현재 직장의 상황을 고려하지 않고 직장을 옮겨야 한다.	232	1.00	5.00	2.26	.93
21. 가족의 명예를 위해서 일류학교를 진학하는 것이 좋다.	232	1.00	5.00	2.52	.99
22. 부모가 할 가장 중요한 것 중의 하나는 자녀를 교육해서 부모들보다 더 출세하도록 돕는 것이다.	232	1.00	5.00	3.23	1.19
23. 직업에서 출세하려면 실력보다 좋은 연줄이 있어야 한다.	232	1.00	5.00	3.10	1.12
24. 부모가 돌아가실 때까지 같이 살고 돌볼 책임이 있다.	232	1.00	5.00	2.21	1.06
25. 결혼 후 자녀가 출생하면 보모나 탁아소에 맡기고 계속 직장을 다닐 것이다.	232	1.00	5.00	2.29	1.14
26. 가사와 자녀 교육은 여자의 몫이다.	232	1.00	5.00	2.20	1.08
27. 사회적 지위와 상관없이 자기 역할에 충실해야 한다.	232	1.00	5.00	4.10	.90
28. 부모를 생각하면 모든 일에 최선을 다하게 된다.	232	1.00	5.00	3.50	1.03
29. 부부 사이에 해야 할 일을 명확하게 구분해야 한다.	232	1.00	5.00	2.97	1.08
30. 가정의 중요한 일은 남편인 가장이 결정해야 한다.	232	1.00	5.00	3.26	1.20
31. 간편하게라도 조상에 대한 제사는 계속 지내야 한다.	232	1.00	5.00	2.07	1.09
32. 하늘 아래, 인간과 자연의 모든 것이 하나의 법칙 아래 놓여 있다.	232	1.00	5.00	4.39	.95
33. 하늘로부터 부여받은 인간의 성품은 원래 선한 것	232	1.00	5.00	2.97	1.36

이다.						
34. 돌아가신 조상들의 영혼이 자손들을 내내 보살핀다고 믿는다.	232	1.00	5.00	1.79	1.08
35. 만약 내가 죽게 되면, 필요한 사람에게 장기(臟器)를 기증할 의사가 있다.	232	1.00	5.00	3.33	1.04
36. 만약 내가 뇌사(腦死)상태가 된다면, 장기이식을 위해 장기를 기증해도 좋다.	232	1.00	5.00	3.20	1.02
37. 앞으로 6개월 이내에 장기이식 등록기관을 통해 장기기증 희망자로 등록할 것이다.	232	1.00	5.00	2.48	.94
전통적 문화가치	232	1.63	5.00	4.13	.56
근대적 세속 문화가치	232	1.00	5.00	2.13	.56
문화가치	232	2.58	5.00	4.00	.42

b. 연구 문제의 분석 결과 및 논의

문화가치와 종교성향과의 상관관계를 연구하기 위한 연구 문제는 아래와 같다. 연구 문제를 분석하기 위한 통계적 분석으로 상관분석과 회귀분석을 하였다. 상관계수는 -1에서 +1 사이의 값을 가지며, 0일 경우 두 변수는 아무런 상관성이 없다. 또한, 절댓값이 클수록 높은 상관성을 갖는 관계가 성립된다.

연구 문제 1. 중국인의 의식 속에 있는 고유 문화가치와 세속 문화가치는 종교성향과 어떠한 관계가 있는가?

연구 문제 2. 중국인의 문화가치와 종교성향은 인구 사회학적 특성에 따라 어떻게 다른가?

연구 문제 3. 중국 기독교인들에게 있어서 종교성향은 나이, 신자가 된 햇수, 성별, 혼인 여부, 교육 수준 정도, 소득 차이, 부모의 종교, 교회 직분, 중국 교회의 형태, 교회의 크기에 따라 어떤 영향을 받는가?

1) 연구 문제 1의 결과 및 논의

"중국인의 의식 속에 있는 고유 문화가치와 세속 문화가치는 종교성향과 어떠한 관계가 있는가?"

연구 문제 1의 분석을 위해 변수들의 상관관계를 살펴보았다. 연구의 결과는 <표 10>과 같이 나타나며, 내용을 요약하면 고유 문화가치가 높은 신자일수록 내재적 종교성향과 높은 상관관계가 있으며, 세속 문화가치가 높을수록 외재적 종교성향이 높게 나타났다.

<표 10> 상관분석

	고유 문화가치	세속 문화가치	내재적 종교성향	외재적 종교성향
고유 문화가치	1			
세속 문화가치	-.159(*)	1		
내재적 종교성향	.311(**)	-.213(**)	1	
외재적 종교성향	-.173(**)	.426(**)	-.459(**)	1

종교성향을 구성하고 있는 내재적, 외재적 요인분석 결과, 본 연구는 Allport와 Ross, Hunt와 King, Donahue의 선행 연구, 즉 종교성향이 내재적 종교성향과 외재적 종교성향의 두 개 요인으로 구성되어 있다는 연구와 일치하였다. 또한, 내재적 종교성향과 정적 상관관계가 있다는 결과는 기존의 결과들과도 일치하였다.[19]

---

19) Allport & Ross, "Personal Religious Orientation and Prejudice", 432-443; Richard A. Hunt, & Morton King, "The Intrinsic-Extrinsic Concept: A Review and Evaluation", *Journal for the Scientific Study of Religion,* Society for the Scientific Study of Religion, Vol. 10, No. 4, (1971), 339-356. M. J. Donahue, "Intrinsic and Extrinsic Religiousness: Review and Meta-Analysis",

2) 연구 문제 2의 결과 및 논의

"중국인의 문화가치와 종교성향은 인구 사회학적 특성에 따라 어떻게 다른가?"

연구 문제 2의 분석을 위해 변수들의 차이를 살펴보면 다음과 같다.

a) 연령별 연구 변인 간의 차이

중국 기독교인의 문화가치와 종교성향의 상관관계에서, 연령별로 나이가 많을수록(본 연구에서는 50세 이상) 세속적 문화가치가 가장 높게 나타났으며, 외재적 종교성향도 가장 높게 나타났다. 이는 대조적으로 나이가 어릴수록 외재적 종교성향이 낮고, 내재적 종교성향이 높게 나타났다.[20]

<표 11> 연령별 연구 변인 차이 분석

	50세 이상 a	40~49세 b	30~39세 c	29세 이하 d	합계	F	유의 확률	사후다중 비교 (Scheffe)
고유 문화 가치	4.15 ±.57	4.09 ±.46	4.32 ±.42	4.28 ±.43	4.25 ±.45	1.976	.119	
세속 문화 가치	2.45 ±.70	2.11 ±.44	2.08 ±.61	2.03 ±.49	2.09 ±.55	2.737	**.045** *	a>d
내재적 종 교성향	3.56 ±.80	3.68 ±.64	3.94 ±.72	3.92 ±.60	3.86 ±.66	2.237	.086	
외재적 종 교성향	2.36 ±.84	2.09 ±.47	1.95 ±.60	1.93 ±.53	2.00 ±.58	2.893	**.037** *	

* $p < 0.05$

Journal of Personality and Social Psychology, American Psychological Association, Vol. 48, No. 2, (1985), 400-419.

20) 박성기, "소그룹 리더의 종교성향 및 종교대처에 따른 주관적 행복감과 종교적 헌신도의 상관관계", 149.

b) 혼인 여부별 연구 변인 간의 차이

혼인 여부별 연구 변인들의 차이를 독립표본 t-test를 통해 분석한 결과, 고유 문화가치(t=2.046, p<.05) 항목은 95% 신뢰 수준 이상에서 통계적으로 유의한 차이가 있는 것으로 나타났으며, 세속 문화가치(t=.050, p>.05), 내재적 종교성향(t=1.234, p>.05), 외재적 종교성향(t=-.775, p>.05) 항목은 95% 신뢰 수준 이상에서 통계적으로 유의한 차이가 없는 것으로 나타났다.

<표 12> **혼인 여부별 연구 변인 간의 차이 독립표본** t-test

	혼인 여부		t	유의확률
	미혼	기혼		
고유 문화가치	4.28±.43	4.13±.53	2.046	.042*
세속 문화가치	2.09±.50	2.09±.56	.050	.960
내재적 종교성향	3.91±.62	3.80±.60	1.234	.219
외재적 종교성향	1.95±.56	2.02±.56	-.775	.440

* p<0.05

c) 예수를 믿은 기간별 연구 변인 간의 차이

예수를 믿은 기간별 연구 변인 간의 차이를 분산분석을 통해 구체적으로 살펴본 결과는 다음과 같다. 세속 문화가치는 예수를 믿은 기간이 짧을수록 높게 나타났다. 특히 내재적 종교성향은 예수를 믿은 기간이 길수록 나타났고, 반대로 외재적 종교성향은 기간이 짧을수록 유의미하게 나타났다.

<표 13> 예수를 믿은 기간별 연구 변인 차이 분석

	3년 이하 a	4~10년 b	11년 이상 c	합계	F	유의확률	사후다중비교 (Scheffe)
고유 문화가치	4.01 ±.58	4.20 ±.59	4.19 ±.47	4.13 ±.56	2.710	.069	
세속 문화가치	2.27 ±.64	2.04 ±.45	2.06 ±.54	2.13 ±.56	4.467	.012*	a>b
내재적 종교성향	3.42 ±.87	3.93 ±.62	3.80 ±.63	3.72 ±.75	10.900	.000***	a<b, a<c
외재적 종교성향	2.68 ±.94	1.91 ±.57	1.93 ±.47	2.18 ±.79	30.858	.000***	a>b, a>c

*** $p < 0.001$, ** $p < 0.01$, * $p < 0.05$

예수를 믿은 기간별 차이 분석인 <표 13>의 결과에서 신앙 연수가 짧을수록 세속적 문화가치가 높게 나타난 것은 신앙 연수가 짧기에 신앙적 성숙이 이르지 않았음으로 볼 수 있다. 또한, 내재적 종교성향은 4년에서 10년의 연수가 가장 높게 나타났다. 이는 복음의 순수성이 아직 뜨거운 시기인 것으로 생각되며, 10년 이상일 경우는 주로 모태 신앙이거나 타성에 젖어진 습관화된 신앙 상태이기 때문인 것으로 보인다. 그러므로 막 복음을 접했을 때의 순수성과 신앙을 유지하기 위해 즉각적인 상담과 교육을 통한 제자 양육이 필요함이 드러났다.

d) 교육 정도별 연구 변인 간의 차이

교육 정도별 연구 변인 간의 차이를 분산분석을 통해 구체적으로 살펴본 결과는 다음과 같다. 학력이 높을수록 고유 문화가치는 유의미하게 나타났으나, 특이한 점은 대학원 졸업 학력의 경우가 가장 낮은 것으로 나타났다. 학력이 가장 높은 대학원생들은 세속적 문화가치에 더 치중한 것으로 드러난 것이다. 그러므로 젊은 20대 대학 시절에 종교적 경험을 할 수 있도록 신앙 훈련이 필요하고, 중국 대학생들을 포함하여 젊은이들의 영적 성숙을 위한 성경적 상담 프로그램을 다양화할 필요성이 있다. 사후다중비교 결과는 다음의 <표 14>와 같다.

<표 14> 교육 정도별 연구 변인 차이 분석-분산분석

	중졸 a	고졸 b	대전 c	대졸 d	대학원졸 e	합계	F	유의확률	사후다중비교 (Scheffe)
고유 문화가치	4.15 ±.57	4.11 ±.55	4.25 ±.40	4.45 ±.31	3.73 ±.82	4.17 ±.53	3.796	.005**	c>e, d>e
세속 문화가치	1.99 ±.60	2.16 ±.57	2.17 ±.51	2.13 ±.57	1.90 ±.51	2.10 ±.56	1.313	.266	
내재적 종교성향	3.82 ±.58	3.82 ±.69	3.83 ±.61	4.13 ±.71	3.50 ±.84	3.83 ±.65	1.527	.196	
외재적 종교성향	1.99 ±.58	2.02 ±.58	2.05 ±.65	1.88 ±.47	1.90 ±.47	2.01 ±.59	.371	.829	

** $p < 0.01$

e) 부모의 종교 배경별 연구 변인 간의 차이

부모의 종교 배경별 연구 변인 간의 차이를 분산분석을 통해 구체적으로 살펴본 결과는 다음과 같다. 고유 문화가치($F=3.376$, $p<.05$)의 경우, 부모의 종교 배경 내의 항목별로 차이가 있는지 분석한 결과 95% 신뢰 수준에서 통계적으로 유의한 차이가 있는 것으로 나타났다.

세속 문화가치($F=.302$, $p>.05$), ($F=.651$, $p>.05$)는 부모의 종교 배경별로 보면 고유 문화가치의 평균에서 유교가 가장 높고, 불교가 낮은 것으로 나타났다. 세속 문화가치의 평균에서 무종교가 높고, 그 외의 종교가 낮게 나타났다. 내재적 종교성향의 평균에서 유교가 높게 나타났고, 그 외의 종교가 낮은 것으로 나타났으며, 외재적 종교성향의 평균에서 불교가 가장 높으며 유교가 가장 낮은 것으로 나타났다. 부모의 종교가 유교일 경우 고유 문화가치와 상관관계가 높게 나왔다. 이는 유교적 배경이 중국 기독교인의 가치관과 문화에 지대한 영향을 미치고 있음을 나타낸다. 사후다중비교 결과는 <표 15>와 같다.

<표 15> 부모의 종교 배경별 연구 변인 차이 분석

	무종교 a	불교 b	유교 c	기독교 d	그 외 의 종 교e	합계	F	유의 확률	사후다중비교 (Scheffe)
고유 문화가치	4.33 ±.44	4.06 ±.63	4.52 ±.24	4.09 ±.52	4.17 ±.28	4.18 ±.50	3.376	.011*	a>d
세속 문화가치	2.16 ±.60	2.09 ±.49	2.14 ±.83	2.07 ±.52	1.99 ±.35	2.10 ±.55	.302	.876	
내재적 종교성향	3.77 ±.80	3.69 ±.46	4.31 ±.49	3.86 ±.57	3.58 ±.29	3.83 ±.65	1.325	.262	
외재적 종교성향	2.12 ±.71	2.15 ±.78	1.86 ±.60	1.97 ±.52	2.11 ±.42	2.03 ±.60	.958	.432	

* p<0.05

위의 결과 분석에 따르면, 고유 문화가치는 기독교를 믿는 부모보다 종교가 없는 부모가 더 영향을 미치고 있음이 나타났다. 중국의 종교 정책상 공무원인 공산당원들은 종교를 갖지 못하게 되어 있다. 이들 부모가 자신의 이념에 따라 사회주의 이념으로 자녀를 양육하였기 때문에 이러한 결과가 나온 것으로 생각된다. 또 한편으로 중국 기독교인의 부모의 종교 배경을 유교라 답한 것은 전체

응답자 수의 2.9%이다. 이는 공산주의 정책으로 인해 중국인에게
유교가 종교도 이념도 아닌 것이 되었기 때문인 것으로 사려된다.

　f) 교회의 형태별 연구 변인 간의 차이
　교회의 형태별 연구 변인 간의 차이를 분산분석을 통해 구체적으
로 살펴본 결과는 다음과 같다.
　교회의 형태별로 보면 고유 문화가치의 평균에서 '등록되지 않은
가정교회'가 높고, '삼자교회'가 낮은 것으로 나타났으며, 세속 문
화가치의 평균에서 '기타'가 높고, '등록되지 않은 가정교회'가 낮
은 것으로 나타났다. 내재적 종교성향의 평균에서 '등록된 가정교
회'가 가장 높고, '기타'가 약간 낮은 것으로 나타났으며, 외재적
종교성향의 평균에서 등록된 가정교회가 삼자교회나 등록되지 않은
가정교회보다 낮은 것으로 나타났다.

<표 16> 교회의 형태별 연구 변인 차이 분석-분산분석

	삼자 교회 a	등록된 가정교회 b	등록되지 않 은 가정교회 c	기타 d	합계	F	유의확률	사후다중비교 (Scheffe)
고유 문화가치	4.06 ±.50	4.11 ±.44	4.26 ±.58	4.10 ±.63	4.16 ±.54	2.113	.100	
세속 문화가치	2.11 ±.50	2.27 ±.56	1.98 ±.55	2.49 ±.63	2.09 ±.55	4.229	**.006****	c<d
내재적 종교성향	3.82 ±.65	3.91 ±.55	3.87 ±.62	3.66 ±.75	3.85 ±.63	.488	.691	
외재적 종교성향	2.10 ±.53	1.89 ±.53	1.91 ±.58	2.30 ±.68	2.00 ±.57	3.108	.028*	

** $p<0.01$, * $p<0.05$

g) 예배의 장소별 연구 변인 간의 차이

예배의 장소별 연구 변인 간의 차이를 분산분석을 통해 구체적으로 살펴본 사후다중비교 결과는 <표 17>과 같다.

고유 문화가치는 단독 건물의 삼자교회보다 공공장소를 임대하여 예배를 드리는 가정교회의 신자들에게 유의미하게 나타났다. 교회 형태와 예배 장소의 유형을 종합해보면, 외형을 중시하는 외재적 종교성향과 세속적 문화가치를 가진 신자들이 교회의 외형을 중시하고, 이들은 등록되지 않은 가정교회에 속하기를 꺼리는 것으로 나타났다.

<표 17> 예배의 장소별 연구 변인 차이 분석-분산분석

	단독 건물 a	공공장소 임대 b	주거 공간 c	합계	F	유의확률	사후다중비교 (Scheffe)
고유 문화가치	4.04 ±.56	4.35 ±.43	4.22 ±.47	4.18 ±.51	7.014	.001**	a<b
세속 문화가치	2.09 ±.51	2.04 ±.58	2.14 ±.56	2.09 ±.55	.458	.633	
내재적 종교성향	3.83 ±.61	3.98 ±.57	3.78 ±.61	3.86 ±.60	1.757	.175	
외재적 종교성향	2.02 ±.53	1.88 ±.47	2.07 ±.68	1.99 ±.56	1.890	.154	

** $p<0.01$, * $p<0.05$

교회의 형태와 예배 장소에 따른 차이점에서 공공장소를 임대해서 예배 장소로 사용하는 기독교인의 경우 고유 문화가치가 가장 높게 나타났고, 등록되지 않은 가정교회의 교인일 경우 세속 문화가치가 가장 낮게 나타났다. 이 둘을 검토해보면, 중국 교회의 특성상 삼자교회는 단독 독립된 건물이 있는 것으로 고유 문화가치가 가장 낮게 나오므로 두 변인의 차이는 동일한 결과이다(위의 <표 16>, <표 17> 참고). 이로 보건대, 삼자교회의 기독교인들은 등록되지 않은 교회의 신자들과 비교할 때 등록되지 않은 가정교회 소속의 신자가 고유 문화가치가 더 높고, 반면에 세속적 문화가치는 가장 낮게 나타났다. 외재적 종교성향에 대해서도 삼자교회 소속의 기독교인들이 가정교회 기독교인들보다 높게 나타났다. 이는 삼자교회 신자들은 가정교회 신자들과 비교하여 신앙생활과 실제 삶의 일관성 내지 일원화를 이루기보다는 이원론적 생활을 하고 있음을 나타낸다.

h) 교회의 주일예배 참석 인원별 연구 변인 간의 차이

교회의 주일예배 참석 인원별 연구 변인 간의 차이를 분산분석을 통해 살펴본 결과는 다음과 같다. 전통적 고유 문화가치는 21명 이상 50명 미만의 기독교인의 경우가 가장 높게 나오고, 200명 이상의 교회에 참석하는 기독교인의 경우 고유 문화가치가 가장 낮게 나타났다. 200명 이상의 신자 규모를 갖고 있는 교회는 중국에서 대형 교회라고 볼 수 있다. 최근 들어 중국 대도시에 삼자교회 이외에 신흥도시 가정교회가 출현하여 부흥하고 있다. 또한, 삼자교회에는 대부분 200명 이상의 교인이 있다.

<표 18> 교회의 주일예배 참석 인원별 연구 변인 차이 분석-분산분석

	20명 미만 a	21~49명 b	50~99 명 c	100 ~199 명 d	200~299 명 e	기타 f	합계	F	유의확률
고유 문화가치	4.14 ±.61	4.34 ±.49	4.26 ±.63	4.08 ±.43	3.93 ±.39	4.02 ±.67	4.15 ±.55	2.995	**.012***
세속 문화가치	2.12 ±.57	2.09 ±.60	2.01 ±.48	2.17 ±.67	2.13 ±.52	2.07 ±.39	2.09 ±.54	.341	.887
내재적 종교성향	3.75 ±.51	3.88 ±.66	3.89 ±.53	3.72 ±.71	3.94 ±.52	3.90 ±.69	3.85 ±.61	.666	.650
외재적 종교성향	2.10 ±.70	1.94 ±.53	2.07 ±.57	1.88 ±.57	2.13 ±.53	1.94 ±.44	2.00 ±.55	1.115	.353

* $p < 0.05$

그러므로 내재적 종교성향을 위해서는 교회의 규모를 대형화하지 말고, 중국 기독교의 특색대로 소규모 가정교회 형태의, 21명에서 50명 내외의 교회 규모가 적당한 것으로 역으로 추적해 볼 수 있다.

3) 연구 문제 3 분석 및 논의

"중국 기독교인들에게 있어서 종교성향은 나이, 신자가 된 햇수, 성별, 혼인 여부, 교육 수준 정도, 소득 차이, 부모의 종교, 교회 직분, 중국 교회의 형태, 교회의 크기에 따라 어떤 영향을 받는가?"

연구 문제 3의 분석을 위해 변수들의 영향관계를 살펴보면 다음과 같다.

나이, 신자가 된 햇수, 성별, 혼인 여부, 교육 수준 정도, 소득 차이, 부모의 종교, 교회 직분, 중국 교회의 형태, 교회의 크기가 내재적 종교성향과 외재적 종교성향에 미치는 영향을 분석하기 위해서 다중 회귀분석을 하였다.

<표 19> 외재적 종교성향에 미치는 영향

	비표준화 계수		표준화 계수	t	유의확률	공선성 통계량	
	B	표준 오차	베타			공차 한계	VIF
(상수)	2.316	.669		3.464	0.001		
나이	.076	.070	.145	1.087	.281	.607	1.648
예수를 믿은 기간 (년)(구간화됨)	.087	.087	.121	1.004	.319	.750	1.333
성별	.350	.121	.327	2.895	**.005****	.851	1.176
혼인 여부	-.002	.142	-.002	-0.016	.988	.588	1.700
교육 수준 정도	.012	.050	.027	0.245	.807	.921	1.085
월 소득 차이	-.047	.055	-.106	-0.867	.389	.722	1.385
부모의 종교 더미 (1=기독교)	.222	.122	.215	1.812	.074	.770	1.299
교회에서의 직분	.016	.046	.042	0.340	.735	.716	1.398
교회의 형태	.225	.091	.348	2.480	**.016***	.549	1.822
교회의 주일예배 참석 인원	.064	.055	.160	1.156	.251	.562	1.780
$R^2=.231$, F=2.137, p=.032*							

* 종속변수: 외재적 종교성향
** p<0.01, * p<0.05

연구 결과 내재적 종교성향은 회귀식($R^2=.114$, F=.917, p>.05)으로 95% 신뢰 수준 이상에서 통계적으로 유의한 영향관계가 없는 것으로 나타났다. 반면에 외재적 종교성향에 미치는 영향은 회귀식($R^2=.231$, F=2.137, p<.05)으로 95% 신뢰 수준 이상에서 통계적으로 유의한 영향관계가 있는 것으로 나타났다.

문화가치가 내재적 종교성향에 미치는 영향을 분석하기 위해 다중 회귀분석을 실시한 결과 회귀식($R^2=.124$, F=16.217, p<.001)으

로 99.9% 신뢰 수준 이상에서 통계적으로 유의한 영향관계가 있는 것으로 나타났다.

<표 20> 문화가치가 내재적 종교성향에 미치는 영향

	비표준화 계수		표준화 계수	t	유의확률	공선성 통계량	
	B	표준오차	베타			공차한계	VIF
(상수)	2.617	.418		6.256	0.000		
고유 문화 가치	.382	.084	.284	4.537	**.000***	.975	1.026
세속 문화 가치	-.225	.084	-.168	-2.676	**.008**	.975	1.026
R²=.124, F=16.217, p=.000***							

* 종속변수: 내재적 종교성향
*** p<0.001, ** p<0.01

독립변수별로 보면 고유 문화가치(β =.284, p<.001)는 95% 신뢰 수준 이상에서 통계적으로 유의한 영향을 미치고 있으며, 세속 문화가치(β =-.168, p<.01)는 95% 신뢰 수준 이상에서 통계적으로 유의한 음(-)의 영향을 미치고 있다. 이는 고유 문화가치를 소유한 신자들이 내재적 종교성향이 높으며, 반대로 세속 문화가치의 신자일수록 내재적 종교성향에서 거리가 멀다는 것을 나타낸다. 고유 문화가치를 소유한 대학생일 경우, 내재적 종교성향이 높은 것으로 나타났다.

문화가치가 외재적 종교성향에 미치는 영향을 분석하기 위해 다중 회귀분석을 실시한 결과 회귀식(R²=.193, F=27.431, p<.001)으로 99.9% 신뢰 수준 이상에서 통계적으로 유의한 영향관계가 있는 것으로 나타났다.

독립변수별로 보면 세속 문화가치(β =.409, p<.001)가 99.9% 신

뢰 수준 이상에서 통계적으로 유의한 영향을 미치고 있다. 즉 세속 문화가치는 외재적 종교성향에 유의미한 영향을 미치고 있음이 나타났다. 이는 세속적 문화가치에 물든 신자가 외재적 종교성향을 소유한 신자와 맥락을 같이 하고 있음을 나타낸다.

<표 21> 문화가치가 외재적 종교성향에 미치는 영향

	비표준화 계수		표준화 계수	t	유의확률	공선성 통계량	
	B	표준오차	베타			공차한계	VIF
(상수)	1.582	.422		3.754	0.000		
고유 문화가치	-.153	.085	-.108	-1.798	.074	.975	1.026
세속 문화가치	.578	.085	.409	6.808	**.000*****	.975	1.026
R^2=.193, F=27.431, p=.000***							

* 종속변수: 외재적 종교성향
*** p<0.001

본 연구에서 설문을 통해 도출된 바에 의한 결론은 다음과 같다. 첫째, 중국 기독교인의 인구 사회학적 특성에 따른 변인의 차이를 분석한 결과, 나이가 50세 이상일 경우 외재적 종교성향과 세속 문화가치가 높게 나타난 것으로 보아 나이가 많을수록 세상과 타협한다는 사실이 드러났다. 외재적 종교성향에 대해서 기혼 신자들이 미혼 신자들보다 약간 높게 나타났으며, 고유 문화가치는 미혼이 기혼에 비해 약간 높게 나타났다. 내재적 종교성향은 미혼 신자가 기혼의 신자보다 약간 높게 나타났다. 이는 연령별 결과와도 같은 맥락이다. 그러므로 젊은 20대 신자들이 신앙에 관한 개인적 경험을 할 수 있도록 훈련할 필요성이 있다. 즉 외재적 종교성향을 내재적 종교성향으로 변화시킬 성경적 세계관을 기본으로 하는 교육 내지 훈련이 요청된다. 예수를 믿은 지 4년 이상 10년일 경우 고유 문화가치가 높은 것, 세속 문화가치는 예수를 믿은 기간이 짧을수록 높게 나타난 것은 4년 이상의 신앙생활을 통해 신앙적으로 성숙되어 가고 있다는 것이다. 그러므로 예수를 믿기 시작한 초기부터 교육과 훈련이 필요하다. 교육 정도에서는 학력이 높을수록 고유 문화가치가 높게 나타났으나 특이하게 대학원 졸업 이상의 신자는 가장 낮게 나타났다. 10년 이상일 경우 타성에 젖은 습관화된 신앙생활이 나타나는 것을 보아, 종교에 대한 정치적 핍박과 환란이 오기 전에 신앙적 성숙을 이룰 수 있는 훈련 프로그램들이 필요하다. 한편, 단독 건물의 삼자교회보다 공공장소를 임대하여 예배를 드리는 가정교회의 신자들, 교회의 주일예배 참석 인원이 21명 이상 50명 이하일 경우 고유 문화가치가 높게 나타나며, 이에 따라 내재적 종교성향이 상관관계가 있으므로, 중국적 특성에 맞는 50명 이내의 교회 규모가 적당하다 하겠다.

둘째, 중국 기독교인의 종교성향은 참여 빈도 차이 또는 상호작용 효과에 있어서, 내재적 종교성향은 고유 문화가치와, 외재적 종교성향은 세속 문화가치와 서로 유의미한 영향을 미치고 있다. 즉 다른 일반 연구에서와 동일하게 중국 기독교인들도 고유 문화가치가 높을수록 내재적 종교성향이 높게 나타남이 드러났다. 반대로 세속 문화가치가 높을수록 외재적 종교성향이 높은 것으로 나타났다.

이상과 같이 현대를 사는 중국 신자들의 종교성향과 문화가치의 상관관계에 관해 연구하였다. 상담은 사역이며, 사역은 복음 전도 내지 선교로 이어진다. 완전한 상담자로 오신 예수 그리스도는 지상사역의 마지막 부탁, 유언으로 제자들에게 땅끝까지 증인의 삶을 위임하셨다(행 1:8). 상담과 선교는 하나의 목표를 향하는 두 수레

바퀴이다.

2. 현대 중국인의 이해

한 개인이나 집단의 사람들을 이해한다는 것은 쉬운 일이 아니
다. 현재 드러나는 인격 및 성격의 형성은 가정에서 개개인의 유전
적인 요소, 양육을 통한 환경적 요인, 사회적 문화의 영향을 받아
복잡하게 형성되었기 때문이다. 여러 연구를 통해 그 민족의 독특
함을 드러내기도 하지만, 인간으로서 일치되는 부분이 더 많다는
사실이 드러나고 있다. 이는 하나님이 인간을 하나님의 형상으로
창조하셨다는 대전제에서도 나타난다.

집단으로 중국인의 성격을 연구하는 것은 어렵지만, 일반적으로
드러난 모습을 통해 연구되어온 전통적 중국인의 이해는 여러모로
공통적인 내용이 있다. 이는 그 민족만의 문화의 결과라고 말할 수
있다. 현대를 사는 중국인을 이해하기 위해 전통적 중국인을 이해
하는 것이 우선이다.

(1) 전통적 중국인 이해

빌헬름 분트(W. M. Wund)는 사회심리학, 즉 민족심리학이 있음
을 인정하며, 분명히 민족정신은 언어, 신화, 종교, 민속, 예술, 문학,
도덕, 관습, 법률 등에 구현되고 있다고 하였다.21) 즉 인간의 사고는

---

21) G. W. Allport, *The Historical Background of Modern Social Psychology*, 송대현 역, 『社會心理學』
(서울: 정음사, 1978), 156-157. 알포트는 유네스코의 연구 목적으로 국제간에 긴장과 갈등과
밀접한 관계가 있는 문제점들이 무엇인지에 대해 연구를 하였다. 연구의 결과로 a. 각 국민 문

언어, 관습, 신화에 의해 크게 조건화되어 형성된다고 보았다.

사회심리학자인 올포트(G. W. Allport)는 분트의 연구에서 더 나아가 한 민족 안에 개인의 마음 구조가 비슷한 점이 존재하며, 이 개인 심리가 사회적, 자연적 환경의 공통부분에 대하여 비슷한 방식으로 반응할 수 있게 한다고 하였다. 사람이 제도의 일부가 아니라 제도가 사람의 일부이며, 개인 심리가 동조성, 상호의존성으로 의해 집단심리, 즉, 집단의식으로 나타난다고 보았다.[22]

중국 또는 중국인으로서 집단의식으로 떠오르는 이미지가 있다. 이러한 중국인의 사회심리를 민족성이라 일컫는다. 이에 중국인의 전통 사상에 기인한 민족성에 대해 살펴본다.

a. 전통적 중국인의 형성 요인

전통적인 중국인에게 집단적으로 나타나는 성격은 오랜 역사 속에서 외적인 생활환경과 내적으로 교육의 영향, 유전적인 요소 등으로 형성되었다고 볼 수 있다. 전통적 중국인으로 떠오르는 성격이 형성된 요인을 살펴보면,[23] 첫째, 중국은 농업사회가 기반이었기에 사회 형태의 변화가 적고, 전통을 고수하며, 자연에 순응하며 숙명론적 인생관을 형성하게 되었다. 둘째, 중국은 가족 중심의 사회를 형성하였기 때문에 가족 중심의 윤리관과 도덕관이 형성되었다. 셋째, 중국은 전통적으로 유교의 예와 규범을 중시하는 사회였

화의 독특한 특성, b. 한 국가의 국민이 자국민과 타 국민에 대해서 갖는 관념, c. 심적 태도, 특히 전쟁에 대한 태도를 변용하는 교육적, 정치적, 심리적 방법과 기술, d. 국가 간의 이해를 조장하거나 공격적인 민족주의를 조장하는 여러 가지 영향, e. 국제적인 이해에 영향을 주는 인구문제, 특히 과밀 인구 이민, 동화 등, f. 국민의 태도와 상호 관계에 미치는 현대 기술의 영향이다. 왜냐하면, "전쟁은 인간의 마음속에서 시작하기 때문이다."라고 발표하였다. 280.

22) Allport, 『社會心理學』, 168
23) 왕쓰웨(王嗣岳), "현대의 중국인, 그들은 누구인가?", 101-102.

기 때문에 사회의 중추적인 지식인이나 일반 백성의 인격이 유교의
영향으로 형성되어 유교적인 가치관, 인생관, 세계관이 지배하였다.
넷째, 전통적인 농업 문화로 인해 중국인은 자연과의 합일과 융화
를 강조하게 되었다. 다섯째, 넓은 영토와 다양한 지형, 인종, 언어
등으로 다양한 중국인이 형성되어, 동베이인(東北人), 광둥인(廣東
人), 베이징인(北京人), 상하이인(上海人), 소수민족 등 지역에 따라
그들의 특징이 있으며,24) 그 특색은 고유의 언어와 지역에 따라 독
특한 성격을 갖게 되었다. 특히 광둥 지방의 언어나 상하이와 원저
우 지방의 언어는 중국의 표준어인 보통화와 너무 달라 소통할 수
없다. 같은 중국인이면서 남쪽의 교회들은 두 사람의 중국인이 설
교한다. 한 사람은 그 지방말로 설교하고 다른 이는 표준어인 푸퉁
화(보통화, 普通話)로 통역을 한다. 왜냐하면, 타지역에서 온 젊은
이들은 푸퉁화(보통화, 普通話)만을 알아들을 수가 있기 때문이다.

b. 전통적 중국인관

중국인의 민족성에 관해 많은 연구가 있었다. 임어당(林語堂)은
새로운 시대에 낙오되기 쉬운 보수성(保守性)과 타협하기 쉬운 용
인성(容認性), 투쟁을 기피하는 나태성에서 비롯된 화평주의(和平主
義), 이성(理性)과 열성이 결핍되기 쉬운 특성, 진취적이지 못하며,
인내성과 무관심, 사기성, 표리부동하며 경박하면서도 근엄한 표정
을 잃지 않는 '노활초피(老猾貂皮)' 등이 있다고 하였다.25)

---

24) 易中天, 『讀城記』, 유소영・심규호 역, 『中國도시 중국사람』(서울: 도서출판 풀빛, 2002), 233.
베이징은 관리사회이기에 전통적이며, 지혜롭고, 유미적이며, 문학적이고, 철학적인 반면 상하
이는 산업사회이기에 현대적이고, 영특하며, 효용적이고, 수학적이며, 과학적이라고 쓰고 있다.
25) 林語堂, 『만만디, 만만디』, 조양제 편(서울: 덕성문화사, 1991), 59-72. 임어당은 영문(英文)으
로는 중국 문화를 옹호하는 글을 쓰고, 모국어로는 중국의 속물성을 사정없이 비난했다.

루쉰(魯迅)에 의하면, 중국인은 강력한 민족 자존심이 있고, 활달하고 웅대한 기백이 있으며, 자만적인 편견과 체면을 중시하고, 전통과 역사의 연속성을 존중하고, 낡은 것을 답습하며, 개혁을 기피한다. 반면에 인내와 용기가 있고, 침착하고 여유가 있으며, 운명에 순응하고, 권력을 숭배한다. 가족관계를 중시하고, 도덕 규범과 가문, 혈통, 종법, 가장제(家長制)를[26] 정성을 다해 지킨다. 힘써 참고 일하며, 제멋대로 꾸물대고, 대충 건성으로 일한다. 또한 나약하고, 탐욕스러우며, 게으르고 교활하며, 강인성이 부족하고, 중용의 도리를 중시한다.[27]

허세욱은 중국인은 평화(중국어로 和平)의 집념이 강하고, 유약성(柔弱性), 즉 부드러운 것이 강한 것을 이길 수 있다는 도가(道家)의 무위의 역학으로 인해 유약하여 여성적이고 함축적이고 겸허하며,[28] 현실성(現實性), 향락성(享樂性), 인내성(忍耐性), 사리성(私利性), 외면성(外面性), 둔완성(鈍頑性), 유한성(悠閒性) 등의 특성이 있다고 하였다. 중국인의 대륙적 기질은 모든 것을 개별적으로 따지지 않고 통틀어 관찰하려는 전체적인 사고방식이나 장단점, 시비(是非)를 절충하여 융합하려는 성격과 통한다. 또 중국인의 자연성(自然性)으로서 순천(順天), 법천(法天)의 사고방식에[29] 순박한 생

---

26) 가장제(家長制, patriarchy)는 노예사회와 봉건사회에서의 가정 조직이다. 한 가정의 남편이 집안에서 모든 경제적인 권리를 장악함으로 지배자의 위치에 있고, 나머지 가족 구성원은 가장에게 복종하는 시스템이다.(奴隷社會和封建社會的家庭組織制度, 産生於原始公社末期" 作為家長的男子掌握經濟大權, 在家庭中, 居支配地位, 其他成員都要服從他.)

27) 윤순희, 『중국 문화입문』(서울: 동양문고. 2000), 77. 루쉰은 중국 현대문학의 창시자로 서민들이 이해하기 쉬운 백화문(白話文)을 사용하였다. '한문(漢文)'이 문언문(文言文)이기에 백화문을 써서 소설을 쓰므로 오늘날의 현대 중국어 사용을 주장한 선구자이다. 자신의 작품을 통해 중국의 봉건사상과 도덕결핍 등을 질타했다. 「광인일기(狂人日記)」는 가족제도와 예교(禮敎)의 폐해를 폭로한 소설이다. 「공을기(孔乙己)」, 「아큐정전(阿Q正傳)」 등이 있다.

28) 노자 78장 "유지승강(柔之勝剛), 약지승강(弱之勝彊)"

29) 순천은 하늘의 이치와 뜻에 순종하고, 자연 법칙을 따른다는 뜻이며, 법천은 노자의 『도덕경』

활 습관이 토착화되었다고 하였다.[30]

위의 내용을 종합해보면, 전통적인 중국인은 자연에 대해서 순응하고, 사람과의 관계를 중시한다.[31] 인정과 체면을 중시하며, 가정 중심의 폐쇄적인 성격을 지니고 있음을 알 수 있다.

(2) 현대 중국인의 가치관 이해
a. 중국인의 문화 개념

타문화인으로서 중국인 피상담자를 이해하는 것은 상담에 있어서 필수이다. 중국인은 중국인으로서의 "가치관, 사유체계 및 세계관"을 갖고 있다.[32] 중국인에게 효과적으로 복음을 전하기 위해 그들의 문화, 즉 중국인의 행동 양식과 그 안의 가치체계 그리고 행동 양식과 가치체계를 좌우하는 핵심인 세계관을 알 필요가 있다.[33] 그러기 위해 중국인의 종교를 연구하고, 언어적, 비언어적으로 소통하며, 그들을 공감하고 수용하여 일체감을 느끼도록 하는 것이 필요하다.

문화는 의식주를 비롯하여 언어, 풍습, 종교, 학문, 예술, 제도 따위를 모두 포함한다. 문화는 "인간이 생각하고 느끼고 행동하는 바를 조직하고 체계화하는 일단의 사람에 의해 공유된 사상, 감정, 가치와 행동에 연관된 유형과 산물의 통합된 다수의 체계이다. 문화

25장의 내용으로 하늘을 법 삼는다는 뜻이다.

30) 허세욱, 『中國文化概說』(서울: 法文社, 1987), 33-44.

31) 장법성 · 고연결, 『중국학 개론』(춘천: 한림대학교출판부, 2003), 142-143. 삼강오륜(三綱五倫), 삼종사덕(三從四德) 등의 행위규범과 장유유서(長幼有序), 관존여비(官尊女婢), 관귀민천(官貴民賤) 등의 부정적 관념들이 있다.

32) 안점식, 『세계관을 분별하라』(서울: 죠이선교회출판부, 2011), 18.

33) 김종구, "재한 중국인 유학생의 세계관에 관한 연구", 「개혁논총」 제 37권(2016년 3월호), 94.

의 표층에는 한 민족의 생활양식이 있고, 심층에는 모종의 힘과 충동이나 의지, 의욕이 존재한다."[34] 그러므로 문화는 '인간의 생활양식(life style)의 총체'이다.

한 지역의 문화 특성은 그 사회 구성원에게는 매우 가치 있고 의미 있는 것이기에 타문화의 구성원이 그 문화를 평가한다는 것은 매우 조심스러운 일이다. 클릭혼과 머레이(Kluckhohn & Murry)는 "모든 인간은 어떤 면에서는 다른 사람과 같으며, 어떤 다른 사람들과 같고, 또 다른 누구와도 같지 않다."라고 했다.[35] 이것은 첫째, 모든 인간은 동물과 다르게 무기력하게 태어나서 부모와 의존관계를 맺고 성장하며, 결국 모든 인간은 죽음을 맞이한다는 공통적인 특징이 있다는 것을 의미한다. 둘째, 인간은 태어나서 가족이나 사회라는 공동체에 의해 사회화되어 형성되고, 그 공동체에 영향을 받으며 만들어진 집단에서, 즉 문화를 공유하며 살아간다는 사실을 의미한다. 셋째, 인간 각 개인은 유일한 존재라는 것을 의미한다. 지구상의 모든 인간은 각각 서로 다른 유일한 유전자와 음성 형태를 보이고 있으며, 지문과 치열이 각기 다르다. 또한, 같은 환경일지라도 해석과 반응이 다르므로 인간 각각의 독특한 삶의 이야기, 발달사, 생활 방식을 갖는다.[36]

결국, 각각의 다른 문화를 가진 인간은 그 다양성이 있지만, 보편적인 공통의 특성이 있다. 문화는 공유되며, 학습되고 축적되어

---

34) 공상철 외 4인 공저, 『중국 중국인 그리고 중국 문화』, 43, 47-48.

35) Clyde Kluckhohn and Henry A. Murry, *Personality in Nature, Society and Culture* (N.Y: Alfred Knopf, 1953), 35-37. "Every man is in certain respects, a. like all other men, b. like some other men, c. like no other man."

36) Emmanuel Yartekwei Lartey, *In living color: an intercultural approach to pastoral care and counseling*, 문희경 역, 『상호문화 목회상담』(서울: 대서, 2011), 39.

습관처럼 되기도 하지만, 이 문화는 항상 변화한다. 상담자는 타문화권 피상담자를 대할 때 문화적 차이점을 민감하게 알아야 하지만, 민족성에 대해 선입관을 갖기보다 한 개인을 독특한 존재로 보고 수용하며 공감하는 자세가 필수적이다.[37]

다음은 중국인을 이해하기 위해 중국의 문화를 구성하고 있는 주요 요소인 언어와 사상 그리고 가족제도를 살펴본다.

1) 중국의 언어

세계에서 3번째로 넓은 국토를 차지한 오늘날의 중국은 56개 민족으로 구성된 '다민족 한 국가'이다.[38] 중국이 통일 국가로서 이루어진 가장 유력한 상징의 하나가 바로 중국의 언어와 문자이다. 중국을 하나로 만든 것이 바로 한어(漢語)를 표준어로 쓴 것이다. 각자의 언어를 가진 소수민족의 언어도 중국어이지만,[39] 중국인 인구의 90.56%를 차지하고 있는 한족(漢族)의 언어인 한어(漢語)를 중국어로 통칭한다.[40] 중국 문화는 한족의 문화이며 한어의 문화이다.

---

37) Clara E. Hill, *Helping Skill: facilitating exploration, insight, and action,* 주은선 역,『상담의 기술: 탐색 통찰 실행의 과정』(서울: 학지사, 2009), 34-35. "상담자는 피상담자의 문화적 차이에 민감하되, 피상담자 문화집단의 필요와 전반적인 경험과 그 특성, 개인적 경험과 그 특성, 기본적인 인간의 필요를 알아 그 개인에 대해 배우는 것이다."

38) 중국은 한국과 비교하여 100배의 국토와 인구는 대략 14억으로 보면 28배이다. GDP가 4조 4022억으로 세계 3위이지만 1인당 GDP는 100위 이하이다. 소득 격차를 나타내는 지니계수(Gini's coefficient)는 0.45이다.(0: 완전 평균사회, 1: 한 사람이 독점. 보통 0.4일 경우 민중의 불만이 폭발). 중국은 20%의 신부유층이 부의 50%를 점유하고 있고, 20%의 빈곤층이 5%의 부를 나누어 갖고 있다고 쓰고 있다. 중국정보연구기구 편,『우리가 반드시 알아야 할 중국의 긴급과제 50가지』, 쿵젠(孔健) 감수, 임태홍·한순자 역(서울: 에버리치홀딩스, 2010), 14-15.

39) 중국의 55개 소수민족은 거의 모두 고유 언어가 있지만, 단지 21개 민족만이 고유문자를 가지고 있다. 회족, 만족, 서족, 몽고족蒙古族, 장족, 시버족(錫伯族), 따이족, 위구르족, 키르키즈족, 타타르족, 러시아족 등 11개 민족은 모두 그들 민족의 고유 문자를 가지고 있는 동시에 통용문자도 사용하고 있다. b. 이족, 나시족, 묘족, 징보족, 리수족, 라후족, 와족 등 7개 민족은 비록 자신들의 문자를 가지고 있지만 별로 사용하지 않으며, 그 나머지 34개 민족은 자신들의 문자가 없다.

40) 서양에서 말하는 Chinese는 주로 한족을 말한다. 중국의 소수민족들, 몽고족, 위구르족, 티벳족

현재 한족은 정치, 경제, 사회, 문화, 군사 등 모든 분야에 지도적 지위를 갖고 절대적 영향력을 나타내고 있다.[41] 또한, 중국은 광활한 평원과 천연 장벽처럼 둘러싸인 지리적 환경으로 인해 중국을 지구상의 중심으로 여기게 되었으며, 세계의 중심이자 주체로 여겼었다. 거대한 중국 민족의 통일은 문화의 동화력에서 기인했다고 볼 수 있다. 이 문화의 동화력은 문자의 힘이다. 과거 중국의 민족과 국가는 분열되었어도 문자는 하나였기 때문에 통일할 수 있었다. 그러므로 중국 문화의 성격은 한자의 성격이라 규정할 수 있다.[42]

중국 문자의 특성은 중국 문학이나 예술의 특성과 성격을 같이 하고 있으며,[43] 중국의 존재와 운명을 같이 하고 있다.[44] 통일된 문자로 민족적 자존감과 문화적 자부심이 있어 우월의식을 갖게 되었다.[45]

중국어에 나타나는 친족관을 보면 호칭에 있어서 친족명이 풍부하고 복잡한 위계질서가 나타난다. 부계, 모계, 방계, 인척, 남녀,

은 자신들이 Chinese라고 생각하지 않는다. 주숙하, 『중국 문화 스케치』(서울: 숭실대학교 출판부, 2009), 93.

41) 우심화, "중국 문화의 이해", 「선교와 신학」. Vol. 17. 장로회신학대학교 세계선교연구원. (2006), 86-87. 한족은 고대 중국의 수도인 중원(中原은 황허黃河의 중류·하류 지역을 가리키는 말로, 허난(河南)성과 산동(山東)성 서부 및 허베이(河北), 산시(山西)성 남부지역을 비롯하여 생활하기에 좋은 환경인 지역에 분포하여 거주하고 있으며, 반면에 소수민족들은 현재 중국 전 대륙에 퍼져 있지만, 열악한 환경인 산간 지대에서 주로 살고 있다. 현재 중국 인구는 공식적으로 14억, 세계 인구의 23%를 차지하고 있다.

42) 허세욱, 『中國文化概說』, 45.

43) 중국문자의 기원은 중국 학술계에서 논쟁이 되고 있지만, 갑골문이 현재의 문자로 발전하기까지 3천 여 년이라는 시간이 경과하였고, 현재 대만과 홍콩에서는 '번체자(繁體字)'로 쓰이고 대륙에서 '간화자(間化字)', 또는 '간체자(間體字)'가 쓰이고 있다. 이 중국문자는 일본과 한국에 전해져 사용되고 있다.

44) 허세욱, 『中國文化概說』, 52.

45) 중화인민공화국은 글자를 익히거나 쓰는 데 시간의 낭비를 이유로 간자체화 하였고, 영어 알파벳을 사용하여 병음 표기를 시도하였다. 마오쩌둥이 '세계성을 지닌 문자화'에 대한 방침으로 한어의 라틴화 병음 방안을 두고 오래 연구하여 시도하였지만, 많은 동음이자(同音異字)나 단음절의 특성으로 병음과 한자를 함께 사용하고 있다. 허세욱, 『中國文化概說』, 64.

항렬 등에 따라 다양하게 분화되어 있다. 그 예는 아래와 같다.

> 형(哥哥), 남동생(弟弟)은 모두 영어의 brother에 해당한다. 언니(姐姐), 여동생(妹妹)은 모두 영어의 sister에 해당한다. 백부(伯父), 숙부(叔父), 외삼촌(舅舅)은 영어의 uncle에 해당한다. 중국어 어휘에는 가족을 모든 사회관계의 기본으로 하는 세계관을 반영하고 있다. 자매도시(姊妹城市), 조국(祖國), 동포(同胞) 등 자신이 속해있는 단위를 가족으로 비유한다. 혈연관계가 없는 사람을 호칭할 때, 자신보다 나이가 많으면 큰형(大哥), 큰언니(大姐), 큰형수(大嫂) 등으로 불러 친밀감을 나타내는 것은 사회관계를 가족 관계의 확장으로 보기 때문이라 할 수 있다.[46]

또 한편으로 현재는 학교 교육을 통한 보통화의 보급으로 소수민족 고유의 언어는 사라지고 있다. 이것은 중국 정부의 동화정책의 결과이지만, 특히 조선족 민족학자들은 민족어의 상실을 조선족 문화의 상실로 보고, 완전히 중국 한족 사회에 동화해 가고 있음을 통탄하고 있다. 민족문화를 지키기 위해 언어 보존이라는 커다란 숙제와 걱정거리가 있다고 토로하기도 한다.[47] 이렇듯이 문자는 그 민족의 문화, 정체성을 드러내며, 하나로 묶는 역할을 하는 것이다.

---

46) 공상철 외 4인 공저, 『중국 중국인 그리고 중국 문화』, 61. 우리나라의 경우는 더 세분화되어 있다. 哥哥는 오빠와 형으로, 姐姐는 언니와 누나로 분화한다.

47) 조선족 자치 지구인 동베이 삼성(지린 성, 헤이룽장 성, 랴오닝 성)에는 조선족 언어를 사용하는 소학교(초등학교)가 감소하고 있으며, 조선어 사용 인구가 점차 줄어들고 있어, 자치구로서 그 힘을 점차 잃어 가고 있다. 길림신문. 2017년 11월 1일 접속.http://kr.chinajilin.com.cn/cxz/content/2009-09/19/content_32389.htm

2) 중국의 사상

중국은 일반적인 한 나라로서의 국가와 좀 다른 면이 있다. 14억
이라는 인구는 영어를 사용하는 모든 국가의 국민을 합한 총인구보
다도 더 많다. 마르크스주의의 한계를 극복하고 새로운 국가 이념
을 창출하여 하나의 국가를 존속시키기 위해서, 또 거대한 인구의
인민을 보다 효율적으로 통치하고 관리하기 위해서 조직적인 체계
가 필요한 나라였다. 이런 대국을 움직이기 위해 현재뿐 아니라 과
거의 전통적인 중국 역시 시스템적 사고가 강했고, 그랬기에 지금
까지 존속할 수 있었다.[48] 시스템적 사고란 사물을 전체의 관점에
서 파악하고 구성 요소 간의 상호 관련성을 잘 분석해 전체를 최적
화하는 방식이다.[49]

한 나라가 존속하려면 문화구조인 이데올로기와 그 나라의 정치
구조가 일체화되어야 한다. 중국의 전통 사회는 정치구조와 경제구
조, 의식구조의 기본적인 하위 시스템이 잘 이루어져 있었다.[50] 봉
건사회 구조는 통일된 정치 형태를 갖고 있었으며, 상품 경제와 함
께 존재했던 지주 경제는 중국의 기술 구조를 하나로 통일시켜 나

---

48) 진관타오(金觀濤) 리우칭펑(劉淸峰), 『중국문화의 시스템론적 解釋』, 김수중 외 역(서울: 도서
    출판 天池, 1994), 5-6.

49) "시스템적 사고의 특징은 먼저, 모든 시스템은 특정 목적을 위해 존재하고 특정한 일을 해내
    기 위해 만들어졌다. 둘째, 시스템의 각 부분들은 목적 달성을 위해 특정한 방식으로 결합한
    다. 시스템의 각 구성 요소들은 각기 역할이 있기 때문에 어느 한 부분이 결여되거나 능력이
    저하될 때는 시스템 전체에 영향을 주게 된다. 셋째, 한 시스템은 더 큰 시스템 안에서 특정한
    목적을 수행한다. 각각의 시스템은 고유의 목적을 가지지만 더 큰 목적을 위해 일하는 다른
    시스템과 함께 작동한다. 넷째, 시스템은 안정을 추구한다. 안정을 유지하려는 것은 모든 시스
    템의 특징이다. 다섯째, 시스템 내에서는 피드백이 이뤄진다." David Hutchens · Bobby
    Gombert, *The tip of the iceberg : managing the hidden forces that can make or break your
    organization*, 박선희 역, 『펭귄의 계약』(서울: 바다출판사, 2002).

50) 전통 사회는 사회가 목적이며, 인간인 개인은 수단이다. 서양사회에서 사회는 수단이며, 각 개
    인은 목적이다. David Augsburger, *Pastoral counseling across cultures*, 임헌만 역, 『문화를 초월하
    는 목회상담』(서울: 그리심, 2005), 138.

침반, 종이, 화약, 활자를 발명한 발상지가 될 수 있게 하였다.[51] 시스템적 사고 구조는 행동 양식으로 나타나고 공통적인 중국인의 의식구조가 문화의 동질성으로 자리 잡았다. 이 문화의 동질성이 하나의 중국을 통일하고 유지하게 하는 것이다.

위와 같이 과거 중국이 전통적 봉건국가로 존속할 수 있었던 이유는 가정과 국가 사이에 같은 구조가 존재하였기 때문이다. 또한, 전국적인 통신망으로 유생(儒生)들의 역할이 있었다.[52] 그리하여 인류 역사상 유례없이 봉건사회가 가장 오랫동안 지속할 수 있었던 국가이기도 하였다. 특히 정치권에서는 유가(儒家)를 정통 이론으로 활용하고, 일반 백성에게는 도가(道家)를 위주로 체계를 보조하는 사상 체계로서의 문화구조였다.[53]

중국의 사상으로 먼저 중화사상(中華思想)과 화이사상(華夷思想), 중용사상(中庸思想)을 들 수 있다.

첫 번째 중화사상은 중국이 세계의 중심이라는 중국인들만이 가진 독특한 사고방식이다. 이 중화사상은 자기중심적 사고방식으로 신분이나 나이, 남녀를 막론하고 보편적으로 깔린 집단적 의식구조라고 할 수 있다. 중국(中國)이라는 국명을 통해서 알 수 있듯이, 중국인은 '중심(中心)', 'Center', '가운데'라는 것에 집착한다. 그

---

51) 진관타오(金觀濤)·리우칭펑(劉淸峰), 『중국문화의 시스템론적 解釋』, 46.

52) 진관타오(金觀濤)·리우칭펑(劉淸峰), 『중국문화의 시스템론적 解釋』, 106-111. 중국의 봉건지주 계층 지식인은 유생으로 인구 1000명당 3~4명 정도였지만, 체계적이고 완전한 의식형태를 구비하였으며, 정보 통신수단인 문자인 한자를 장악함으로 매우 강한 조직력을 지니고 있었다. 사회조직의 크기와 안정성은 조직 내의 통신 연계 상황과 매우 밀접한 관계가 있다. 유가 사상으로 훈련된 젊고 유능한 유생들은 과거제도를 통해서 중앙과 지방의 각 행정기관에 지속적으로 공급되었으며, 효도, 순종, 자애 등 가족 윤리는 복종, 충성, 어짐 등의 사회 윤리의 축소판이었다. 봉건사회의 전체 인구의 90%인 농민은 가장 중요한 생산 계층이지만, 사회의 주된 조직 역량은 아니었다.

53) 진관타오(金觀濤)·리우칭펑(劉淸峰), 『중국문화의 시스템론적 解釋』, 49.

이유는 광활한 국토에 거주하는 다양한 인종을 하나로 통치하기 위해서 원심력보다 구심력이 필요했기 때문이라고 본다. 지리적·문화적으로 사방으로 확장하려는 의식이 중국인들에게 생존 본능처럼 작용했다.54) 그러나 군사력과 경제력이 강할지라도 문화가 원심력을 갖지 못하면,55) 중국의 분열을 불러일으키는 요인이 될 수 있다고 염려하기도 한다. 그리하여 중국 정부는 문화 일체성을 위해 죽은 공자를 살려내어, '공자 아카데미'를 통해 전 세계에 중국어를 교육하며 중화 문화를 전파하고 있다.

중화사상의 전통적 본질은 대내적으로 독점력이 강한 정치적·군사적·문화적 민족주의 성향을 나타내며, 대외적으로 주변 약소민족과 국가에 대해서 전파력과 흡입력 및 배타성이 강한 제국주의적 성향을 내포하고 있다. 즉 중화사상은 중화적 세계 질서를 수립하고 유지 확대를 이상으로 하는 중국 민족의 고유 사상이다.56)

두 번째로 화이사상이다.57) 화이사상은 중국인의 천하관(天下觀)이다. 이것은 세계를 보는 특이한 개념으로 중국의 황제가 천자(天子)이고, 중국의 황조는 천조(天朝)이기에 다른 민족과의 관계에서 다른 민족은 공국(貢國)인 중국에 대한 속국(屬國)이란 것이다. 속국에서는 황제를 칭할 수 없고 왕이라 칭했다. 중국인은 특히 한족

---

54) 이시찬, "중국인의 의식구조와 관련한 문화적 현상에 대한 고찰", 「인문과학논총」. 제 46집 (청주대학교 한국문화연구소. 2013) 367-368.

55) 자국 우월주의가 전제된 중심주의는 현대의 문화적인 면에서는 약점이다. 중국의 드라마나 영화, 음악 등은 전 세계인을 대상으로 보편적으로 호응을 얻지 못하고 있다. 이시찬, "중국인의 의식구조와 관련한 문화적 현상에 대한 고찰", 370. 중국 정부는 티벳과 신장 지역의 독립 요구를 아주 민감하게 대처한다. 이들의 문화는 중국 문화와 너무나 다르다.

56) 차성만, "후진타오(胡錦濤) 정권의 중화사상적 조화세계 이념에 관한 소고", 「통일연구」, 제11권 제2호, 統一問題研究所, (2006): 25-53. 최근 시진핑의 '일대일로(一帶一路)' 정책도 그 이면에는 중화사상이 깔려있다.

57) 주숙하, 『중국 문화 스케치』(서울: 숭실대학교 출판부, 2009), 16-17.

이 아닌 다른 민족에 대해 이(夷),[58] 사이(四夷)[59], 변방 민족, 소수 민족 등의 표현을 사용하였다. 이 사상은 배타성과 양면성을 지니고 있다. 중국과 변방의 민족이 다르다는 화이지별(華夷之別) 사상과 함께, 어느 민족이든 중국의 통치를 받아들이면 하나의 나라로 인정해 주는 화이일가(華夷一家)의 성격이 있다.[60] 화이사상은 지금까지 중국이 55개 소수민족을 아울러 자치권을 주면서 통일 국가를 이룰 수 있었던 요인이기도 하다.

세 번째는 중용사상(中庸思想)으로서, 중국인들에게는 매우 합리적인 사고방식이다. 이것은 가치 판단에 있어서 "A가 옳다. 그러나 B도 틀리지 않다."라는 것으로, 중국인은 선택에 있어서 급한 게 없고, 조화, 균형, 원만함을 선호한다. 이런 생각 때문에 만만디(慢慢地)라는 성격을 드러내기도 한다.[61] 이런 중국인의 조화사상으로부터 인간과 자연의 조화를 의미하는 천인합일(天人合一) 사상이 나왔고, 인간과 인간 사이의 중용사상이 나왔다. 중국인은 여유가 있으며 극단과 과격을 경계하고 배격한다.[62] 그래서 중국인들은 극단적인 변화를 원하지 않는다.[63] 도저히 참을 수 없는 상황이 되면

---

58) 이(夷)는 오랑캐라는 뜻이다.

59) 사이(四夷)는 중국인이 옛날부터 중국을 둘러싼 이민족을 4방으로 구별하여 동이(東夷:동방 오랑캐), 서융(西戎:서방 오랑캐), 남만(南蠻:남방 오랑캐), 북적(北狄:북방 오랑캐)이라 일컬었다.

60) 민족정책에 있어서 대한족주의(大漢族主義: 한족이 가장 크다), 민족협애주의(民族狹隘主義)로 인해 소수민족에 대한 압박, 멸시, 장벽이 있었으나, 지금은 외견상 단결을 이루었다. 최동수·최형식, 『중국 중국인 중국 문화』(서울: 광암문화사, 2008), 118.

61) 林語堂, 『만만디, 만만디』, 조양제 편(서울: 덕성문화사, 1991), 288. 慢慢地의 발음은 만만디(mànmàndi)로 '천천히'라는 뜻이다.

62) 정석원, 『불가사의한 중국인: 어떻게 이해할 것인가?』(서울: 도서출판 대흥. 1995), 466-467.

63) 인생관의 논란에서 장준마이(張君勱)는 "천하만사는 모두 보편적인 법칙이 있다고 하지만, 갑은 이렇게 말하고 을은 저렇게 말하고 시비진위가 없는 것이 인생이다. 공자는 도덕 실천을 힘썼으나, 노자는 무위를 주장하고, 맹자는 성은 선하다고 했으나 순자는 성은 악하다고 했다. 칸트는 허무주의를, 벤담은 공리주의를 주장했다. 갑은 옳고 을은 그르다고 보여질 수 없다. 그것이 인생관이고 주관적이기 때문이다." 허남진 박성규, "과학과 인생관(현학) 논쟁", 「인문

변화를 택하게 되는데, 그것은 '혁명'이 된다.[64]

이런 사상적 배경 속에서 중국이라는 커다란 나라가 하나의 국가로 존재할 수 있었고, 이는 중국인의 문화나 삶의 내면에 스며들어 민족 공동체로서의 중국 신자와 정체감을 형성하였다고 볼 수 있다.

3) 중국의 가족제도

중국인의 전통적 가정은 서양의 가정과 많은 차이가 있다. 일반적으로 가족의 개념은 친자로 구성된 생육 집단이지만, 중국에서는 소수의 예외를 제외하고는 한쪽 계통인 부계만을 포함하는 계통이다. 사위와 출가한 딸은 모두 외부인이었다. 5대가 함께 사는 집에서 5대에 걸친 모든 친척이 친족이다.[65] 이러한 부권 제도가 시작된 시기는 당우[66] 시대 이후이다.

가족관에 있어 '가제이후국치(家齊而後國治)'의 원칙이 있었다.[67] 국가에 임금이 있는 것처럼 가정에서 아버지는 가군(家君), 엄군(嚴君)으로 불리며 가정을 통솔했다. 아버지는 부권의 권위나 경제의 역량보다는 존경·효도·우애(敬·孝·友)의 원리를 강조하였고, 이것을 기반으로 부부와 부자, 형제의 관계를 발전시켰다. 부부 관

논총」 제47집, (2002년 8월), 177-207.

64) 김경배, "중국인의 의식구조변화에 관한 연구", 「국제무역연구」 Vol.11, No.1, 한국무역통상학회, (2005), 4

65) 훼이 샤오퉁(費孝通), 『중국 사회의 기본 구조』, 이경규 역(서울: 일조각, 2007), 52-53. 대가족 제도를 사세동당(四世同堂; 4대가 한 집안에 사는 대가족)으로 말한다.

66) 당우(唐虞)는 도당(陶唐)과 유우(有虞)의 줄임말로 당(唐)은 요의 호이며, 우는 순의 호이다. 즉 요순 시대를 말한다. 허세욱, 『中國文化槪說』, 158.

67) 대학(大學) 우경(右經) 1장의 내용으로 '그 몸을 수신한 후에 가정을 바르게 다스릴 수 있고, 가정을 바르게 다스린 후에야 그 나라를 다스릴 수 있다.'의 뜻이다.

계는 서양의 사랑보다는 인연을 강조하며, 인연은 존경 때문에 유지되었다. 부부의 관계를 천지에 비유하여 아내가 남편을 하늘처럼 섬기고, 남편은 아내를 땅처럼 사랑했다. 아들을 생육하는 것도 천지가 만물을 생장시키는 것과 같이 여겼다. 인간의 모든 행위의 근본을 효도에 두고, 인간의 발전을 형제의 번성에 둔 가정 윤리를 중시하였다. 가정은 가문의 계승이며 사회 구성단위이고, 종교적인 의의까지 지니고 있었다.[68]

중국의 전통적 가족관은 위계적 원칙을 철저히 순응하는 피라미드 형태이다. 가장은 한 집안의 황제이고, 황제는 국가라는 거대 가족의 가장이 된다. 그래서 국가 조직을 '나라의 가족'이라는 뜻에서 '국가(國家)'라 했다. 이러한 체제는 전체 조직이 무너져도 늘 다시 합쳐지는 강인한 복원력을 지니게 되었다.[69]

중국 가족제도의 특징[70]은 다음과 같다. 첫째, 부계 중심 사회로 모든 권리가 남자에게 있었고, 재산의 상속도 적자에게만 부여했기에 형제간에는 불평이 있었다. 둘째, 장유존비(長幼尊卑)의 분별이 엄격하여 인격이나 소양을 존중하거나 개발할 수 없었고,[71] 중남경녀(重男輕女)의 관념으로 여자가 희생을 당하였고,[72] 귀족층에서는 일부다처의 횡포도 용인되었다. 셋째, 종족을 중시하여 한 가족으로 보기 때문에 친소 관계가 전도되기도 했고, 종족의 부담 때문에

---

68) 허세욱, 『中國文化槪說』, 158-159.

69) 공상철 외 4인 공저, 『중국 중국인 그리고 중국 문화』, 26.

70) 허세욱, 『中國文化槪說』, 160.

71) 장유존비(長幼尊卑)는 나이가 많고 어림과 높고 낮음을 뜻함. 일반적으로 어른은 존경하고 어린아이는 낮게 여기는 사상이다.

72) 중남경녀(重男輕女)는 남자를 중하게 여기고 여자를 경하게 여기는 사상. 지금도 두 번째 자녀가 여아일 경우 낙태를 하거나, 태어나도 다른 집으로 보내기도 하는 경우가 일어나고 있다.

개인의 발전이 저해 받기도 하였다. 넷째, 가정 경제를 하나의 공통 단위로 보았기에 사리사욕을 억제할 수 있었지만, 생활력을 감퇴시켰다. 다섯째, 온 가족이 서로 협조하는 정신으로 일체가 된 것은 좋은 점이지만, 자녀들의 의뢰심을 조장하는 결과도 초래하였다. 여섯째, 아버지의 권한을 중심으로 가정의 제재의 힘이 자녀들의 결혼을 강제로 진행하여 비극을 초래하는 일이 있었다.

이러한 전통이 현재에는 변화에 변화를 거듭하고 있는 실정이지만, 면면히 흐르는 중국인의 정신세계에 아직도 존재하고 있는 부분들이 있다.

지금까지 중국인의 고유 문화가치를 구성하는 여러 요인에 대하여 고찰하였다. 중국인의 전통적 문화가치는 역사의 흐름과 함께 중국인의 내면에 스며들어 민족성으로 나타나고 있다. 이러한 민족성은 근·현대의 커다란 사건들을 통해 중국인의 사상과 행동을 변화하게 하였다.

b. 중국인의 종교 개념

인간은 '호모 렐리기우스(homo Religious)', 즉 종교적 인간이다. 인간은 하나님의 형상으로 창조됐기에 인간에게 형상과 생명을 부여한 자를 향한 갈망이 있다. 하나님과 세계를 알고자 하는 인간의 본능을 종교성이라 한다면, 인간이 타락하여 인식능력이 부패되고 제한되어 왜곡되고 호도된 형태로 드러난다. 인류가 생존하는 한 인간은 영원히 종교성을 지닐 것이다.[73] 종교, 이데올로기, 철학은 인간에게 세계관을 제공하지만, 그중 종교가 가장 강력하고 다양하

---

73) 안점식, 『세계관·종교·문화』(서울: 조이출판사, 2003), 63-65.

게 인간의 사고와 행동, 가치에 영향을 미친다는 결과가 많은 연구를 통해 도출되었다.

중국인은 유구한 역사를 통하여 광활한 대륙에 들어온 사상과 문화를 대륙 안에서 중국 고유의 사상과 접목하여 중국화하는 탁월한 능력을 보여준다.74) 광활한 대륙에서 주변의 사상과 문화를 흡수하는 데 아주 개방적인 태도를 보인다.

유교와 도교는 중국에서 자생한 철학적 배경을 지닌 사상이다. 그렇게 된 배경에는 인도로부터 시작되어 유입된 불교의 영향이 있다. 이들은 불교의 체계적이고 정교한 교리를 받아들여 사상과 경전 체계를 세우고 발전했다. 중국의 불교는 발생지인 인도보다도 더 발전하여 주변 국가로 퍼져 나갔으며, 유교도 주자(朱子)에 의해 성리학(性理學, 신유학, 주자학)으로서 주변국으로 퍼져 나갔다.75) 마르크스와 레닌의 공산주의 사상도 중국에 들어와서는 중국식 사회주의 이론으로 대륙화하였다. 그러나 중국인의 개방성은 자신들의 가치와 존엄을 인정하는 범위 안에 한정되어 있다.

중국은 모든 종교를 중국식으로 받아들여 중국인의 것으로 만들었다.76) 역사적으로 모든 종교를 받아들였으나 아편전쟁을 시작하여 기독교의 유입과 함께 당한 굴욕의 역사로 인해 기독교의 외국인 선교에 관해서 매우 민감하게 반응한다.77)

---

74) 불교의 핵심교리인 Nirvana를 중국식 발음으로 '니에판(涅槃열반)으로 음역하였다. 이는 노자 장자의'무위無爲 '로 번역된다. 현대에 와서 모든 영어식 고유명사인 외래어를 음역하여 쓰고 있는 현상과 같다. 예를 들어 코카콜라(Coca Cola)를 可口可樂로, KFC를 肯德基(Kěndéjī), 맥도널드를 '麥當勞(Màidāngláo)'로 쓴다. 고유명사인 인명조차 중국식 발음으로 바꾸어 한자화한다.

75) 장광수, "영토(領土)와 민족(民族)을 보는 中國人의 世界觀", 「東洋 禮學」, Vol.13 (2004), 379.

76) 당 태종 시대에 들어간 기독교를 경교(景敎)라는 이름으로 중국화 하였지만 원나라가 멸망하자 소멸되었다.

77) 19세기 중반에 청과 영국 사이에서 벌어진 전쟁으로 제1차 아편 전쟁 (1839~1842), 제2차 아

중국인은 명분을 매우 중요시하는 현실주의자이다.[78] 이 현실성의 바탕에는 중국 땅에서 태어나 이천 년 이상의 역사를 지닌 유교가 있다. 유가의 창시자인 공자도 철저한 현실론자였다.[79] 일반적으로 중국인들은 유교의 인본주의 영향으로 기독교의 내세와 불교의 열반 세계도 믿지 아니하고 이해하지 않는다. 그러므로 인생의 목적이 내세에 있지 아니하고 철저하게 현실적이다. 중국인의 신(神) 개념은 기독교의 신(神) 개념과 다르다. 중국 신화에서 여왜여신(女媧女神)은 한꺼번에 많은 무리를 창조하고, 그들의 생육번식을 구름 위에서 지켜보면서 천륜의 즐거움을 향유하고 있으며,[80] 복희(伏羲, 伏犧) 혹은 포희(庖犧)가 그들이 먹고사는 중다한 문제를 맡았다고 한다. 중국 신화에서의 신(神)의 역할은 인간의 욕구를 채워주는 일이었다.

중국인에게 영혼에 대한 관념은 『역경』의 음양설에 기초한다. 음양은 우주의 가장 원초적인 힘으로 음은 수용적이고 결합적이며 여성의 요소를 갖고 있고, 양은 능동적이고 활동적이며 창조적이고 남성적인 요소를 확장한다. 음양의 관계는 경쟁적이고 보완적이며 긴장 관계이다. 또한, 음 안에 양의 요소가 동시에 있어서 끝없는 상호작용을 되풀이한다고 믿는다. 이러한 관념들이 중국인의 내면

편 전쟁 (1856~1860)이 있었다. 세계적으로 가장 비열한 전쟁이었고, 당시 개신교 선교사들이 통역관으로 조약체결에 관여하기도 했다.

78) 장광수, "영토(領土)와 민족(民族)을 보는 中國人의 世界觀", 3.

79) 정석원, 『불가사의한 중국인: 어떻게 이해할 것인가?』(서울: 대흥, 1995), 461-465.

80) 중국에서는 고대부터 복희·여왜 남매를 민족의 시조로서 숭배해 왔다. 한(漢) 나라 때의 돌에 새긴 그림이라든가 당(唐) 나라 때의 채색한 비단 그림 등에는 복희·여왜 남매가 결합하고 있는 모습이 자주 출현한다. 이들 그림에서는 복희·여와가 상반신은 인간, 하반신은 뱀의 모습으로 나타나고 있다. 홍수 후 남매혼형 신화는 중국에서뿐만 아니라 한국의 함흥 지역에서도 수집된 바가 있다. 고구려 고분 벽화에서도 해와 달을 각기 머리에 인, 복희와 여와로 추정되는 신화적 인물이 등장한다.

깊숙이 자리 잡고 있다.

인간의 제도와 관습, 문화와 종교는 같은 환경에서 그 민족과 함께 오랫동안 있었기 때문에 민족성 또는 가치관에 그대로 드러난다. 그러므로 중국인을 대할 때, 문화적·종교적으로 피상담자를 충분히 이해하고 신뢰 관계를 맺는 것이 중요하다.

c. 현대 중국인의 가치관

가치관은 오랜 시간을 거쳐 형성된 복합적인 문화적 산물이다. 아주 오랫동안 쌓아온 생활의 실천이자 문화의 축적이다. 중국인들이 각종 사물, 현상 등에 대해 중요하게 인식하고 이해하며, 의미하는 정도를 가치관을 통해 이해할 수 있다. 왜냐하면, 이는 사회 문화적 현상의 일부로 문화 체계 속에 함축 융화되어, 사회 체계 안에서 사회화를 통해 구조화되거나 내면화되기 때문이다. 또 가치관은 사회 변동에 영향을 받아 변화하나, 시대적 영속성을 지니고 나타나기 때문이다. 이렇듯 중국인의 가치관을 통해 중국인이 누구인지를 알 수 있다.

중국인의 가치관은 오랜 역사적 전통과 함께 문화 환경, 국민성이 서로 작용하여 민족성 형성의 다층 체계를 이루었다.[81] 중국의 전통적 가치관이 현재의 중국인에게 미친 영향은 다음의 <표 22>와 같다.[82]

---

81) 강준영, 『중국의 정체성: China』(파주: 살림출판사. 2012), 8-10.
82) 강진석, 『중국의 문화코드』(파주: 살림출판사. 2012), 93.

<표 22> 중국인의 가치관

가치관 유형	주요 인물과 학파	가치 기준	중국의 현대적 담론에 적용
도덕 지상주의	공자, 맹자, 송명 유학	내면적 도덕의식	지식인의 도덕적 각성, 정신 가치와 물질 가치의 충돌
공리주의적 가치관	묵가	백성의 이로움	실용주의 노선, 이념의 전환
상대주의적 가치관	노자, 장자	무위의 도, 자연	환경친화적 정책, 다양한 문화의 사상 근거
도덕 무용론	한비자, 법가	강력한 법 집행	강력한 법 집행으로 인권 문제 야기
절충주의적 가치관	왕충	도덕과 힘의 겸비	현실주의적 정책

21세기 현재를 사는 중국인들의 가치관에는 위의 전통적 가치관에 공산화 이후 사회주의 이념이 첨가되었고, 다시 개방개혁 이후에 자본주의 시장경제의 경쟁 이념들이 혼합되었다. 중화인민공화국 탄생 이후 독재 정치와 전체주의적 체제로 인해 현대 중국인들의 가치관에 영향을 끼친 것은 개인과 인격의 상실이었다. 직업의 선택과 거주의 자유가 없었고, 마르크스, 레닌, 모택동의 사상에 근거해야 했었다.

당대의 중국인들은 그들이 겪은 경험에 따라 세 가지 세대로 구분할 수 있다.[83] 즉, 현재의 중화인민공화국을 탄생시킨 '혁명 세

---

[83] 센고쿠 다모쓰, 딩치앤 공저, 『中國人의 價値觀: 중국인의 내면세계와 행동양식』, 황원권 역(서울: 을유문화사, 1995). 중국과 일본의 학자가 공동으로 조사 연구한 것으로, 세 부류의 세대가 공통적으로 소유한 특징은 첫째, 양다리 걸치기 처세술, 둘째, 가족 외에는 강한 불신감을 느끼며 자기 개방을 하지 않았다. 가족은 수많은 전쟁 속에서도 중국을 유지하게 하였다. 셋째, 경제 성장과 사회적 안정으로 빈부의 차이가 심해졌다는 것, 성 개방과 연애관의 급변으로 애정이 없으면 이혼한다는 사회적 이상 풍속들, 넷째, 중국인의 관계에서 연줄, 연고 관계를 이용해서 돈을 벌기에 혈안이 되었고, 다섯째, 강한 배금주의 의식으로 정치사회에 대한 무력감으로 배금주의 의식들이 강하고, 여섯째, 자신의 책임으로 여기지 않고, 국가나 조직에 철저히 의존하는 경향이 많다. 일곱째, 중국인은 대체로 인간관계에 있어서 개인의 신상 문제는 누구와도 상담하지 않는다. 여덟째, 노동관과 윤리에 대하여, 중국인은 전반적으로 게으르다. 중국

대'인 노년층과 험난한 문화대혁명 시대를 지나온 중년층으로서 '문혁 세대', 청년으로서 개혁개방을 경험하고 천안문 사건의 주역으로 자본주의를 갈구하던 '개혁 세대', 여기에 개혁개방(改革開放) 이후 태어난 2, 30대 젊은 세대인 '신세대'로 나눌 수 있다.[84] 개혁개방 이전과 이후의 가치관 변화는 다음과 같다.

> 첫째, 중국은 집단, 즉 직장이나 단위 본위의 경향에서 개인 체제로 변화하였다. 이상주의적이며 정치적으로 국가나 사회이익에 절대 복종하는 인생의 목표가 현실적이고 개인 위주의 인생관으로 바뀌었다. 둘째, 전통적 도덕규범과 준칙이 느슨해지고, 도덕적으로 관용이 증가하게 되었고, 개인의 물질적 소유욕과 정신적 욕구가 인정되어 배금주의 사상이 급속히 성장했다. 셋째, 정치적 가치관에 있어서 개인의 자주적 의식, 민주 의식, 참여의식이 높아지고, 절대적 정치권위가 하락했으며, 정치적으로 합리화 경향이 증가했다. 넷째, 결혼과 성에 대한 가치관은 성의 개방으로 인하여 성도덕에 관대해졌고, 자유, 연애결혼이 급속도로 확산되었다. 다섯째, 직업가치관에 있어서 보수(즉, 급여)가 직업평가 중 가장 중요한 표준이 되었다.[85]

네 번째 세대인 신세대는 개방개혁 이후 태어난 젊은 세대들이다. 이들은 정부의 산아제한 정책인 '계획생육(計劃生育)'으로 인해 태어난 80년대 이후 세대와 90년대 이후의 세대이다. 이들은 주로 외동 자녀로 '소황제(小皇帝)', '소태양(小太陽)'으로 불리며 성장했다.[86] 현재 청년 세대를 이루고 있는 이들은 학력과 사회계층을 중

인은 유교의 영향으로 노동을 천시하며 품위가 없는 것으로 여기고, 외면적 품위를 강조하는 경향이 있다. 체면을 중시하는 이중적인 삶의 성격을 배태하는 듯하다.

84) 이 신세대를 신성대(新生代)라 부른다. 李根穩, 『中國新生代』(北京: 中國財福出版社, 2015).

85) 陸學藝 편저, 『21세기 중국사회의 전망』, 金成熺 역(서울: 도서출판 주류성, 1996), 361.

86) 현재 80후(80后) 세대는 1억8천 명에 해당하며, 90후는 1억9천만 명에 이른다. 엄옥순, "중국 기독교인의 상담 인식 분석에 관한 연구",「성경과 상담」한국성경적상담학회, 제14권 (2015),

시하고, 해외 유학과 여행 경험이 풍부하며, 삶의 즐거움을 추구한다. 자기중심적이고, 개방적이며, 글로벌 추세(Global Trends)에 동조하고, 유행을 추구한다.[87] 자본주의 경제와 인터넷, 스마트폰의 영향으로 시장경제, 개성화, 브랜드, 세계화 등에 노출되어 살고 있다.[88] 중국 난징(南京) 대학교의 사회학 교수인 펑사오톈(風笑天)은 이들 젊은 세대의 특징을 아래와 같이 정리하였다.

> 외동 자녀들은 대부분 자기용납을 잘하고, 사회·도덕상 소질이 양호하고, 자기 개발 욕구가 강하며, 관심과 흥미의 범위가 넓은 것이 강점이다. 동시에 인격적인 면에서는 공격적이며, 성취욕이 비교적 낮고, 일부는 자기용납에 장애가 있고, 개인의 도덕적인 면에서는 창조성과 독립성, 근면성과 성실성의 면에서 약점이 있고, 인지(認知)에 대한 욕구가 비교적 약한 것이 단점이다.[89]

기성세대들은 기독교를 양교(洋教)라고 인식하고 배척하지만, 이 청년 세대들은 문화적으로 개방적이기에 기독교도 하나의 서구 문화로 여기며, 기독교를 믿는 것에 개방적이다.[90] 그러나 이 젊은 세대의 신(神)과 우주의 기원관은 중국의 전통적인 가치관과 도교, 유교, 불교의 영향 아래 있음이 드러났다. 특히 '내세(來世)의 유무'

---

136. 소황제(小皇帝)란 응석받이로 자라고(娇生慣养), 오만방자하며, 고생을 모르고, 자기관리 능력이 지극히 떨어지며, 모든 면에서 자기중심적인 것을 의미하는 것으로 비뚤어진 외동자녀를 지칭하는 말로 사용된다. 風笑天, "中國獨生子女研究:回顧與前瞻", 「中國社會與研究」, 社會科學文獻出版社, (2004), 646.

87) 譚皓月, "중국 신세대 소비자 라이프스타일의 연구", (석사학위논문, 서울대학교대학원, 2012), 28.

88) 함태경, 『알았던 선교 몰랐던 중국』(서울: 두란노, 2015), 119.

89) 風笑天, "中國獨生子女研究:回顧與前瞻," 641-642.

90) 최근에는 80이후와 90이후의 세대를 묶어 '니아오차오(鳥巢: 새집이란 뜻으로 베이징 올림픽 주경기장의 새집 모양) 세대'로 부르기도 한다. 이는 베이징올림픽 때 적극적으로 자원봉사 활동을 펼쳤기 때문에 앞으로 중국을 이끌어 갈 원동력이란 긍정적인 뜻이 내포되어 있다.

에 대한 질문에서 기독교인을 포함해서 대다수가 믿지 않고 있는 것을 보면, 중국인의 가치관이 매우 현세적이며 현실적인 것임을 알 수 있다.[91]

종교는 인간의 사고와 행동, 가치관에 큰 영향을 미친다. 중국인의 전통적 가치 개념은 사회주의 혁명과 문화대혁명을 거치면서 겉모양은 사라져 갔지만, 각 세대를 걸쳐 중국인의 내면에 유교, 불교, 도교의 사상이 잠재되어 있음을 볼 수 있다.

3. 타문화권 중국과 성경적 상담의 필연성

(1) 상담이 요구되는 중국의 상황

a. 현대 중국 사회의 변화

개방개혁 이후 중국 사회는 사상과 이념보다는 모든 방면에서 물질적 욕구인 경제발전이 최우선이 되었다. 경제발전에 장애가 된다고 여기는 것들을 과감하게 제거하고, 농업경제 기반에서 제조업과 서비스업 기반으로, 계획경제에서 경쟁적인 개방 시장경제 체제로 바뀌었다. 이런 와중에 중국 사회는 많은 문제가 드러나고 있다. 특히 현대 사회의 산업화와 도시화 현상에서 초래된 여러 문제가 급격하게 나타나고 있다.

첫째, 산업화 현상이다. 중국은 '제12차 5개년 계획(2011~2015년)'을 완성하고 '제13차 계획(2016~2020년)'을 진행하고 있다. 이

---

91) "응답자의 53.3%가 내세를 믿지 않으며, 28.3%만이 내세를 믿는다고 응답하였다. 전체 응답자의 73.7%가 기독교인이라는 사실을 생각하면 그 어떤 항목보다도 심각하게 생각해야 할 부분이다." 김종구, "재한 중국인 유학생의 세계관에 관한 연구", 121.

미 농업 중심에서 공업 중심의 사회 경제 질서로 전환되었다. 도시 외곽에는 많은 공장지대가 있고, 점점 그 외곽으로 확대되어 형성되고 있다. 이들의 수요에 맞추어 농촌에 살던 젊은이들이 연안 지역의 도시와 공장지대로 몰려들었다. 공업화와 개발 정책은 서부지역으로 점점 확대되어 가고 있다. 그러나 공업화로 인해 야기되는 생태계의 파괴는 대기오염과 수질오염 등 환경문제를 심각하게 만들었고, 봄철의 황사에 실려 오는 중금속 함유량은 갈수록 더 늘어나고 있다. 산업화 현상은 기술을 하나의 권력으로 여기고, 과학만능주의라는 하나의 이데올로기를 만들어 가고 있다. 이러한 현상이 가정에 미치는 영향도 크다. 인간의 존엄성이 경시되고 과학만능의 가치관이 팽배해지고, 배금주의 사상으로 돈의 가치가 이념의 가치보다 중요함을 심어주고 있다.[92]

둘째, 도시화 현상이다. 1949년 10월, 중국의 도시화율은 10.6%이었으며, 중국 인구 중 90%가 농민이었다. 개혁개방이 선언된 1978년 말에 도시화율은 17.9%였다. 이후에는 도시화 속도가 가속하면서 2015년에는 도시화율이 56.1%였다. 인구의 반이 도시에 거주한다는 것이다.[93] 도시화로 인해 대규모 인구 이동 현상이 일어나고 있다. 북방의 농촌인구가 대도시인 베이징(北京), 톈진(天津)으로, 중서부 지역의 농민들은 상하이(上海)를 중심으로 장강(長江, 양쯔강) 삼각주로, 남서부 지방의 농촌인구는 광저우(廣州)를 중심으로 주강(珠江) 삼각주로[94] 이동하였다. 도시화 현상으로 드러난

---

92) 센고쿠 다모쓰・딩치앤 공저, 『中國人の價値觀』, 249.

93) 박인성, "개혁기 중국의 도시화 경험", 「역사비평」, No. 115, (2016년 여름), 79.

94) 주강삼각주는 주강 하구의 광저우, 홍콩, 선전, 마카오를 연결하는 삼각지대를 중심으로 하는 지역이다. 경제 특구인 광조우, 선전, 둥관(東莞) 등에 홍콩, 한국, 일본 기업체가 진출하여 PC・전기제품 등을 제조하는 외자 기업의 공장이 많다.

문제점에 대해 중국 전국인민정치협상회의(中國政協) 위원 겸 중앙 농촌공작영도소조(中央農村工作領導小組)의 천시원(陳錫文)은 아래와 같이 발표하였다.

> 도시화로 인해 자원 및 환경문제가 발생하였고, 토지, 대기, 수자원이 오염되었으며, 도시화 과정에서 인간의 주체적인 지위가 경시되었다. 즉, 많은 농민이 이미 도시에 전입하였으나 진정한 의미의 도시 시민으로 인정되지 못하고 있으며, 인간 중심의 도시화를 완성하지 못하였다.[95]

더구나 계속되는 도시화 정책은 여느 나라와 마찬가지로 식량 자급 문제, 농업의 고부가 가치화와 농지의 보존 문제, 도시와 농촌 간의 빈부격차 문제, 혐오시설의 농촌 지역 설치 등으로 인해 갈수록 사회 문제가 되고 있다. 현재 중국의 도시화 정책은 대도시 중심에서 중소도시로 확대되어 재개발과 재건축이 붐을 이루고 있다. 이에 따른 빈부격차로 인한 사회 불만으로 '묻지마식 살인'이 자행되고 있으며,[96] 도시 내부나 외곽지대의 빈민층들의 문제는 갈수록 심각해지고 있다. 게다가 고질적인 마약과 알코올 등의 중독 문제도 점차 확대되어 사회 문제로 떠오르고 있다.[97]

셋째, 농민공(農民工)[98]의 출현이다. 현재 농민공의 숫자는 2억 8

---

95) http://news.xinhuanet.com/2013lh/2013-03/07/c_124427406.htm 新華網 2013년 3월 7일

96) 중국 하얼빈시에서 남성(2009. 11. 30.), 3월부터 5월 중순까지 6차례 '묻지마식 살인'이 발생 (2010. 6. 18), 중국 랴오닝성 안산시(2011. 4. 15.), 중국 산둥성 자오위안성의 한 맥도널드 매장에서(2014. 5. 31.) 엘리베이터 안에서(2015. 1. 24.), 제주시 성당 안에서 한 중국인의 행위이다(2016.9.18.).

97) 엄옥순, "중국의 약물중독 현황과 앞으로의 과제", 「한국약물재활복지학」. 제 2호 (2011): 267-282 참고하라.

98) "농민공 또는 민공(民工)이란 도시로 진입하여 주로 건설현장의 잡부나 보모, 유흥업소 종업원 등 도시 내 비공식 부문의 비정규직이나 계절성 노동에 종사하면서 도시 내 그늘지대에 거주하며 떠돌고 있는 농민군체(農民群體)를 가리킨다. 2015년 말 중국 내 농민공 수는 2억 7,747

천만 명으로 조사되었다. 도시화는 개발도상국의 경제발전에서 필수적인 사항이라고 하지만, 자신의 고향을 떠나 도시 주변인이 되는 농민공의 문제는 갈수록 심각해지고 있다. 특히 이전에는 제조업과 도시 건설 현장에서 일하던 남성 농민공이 주를 이루었는데, 이제는 3차 산업인 서비스업에 종사하는 여성 농민공(남성: 66.4%, 여성: 33.6%)이 늘어나고 있다.[99] 이러한 상황에 농촌에 남아있는 자녀들은 유수아동(留守兒童)이라 불리고, 도시로 나간 부모를 따라 부모와 함께 살고 있지만 도시 외곽에 방치된 아동들은 유동아동(流動兒童)이라고 명명하게 되었다. 이들 아동의 수는 거의 1억 명에 달하고 있으며,[100] 사회의 또 다른 문제로 드러나고 있다.[101]

특히 유동아동의 경우 중국의 호적제도에 따라 의무교육의 혜택을 받지 못하며, 의료 시설의 도움을 받지 못한다. 이들의 심리 문제가 갈수록 심각해지고 있다. 유수아동의 문제점은 장기간 부모 부재로 인해 외로움으로 인한 심리적 불안과 자신감 결여, 우울감과 대인기피 등의 사회성 문제, 자포자기와 감정 폭발 등이 있으며, 이후 사회 문제가 될 수 있음이 염려된다.[102] 또 부모와 함께 도시

만 명으로 전년대비 1.3% 증가했고, 이중 1980~90년대 이후에 출생한 소위 '신세대(新生代) 농민공' 비중이 약 70%를 점했다. 신세대농민공은 도시에서 태어났어도 도시의 호구를 얻지 못한다. 박인성, "개혁기 중국의 도시화 경험", 96-97.

99) "统计局: 我国农民工2.8亿, 月均收入3072元", 21 世紀網, 2016.04.28. 2017년 4월 12일 접속. http://www.stats.gov.cn/tjsj/zxfb/201604/t20160428_1349713.html.

100) 엄옥순, "중국 기독교인의 상담 인식 분석에 관한 연구", 135.

101) "2010년은 신세대 농민공문제가 '중앙 1호 문건'을 통해 중국사회에 공식적으로 등장했다. 중국최대의 OEM기업인 폭스콘에서 2010년 1월 23일부터 15명의 신세대 농민공이 투신하였고, 2010년 5월 17일 광둥성 포산시 난하이혼다자동차 부품공장에서는 파업이 발생했다. 사건의 주동자는 후난성(湖南省) 출신의 신세대 농민공이며 기업과 협상을 이끈 것도 신세대 농민공이었다." 김경환, "중국 신세대 농민공의 상태와 사회갈등", (박사학위논문, 부경대학교 대학원, 2012), 130.

102) "現在缺乏自信和心理安全感, 內心封閉' 情感淡漠' 心理承受能力差' 不合群' 不善交往' 抑鬱 自卑等方面, 有的甚至對父母充滿怨恨' 逆反心理嚴重等" " "孩子因此變得孤僻' 抑鬱, 甚至有

로 나가 생활하고 있는 농민공들의 가족 문제도 매우 심각하다. 이들은 도시 외곽 주변의 빈민층으로 전락하여 주택 문제, 교육 문제, 의료 문제 등을 일으키고 있다. 이렇듯 많은 문제가 발생함으로 인해 정부에서 이를 주목하고 완화되고 있다고 하지만, 농민공의 자녀들은 중국의 호구제도로 인해 출생 지역 이외의 학교에 입학하는 데 어려움이 있다.

넷째, 정보화 현상이다. 중국의 인터넷 인구는 7억 3100만 명으로 전체 인구(약 13억 4천만 명)의 53.2%를 차지하였다.[103] 그중 64.1%가 인터넷을 통해 물건을 사고파는 결제 수단을 사용했고, 모바일 인터넷 이용자 6억 5,600만 명 중 4억 2,445만 명(64.7%)이 모바일 결제를 한 것으로 집계되었다. 컴퓨터와 모바일의 보급은 여러 순기능과 역기능을 불러일으키고 있다. 현금이 없어도 이동 전화로 모든 것이 가능하다. 또 인터넷 채팅 연애를 통해 결혼하지만, 워낙 다민족, 다종교 사회인 중국인지라 결혼 후에 심각한

被遺棄的感覺, 他們多數人際交往能力較差, 很難融入正常的同齡人群體, 在旣得不到家庭溫暖, 又得不到社會關愛的情況下, 靠自己對生活及社會的理解生活並發展自己, 所以容易導致感情脆弱′自暴自棄′焦慮自閉′缺乏自信′悲觀消極等畸形心理′"(자신감과 심리적 안정감이 부족하고, 마음을 닫고, 감정이 메마르며, 심리적으로 수용능력이 낮고, 많은 사람과 어울리지 못하고, 우울과 자기비하가 있고, 부모에 대해 원망이 가득하고, 역반응 심리가 심하다. 고독감과 우울, 버려짐에 대한 감정, 다른 사람들과 교제하는 능력이 많이 떨어지고, 같은 또래의 아이들과 정상적인 융화에 힘들고, 소외감과 대인 기피 능력, 열등감, 자포자기, 자신감 결여, 이기적인 심리 상태 등 기형적인 심리 상태를 나타낸다.)

103) 중국인터넷네트워크정보센터(CINIC: China Internet Network Information Centre)는 '인터넷 발전 통계 보고서'를 2017년1월12일 발표하였다. "CNNIC发布第39次 ≪中国互联网络发展状况统计报告≫" 2017년 11월 21일 접속.
http://www.cnnic.cn/gywm/xwzx/rdxw/20172017/201701/t20170122_66448.htm
심지어 길가에서 파는 것까지도 위챗(WeChat, 微信)을 통해 결제한다. "2016년 6월 말 기준으로 중국 최대 쇼핑 축제인 올해 광군제(光棍节, 매년 11월11일)의 온라인판매 전체 금액은 1,770억 4,000만원(인민폐)으로 전년대비 44% 증가했으며, 최대 판매 플랫폼인 티몰(Tmall)의 판매액은 1,207억원(인민폐)로 전년대비 32% 증가하였다."
http://csf.kiep.go.kr/issueInfo/M002000000/view.do?searchCategory=CD00000150&articleId=21034&page=3&searchKey=&searchString= 2017년 4월 10일 접속.

문제들을 드러내고 있다. 아동과 청소년에서부터 성인에 이르기까지 인터넷 중독이나 게임 중독의 문제도 심각하다. 이들 중독자에게 사이버 공간은 현실에서 도피하는 공간이 되기도 하고, 가상사회와 현실을 구분 못 하고 발생하는 문제들로 매우 심각한 상황이지만, 해결할 힘이 없다.

산업화로 인한 인간의 존엄성이 이전보다 더 약화되고, 도시화 현상으로 도시 빈민이나 농민공의 문제 등이 드러났으며, 소비화와 정보화 현상으로 인해 빈부의 격차는 갈수록 더 커지게 되었다. 세대 간의 격차도 갈수록 심각해지는 상황에서, 정부는 중국인의 심리 문제의 중대성을 인식하게 되었다. 이러한 문제 해결을 위해 대학의 심리학과를 육성하고 있으며, 여러 관련 기관과 학회가 설립되었다. 그 예로 2008년부터 매년 '심리위생 학술대회(心理衛生學術大會)'를[104] 열어 서로의 연구와 의견을 교환하고 있다. 또한, 해외의 심리정신 분야 전문가들을 초청하여 문제점들을 다루고 교류하고 있다. 보도로는 1억 9천만 명이 전문 심리상담사나 심리치료사를 한 번 이상 찾은 것으로 조사되었다. "지적장애나 심리장애로 앓고 있는 환자가 1천 6백만 명 이상이며, 1억 5천만 명의 청소년 인구 중에 3천만 명의 청소년들이 정서적 스트레스로 인해 곤란을 겪고 있는 것으로 집계되었다. 1990년에는 2천 5백 6십만 명의 우울증 환자가 있었으며, 그중에 5%는 치료되었고, 15%는 자살 경향이 있는 것으로 나타났다고 보고되었다."[105] 이러한 숫자는 갈수록

---

104) http://www.nacp2017.org 2017년이 제 20회 대회이다.

105) 陳曉雪, "中國社會的心理問題" 2015.6.27. "大槪有1.9億人在一生中需要接受專業的心理咨詢或心理治療° 據調査, 13億人口中有各種精神障礙和心理障礙患者達1600多萬, 1.5億靑少年人群中受情緖和壓力困擾的靑少年就有3000萬 中國每年自殺死亡的人數已達28.7萬人, 每年有200萬人自殺未遂者; 1990年中國2560萬例抑鬱症患者, 僅有5％得到治療, 而15％的抑鬱症患者抱有自

증가하고 있다. 현재 중국도 고령화 사회가 빠르게 진행되고 있으며, 노인 자살의 숫자도 증가하고 있다.[106) 중국에서의 약물 중독 (주로 마약과 알코올) 문제는 아주 오래된 현상이지만, 구체적인 해결책은 거의 없다. 지역마다 '제독소'를 운영하고 있지만 수용자는 출소 이후 다시 들어가는 것을 반복하고, 결국 죽음에 이름이 보도되기도 한다.

중국은 유물론 사상으로 인해 심리적 문제를 다루기 시작한 것은 그리 오래되지 않았다. 최근 개혁개방 이후 비로소 폐지되었던 심리학과를 설립하고 대학마다 관심 학과로 육성하고 있는 실정이다. 그러나 심리 문제는 정신과의 약물 치료나 입원 치료만으로는 가능하지 않다. 특히 유물론과 진화론의 신앙을 가진 중국인에게 프로이트의 정신분석학은 또 하나의 핵심적 유물론 사상이 되었다. 그러나 프로이트의 정신심리학은 종교가 필요 없으며, 인간은 스스로 인생을 이해하고 인류를 향상시키는 좋은 토대를 제공해줄 수 있다고 약속했지만,[107) 진정한 문제 해결은 아직도 묘연하기만 하다.[108)

殺傾向° 中國科學院心理研究所吳瑞華研究員認爲, 缺乏從事心理咨詢的專業人才是造成我國自殺率相對較高的原因之一" 엄옥순, "중국 기독교인의 상담 인식 분석에 관한 연구", 137. http://www.21ccom.net/plus/wapview.php?aid=126158.

106) "2014년 제7회 '심리위생 학술대회'의 주제는 노인들의 자살 문제를 다루었다. 老年人成爲我國自殺率最高人群" 2014년 8月16日 보도. 2017년 4월 15일 접속. http://tv.people.com.cn/BIG5/n/2014/0816/c39805-25477743.html

107) Eric I, Johnson 외 7인, *Psychology & Christianity: Five Views*, 김찬영 역, 『심리학과 기독교는 어떤 관계인가』(서울: 부흥과개혁사, 2012), 29-30.

108) "의학이라는 과학이 현재 정신의학의 성경으로 평가되는 '정신질환진단분류체계(DSM)라는 획일적인 분류체계에 의거하여 문화적인 다양성과 특이성을 무시하며 정신질환들과 이에 대한 생의학적 설명모형들과 정신약리학적 치료제들까지 수출하고 있다. 그 약물의 부작용으로 인한 고통은 더욱 더 약물의존을 가중시키고 있다." Ethan Watters, *Crazy like US: The Globalization of the American Psyche*, 김한영 역, 『미국처럼 미쳐가는 세계: 그들은 맥도날드만이 아니라 우울증도 팔았다』(서울: 아카이브, 2011) 참고하라.

b. 상담이 필요한 중국 사회 문제

중국 사회의 빠른 변화와 변동은 중국인의 가치관을 변화하게 하였고, 가정의 문제를 야기했으며, 점차 사회 문제로 확대되어 심각한 수준에 이르렀다.[109] 중국 정부에서도 날로 심각해지는 사회 문제를 해결하기 위해 상담의 필요성을 깨닫고 '국가 2급 심리상담사(国家二级 心理咨询师 Counseling Psychologist) 제도'를 실시하고 있다.[110] (2017년 국가자격증 제도는 중단되었지만, 자격증 효력은 지속된다.)

먼저 상담이 필요한 중국 사회의 문제점을 구체적으로 살펴보면 다음과 같다.

첫 번째 문제는 '가정의 붕괴와 이혼율의 증가'이다. 현대의 중국 가정은 전통적 대가족에서 이미 부부 중심의 핵가족으로 변하였

---

109) "중국 대도시의 높은 이혼율은 경제성장의 결과라고 하지만, 소수민족자치구와 동북지역은 문화적, 역사적 차이가 정책과 얽혀 이혼율은 차이가 있다. 신장지역은 위구르족 결혼풍습과 이슬람의 종교적 가르침으로 높은 이혼율을 나타내고, 티베트는 고유한 귀족문화와 사회계층 차이를 이유로 낮은 이혼율을 나타낸다. 동북지역의 경우 마오(毛)시기의 잔재로 국유기업이 많이 남아있던 상태로, 다른 지역에 비교하여 국유기업 개혁정책으로 인한 실업이 지역사회에 미친 영향이 매우 컸다. 실업과 이혼이 가진 밀접한 관계는 개혁개방 이후 높은 실업률의 타격을 입은 동북지역의 이혼율 증가에 상당부분 이바지하였다." In Sun Yoo, "Break Up to Make Up: China's Divorce Trends and Regional Disparities Since 1980", (석사학위논문, 서울대학교 국제대학원, 2015), 56. 동북지역의 높은 이혼율은 남성의 실직 이후 여성의 한국 취업으로 이어져서 이혼율 상승에 많은 영향력을 제공했다.

110) 趙旭東 외 2인, "關于心理諮詢與醫療的職業化發展中的問題及建議", 「中國心理衛生雜誌」, 2005年, 제 19권 제 3期, 221-225. 심리상담사는 국가의 인력자원과 사회보장부(人力資源和社會保障部)에서 담당하여 실시하고 있으나, 전문대학 졸업이상이면, 3, 4개월의 집중수업으로 자격증을 취득할 수 있다. 상담의 수요는 갈수록 많아지고 있지만, 전문상담사가 절대적으로 부족한 상태이다. 현재 중국 심리상담사 규정에는 한 시간에 60원(인민폐)이지만, 베이징 무역센터 중심에서는 매시간 100불(달러)의 비용을 요구하기도 한다. 난징(南京)은 시간당 평균 100~200원, 중칭(重慶), 우한(武漢), 창사(長沙) 등지에서는 50~150원, 수저우(蘇州)는 200원에서 500원까지 시간당 상담 비용이 많이 들어가고 있다. 부부문제로 상담을 할 경우, 일회기에 두 시간이 소용되며, 500원의 상담비가 책정된다. 現在國家規定的心理咨詢收費標准爲每小時60元, 而實際的咨詢費用一般爲每小時50元至150元, 甚至更高° 在北京的一些CBD商務區內, 咨詢收費往往會達每小時100美元, 在南京, 平均收費100—200元/小時° 重慶´ 武漢´ 長沙 等地, 一次心理咨詢收費一般是50－150元, 而在蘇州等地起價爲200元, 最高500元：心理治療的費用相對要高一些, 如果是婚姻問題, 並且由資深治療師治療, 每次兩個小時, 500元/小時：如果是其他問題, 資深治療師收費400元/小時, 普通治療師300元/小時° 2016년 1월 기준.

다. 핵가족은 부부간 관계를 지지해 주는 다른 사회적 연대로 부모, 형제 등의 관계가 없으므로 오직 사랑만이 부부 관계의 버팀돌이 되었다. 그러나 이 사랑의 강조가 이혼율을 높이는 원인이 되고 있다. 부부가 더 사랑을 느끼지 못하면 결혼 관계의 파괴를 정당화하기 때문이다. 특히 이혼하는 계층은 자기중심적인 80년 이후 출생한 외동 자녀들이며, 더구나 2003년 혼인법 개정으로 이혼 절차가 간단해진 것도 이혼을 쉽게 하는 원인이 되고 있다. 또한, 사회관계 서비스망(SNS)의 범람으로 낯선 사람과 쉽게 만나 불륜으로 이어지는 것도 한 원인으로 드러났다.[111] 이혼 이후의 경제 문제, 이혼 자녀들의 문제, 한부모가정의 자녀 성 역할과 정서 문제, 청소년 문제도 해결해야 할 과제들이다.

두 번째 문제는 '한 자녀 문제'이다. 계획생육(計劃生育) 정책은 인구 억제책으로 한 가정에 한 자녀만을 허용하도록 한 법적 조치였다. 그러나 최근에는 젊은 노동인구의 감소로 인해 다시 두 자녀를 허용하였다. 현재 한 자녀 가정이 전체의 1/3을 차지하고 평균 가족 구성원은 3.1명에 불과하며, 이에 계획생육 정책으로 태어난 세대는 결혼한 후 1인이 2명의 부모와 4명의 조부모를 부양해야 하는 이른바 '4-2-1' 사회적 구조가 중국에서 보편화하였기 때문이다.[112] 그럼에도 젊은 세대는 결혼 후 출산을 고려하지 않는 추세이다. 또한, 낙태 시술이 합법적이기 때문에 심리적 부담을 안고 낙태를 시행한다. 낙태는 잠재적 가족 구성원에 대한 살인으로 심리

---

111) "离婚人数12年连涨 社交工具成 "新杀手": 去年全国363.7万对夫妻离婚, 北京55944对 "领跑"全国, 闪婚闪离情况增多 "중국의 이혼율은 2003년에 비해 3배로 증가한 것으로 2014년에 384만 쌍이 이혼하였다. 중국 신경보(新京報), (2015년 7월 5일), A07면.

112) 30년간의 계획생육 정책으로 젊은 노동력과 노인부양문제가 커지자 양쪽 부부가 모두 외동일 경우에 두 자녀를 낳을 수 있다고 법(單獨二胎)을 개편하였다.

적 부담감 때문에 상호 비난과 의사소통의 단절 등 외상 후 스트레스 장애 요인이 되기도 한다. 현재 성 개방과 성적 자유로 인해 인공 유산의 연령대가 점차 낮아지고 있다.

세 번째는 '고령화로 인한 노인 문제'이다. 중국은 60세 이상의 노인 인구가 1.94억 명에 달해 세계에서 노인이 가장 많은 나라이자 고령화 속도가 가장 빠른 개발도상국이다. 한국을 제치고 세계 1위이다. 1980년대에 시행된 산아제한 정책의 결과가 '4-2-1' 사회적 구조를 만들어 내었고, 젊은이의 노인 부양 부담이 늘어가는 사회 문제로 거론되고 있다. 자녀가 없이 홀로 지내는 노인들이 고가의 의료비 때문에 고독사하거나 자살하는 사건들이 종종 보도되고 있으며, 이를 방지하기 위해 노인복지 정책을 수립하고 있지만, 시행 여부는 일부 지역, 일부 계층에 한정되고 있다. 계획생육 정책이 일부 폐지되었지만, 고령화의 추세를 돌이키기에는 너무 늦었다는 진단이다. 남녀 성비 불균형도 저출산의 원인으로 거론된다.113)

네 번째로 중국의 사회갈등 요인으로 지목되는 '양극화 현상'이다. 도시와 농촌 간의 소득 격차, 대다수 인민의 저임금, 빈부 차이로 인해 교회에서도 양극화 양상이 드러나고 있다. 농촌 교회의 신자들은 노인과 유수아동들이며, 젊은이와 그들의 부모는 도시로 나가 노동(打工)을 하고 있어, 현재 농촌 신자 수는 줄어들고 있다. 게다가 중국의 호구제도로 인해 농촌 지역 출생 자녀들은 대도시 초등학교에 입학을 불허하고 있으며, 그 도시 출생이 아니면 그 지역에서 소규모 사업조차 하기가 어려운 실정이다. 그리하여 도시

---

113) 이영숙 외, "한국 노인과 중국 노인의 라이프스타일 비교: 한국의 전북지역과 중국의 遼寧省을 중심으로", 「한국노년학」 제21권 2호, (2001), 53-69.

주변 농민공 가정교회는 자녀들의 학업과 생계를 고민하고 있다.

중국 교회는 신자의 숫자나 규모 면에서 타 국가의 교회와는 그 양상이 다르다. 핍박으로 인한 그들의 고난을 이해하지 않고 겉으로 드러나는 예배의식이나 예배당 내지 모임의 처소 등, 외형적인 면으로 판단해서는 안 된다. 또한, 정책에서도 지역마다 그 특색에 따라 적용되기도 한다. 어느 한 지역을 보고 중국 전체를 판단해서는 안 된다.

(2) 타문화권 중국에서 성경적 상담의 필연성

a. 중국 교회의 변화

1949년 중화인민공화국 출범 이후 중국 정부는 모든 종교를 '종교사무국'에서 관리한다. 중국 기독교의 교회는 국가의 관리 대상이 되었으며, 개방 이후 해외 사업의 중요성을 인식하고 '종교 사업'을 중시하기도 하였다.[114] 중국은 국가가 5대 종교를 인정하고 종교 신앙의 자유를 헌법으로 규정하고 있다.[115] 그러나 종교 활동에 있어서 많은 규제가 내포되어 있다.

중국 교회는 변화하고 있다. 핍박을 견디어 온 가정교회는 경제

---

114) 왕쓰웨(王嗣岳), "최근 중국공산당의 종교사업에 대한 중시와 태도(1988-1993)", 「신학논단」, Vol.22 (1994), 313.

115) 2017년 국무원에 의해 통과된 <종교사무조례>는 이전보다 더욱 세밀하게 규정하여 통제를 강화하였다. 총 9장 77조로 세분하여 세밀하게 구체적으로 규제하고 있다. 제1장 총칙: 제1조. 공민의 종교 신앙 자유를 위하고, 종교와 사회의 조화와 화목을 위하여, 종교사무 관리 규범을 정하여, 종교사무 법치의 수준을 높이기 위하여, 헌법과 관계 법률에 의거하여 본 조례를 제정한다. 제2조. 공민은 종교 신앙 자유를 가진다(그 어떤 조직 혹은 개인이라도 공민에게 종교를 신앙 혹은 불신앙하도록 강요할 수 없고, 종교를 신앙하거나 불신앙하는 공민사이에 마찰이 일어나게 해서는 안 된다. 신앙을 가진 공민이나 불신앙의 공민, 서로 다른 종교를 신앙하는 공민은 마땅히 서로 존중하고 화목해야 한다). 제4조. 국가는 법에 의거한 정상적인 종교 활동은 보호하고, 종교가 사회주의 사회에 적응하도록 적극적으로 인도한다.

부흥과 함께 예전과는 달리 내적으로 경제적인 힘이 생겼으며, 외적으로 신자의 수적 증가로 인해 많은 역량이 생겼다. 특히 도시가정교회는 인적, 물적 자원이 풍부하게 되어 막강한 힘을 발휘하고 있다. 이전의 가정교회는 주로 농촌 지역을 중심으로 노인과 부녀자 계층이었으나, 개혁개방 이후 급속하게 도시화를 이루면서 교회도 여러 면에서 변화하였다.

구체적으로 가정교회의 변화를 살펴보면 다음과 같다.[116) 첫째, 농촌에서 도시로 중심축이 바뀌었다. 도시가정교회[117)의 신자들은 고학력의 젊은이들이 주축을 이루며, 삼자교회에 소속되거나 등록되었지만, 집회 방식이 다양하게 변하였다. 삼자에 소속되어 모이기도 하고, 다른 집회 장소에서 모이기도 한다. 전통적인 예배형식이 아닌 청년 위주의 대규모 찬양 집회, 소규모 가정 모임을 동시에 병행하고 있다. 신자 구성원들의 특징상 학생중심교회, 상인교회, 해귀파(海歸派, 해외 유학 후 귀국한 인력), 문화예술인교회, 농민공교회 등 다양해졌다. 둘째, 연안 지역에서 내륙 지역으로 확장되고 있다. 서방 선교사들의 영향으로 연안 지역에 전통적인 교회들이 건물로 세워져 있으며, 개방 이후 여전히 교회 예식 가운데에서 그 영향을 드러내고 있다. 그러나 현재는 내륙 지역과 소수민족이 사는 지역까지 확산하여 복음이 전파되며 교회가 세워지고 있다. 라마 불교의 티베트 지역, 회교의 위구르 신장 지역, 이슬람 지역과 국경 접경 지역까지 곳곳에 중국 신자들의 복음 전도 활동이

---

116) 박화목, "중국 가정교회의 현황과 전망", 「中國之路」(서울: 도서출판 中國之路, 2011), 134-135의 내용을 참조하여 기술하였다.

117) 김종구, "중국 도시가정교회의 선교활성화 전략에 관한 연구: 원조우(溫州)지역 교회를 중심으로", (박사학위논문, 서울성경신학대학원대학교, 2015), 23-31. 중국 도시가정교회의 출현과 의미, 도시가정교회의 정체성 및 도전 "에 대해 상세히 설명하고 있다.

전개되고 있다. 중국은 비행기나 배를 타지 않고 육로로 왕래할 수 있는 인근 접경 국가가 14개국이다.[118) 이러한 지리적 호조건으로 중국 교회가 선교를 준비하며 자체적으로 선교사를 훈련하여 파송하기 시작하였다. 셋째, 기존의 가정교회는 농촌의 부녀자가 다수인 일반 평민 중심이었다. 가난하며, 신자라는 이유만으로 무시당했었다.[119) 그러나 이제는 다양한 계층에 전파되어 대학생, 교수, 전문 지식인, 해외 유학파까지 가세하여 도시가정교회를 이끌어 가고 있다. 넷째, 이전에는 교파 개념이 없었고, 신학 사상도 보수적인 신앙을 유지해 왔었다. 그러나 해외의 각종 신학사상이 유입되어 교회와 신자들 사이에 충돌이 일어나고 있다. 이런 다원화 현상에 중국 자체의 이단 사상과 해외 이단까지 가세하여 가정교회를 위협하고 있다. 다섯째, 연안 지역의 경제발전으로 신자들은 헌신과 헌금을 통해 사회봉사를 하기 시작하였다. 특히 2008년 쓰촨성(四川省)에 지진이 발생하였을 때, 전국의 가정교회와 신자들이 적극적으로 참여함으로써 사회에 대한 책임과 관심을 끄는 계기가 되었다.[120) 이전에는 도움을 받았던 위치에서 도움을 주는 위치로 바뀌게 된 것이다. 여섯째, 여러 가정교회에서 국경을 넘어 주변국에 선교사를 파송하고 있다.[121) '중국 선교'에서 '선교 중국'으로 바꾸어 가고 있으며, 이것이 중국 교회의 사명임을 깨달아가고 있다.[122)

---

118) 14개국은 인도, 네팔, 부탄, 미얀마, 라오스, 베트남, 동쪽으로는 몽골, 러시아, 북한, 서쪽으로는 키르기스스탄, 타지키스탄, 카자흐스탄, 아프가니스탄, 파키스탄 이다.

119) 일반적으로 중국 사회는 사회주의로 평등사회라고 하지만, 일반 백성인 평민과 당원과의 차이는 여러 부문에서 차이가 난다. 보통사람들인 평민을 라오바이싱(老百姓)이라 부른다.

120) 본 연구자의 상담학교 학생들도 자원봉사자로 참여하여 상담활동을 하기도 하였다.

121) 김종구, "중국 도시가정교회의 선교활성화 전략에 관한 연구", 141-156. 중국 교회들과 한국 선교단체의 협력으로 선교 중국을 이끌고 있는 여러 사례들이 연구되었다.

122) 2030년까지 2만 명의 해외선교사 파송을 목표로 2015년부터 매년 한 두 차례 대규모 선교집

일곱째, 엄청난 핍박의 세월을 거친 중국 가정교회는 서로 간에 왕래가 거의 없었다. 그러나 도시가정교회들을 중심으로 지역 및 전국적인 기도회와 연합 집회, 선교사역,[123] 신학훈련 등 서로 협력하고 활발하게 진행되고 있다.

이러한 변화는 등록되지 않은 가정교회, 특히 중국의 예루살렘으로 불리는 원저우(溫州) 가정교회에서 일어나고 있다. 원저우 가정교회는 다른 지역 가정교회와는 그 규모와 역량이 다르다. 자체적으로 예배당 건물과 교육관, 신학교 건물이 따로 있으며, 구역 안에서 공동협력 목회를 하고 있다. 또한, 해외 화교 교회들과 긴밀한 협력을 하고 있는데, 이것은 원저우 신자들은 세계의 유대인으로 비교될 만큼 상술이 매우 뛰어나, 세계 각국에 퍼져나가 있어 그만큼 잠재력이 엄청나기 때문이다.

원저우 가정교회의 특징은 첫째, 신자 수가 많다. 기독교 인구밀도가 중국 전역에서 1위이며, 지역 내에 복음촌(福音村)이라는 마을이 있기도 하였다. 둘째, 예배 등 집회 횟수가 많고, 목회자들과 신자들을 위한 다양한 집회가 있다. 셋째, 집회 방식이 다양하여 여러 계층 신자들의 욕구를 만족시키고, 신자들의 신앙 성장을 이끌며 교육의 내용도 풍부하다. 넷째, 강력한 평신도 헌신자들인 의공(義工)들이 있다는 사실이다. 의공은 교회에서 사역하지만, 교회로

회를 열고 있다. 주관저널로 「今日宣教」가 있다. 1. 传递宣教中国的异象, 2. 探讨宣教中国的 策略, 3. 记录宣教中国的运动을 목표로 하고 있다.

123) 2030 선교중국대회를 홍콩(2015년 9월 29일-10월 1일), 한국의 제주도(2016년 9월 27일-9월 30일), 태국의 치앙마이(2017년 8월)에서 개최하였다. 이들은 2030년에 2만 명의 선교사를 파송하고자 하는 계획을 갖고 있으며, 국내의 종족(族群)을 선정하여 각 교회나 단체들이 종족을 입양하도록 하는 일도 진행하였다. 제 2회 대회는 "화평의 아들(和平之子)"이라는 주제로 5개 분과(MC0-MC4)로 나누어 심도 있는 발제와 토론들이 있었다. 베이징의 가정교회들이 주축이 되어 진행하였고, 약 1,200명의 중국 가정교회 지도자 및 선교관심자들이 참가하였다.

부터 사례를 받지 않고 사회에서 자신의 직업이 있다. 이것은 중국 정치적 상황에서 마련한 자구책이었다. 의공들의 활동으로 그 험난한 대약진운동, 문화대혁명 중에도 원저우 교회는 집회를 중단하지 않았었다.[124]

b. 중국 선교의 현황과 전망

중국 교회의 변화에 맞추어 중국 선교도 변화하고 있다. 초창기 선교는 동북지역의 조선족(朝鮮族)을 대상으로 하였다. 언어에 장애가 없이 쉽게 할 수 있다는 장점과 동족에게 먼저 전한다는 염원에서였다. 그 후 한족(漢族) 중심으로 선교가 진행되다가 이제는 소수민족을 대상으로 하여 점점 중국의 서쪽으로 향하고 있다. 최근에는 '중국 선교(China Mission)'의 시대에서 '선교 중국(Mission China)' 시대로 새로운 패러다임의 전환이 일어나고 있다.[125] 중국 신자들을 훈련하여 세계 선교로 나가게 한다는 것이다.[126] 그러나 '선교 중국'의 운동이 진행되는 한편에는, 아직도 중국 가정교회의 목회나 목양이 열악하다는 문제점이 있다.

중국 선교의 주축은 중국인을 전도하여 제자로 삼는 일과 그들을 양육하여 제자를 낳는 제자로 삼는 것이었다. 또 기존의 가정교회를 돕는 사역으로 바른 신학을 세우기 위한 신학훈련으로서, 주로 이론 중심이었다. 현재에는 많은 가정교회가 연합으로 신학훈련을

---

124) 김종구, "중국 도시가정교회의 선교활성화 전략에 관한 연구", 52-55.

125) 김종구, "중국 도시가정교회의 선교활성화 전략에 관한 연구", 153-54.

126) 베이징의 한 가정교회에서 소수민족에게 복음 전도를 위해 두 가정, 두 부부를 파송하였으나, 3개월 만에 사역을 멈추고 돌아왔다. 그 이유는 부부가 매일 싸움으로 시간을 보냈다고 한다. 이들 부부들은 각자 순회전도와 설교를 매우 잘하였지만, 부부가 함께 할 때에는 서로 의견이 맞지 않아 사역을 할 수 없었다고 한다.

하고 있지만, 목양 내지 목회 부분에 있어서 여전히 필요성을 요구하고 있다.127) 왜냐하면, 공산화 이후 긴 공백 기간으로 인해 신앙과 생활의 조화를 이루지 못하고 극단적·문자적으로 해석하든지 아니면 세속적일 수밖에 없기 때문이다. 그러므로 신학훈련에서 목양훈련과 상담훈련이 필요하다. 아직도 신학훈련 중 대부분은 성경연구와 신학을 세우는 이론 학습을 중심으로 한다. 이제는 점차 대형화되고 복잡해지는 사회현상과 이에 따르는 문제들을 해결해줄 수 있는 신학교육과 상담교육이 필요하다. 더욱이 사춘기 청소년의 문제, 결혼 적령기 청년들의 문제, 부부 문제, 부모 자녀 문제, 노인 문제들을 성경적으로 해결하고 신앙을 성숙하게 할 수 있는 상담이 필요하다. 목회자를 양성하는 신학훈련뿐만 아니라 목회자를 돕는 상담훈련과 신자들의 문제 해결을 위한 실제 상담이 매우 필요한 사역으로 드러나고 있으며, 실제로 중국 교회는 상담을 강력히 요청하고 있다.

c. 타문화권 중국에서 성경적 상담의 필연성

중국 선교는 새로운 국면에 접어들었다. 한국 교회는 중국 선교 초기에 동북지방 위주로 직접 전도와 일대일 제자훈련 방식의 선교 형태를 띠었다. 이어서 선교사들이 베이징이나 상하이 등 대도시를 중심으로 주로 지도자 양성을 위한 신학훈련 사역을 진행하였으며, 2000년대 중반부터 중국 내 소수민족들에 관심을 두기 시작하여 사천성(四川省), 귀주성(貴州省), 운남성(云南省) 등지에서 소수민족

---

127) "우리는 목양에 지쳤지만, 목회적으로 도움이 필요하지만, 적당한 해결책을 찾기 어렵습니다." 30대 베이징 가정교회 지도자의 말이다. 도시가정교회 지도자들은 젊고, 열정이 있지만, 경험이 적고, 지도해줄 선배목회자가 없다. Juwang 편, 『선교 중국』 자료집, 2015, 207.

을 위한 일대일 복음 전도나 소규모 성경학습반 사역을 하였다.

그러나 21세기에 접어들면서 중국은 경제 대국으로 성장하여 국력이 신장하였고, 빠른 도시화의 진행, 갈수록 체계화되는 종교 정책 등으로 인해 사역지로서의 중국 선교 환경은 급격하게 변화하기 시작하였다.

> 한국 선교사들은 최근 3-4년 사이에 중국 정부로부터 비자발적 귀국을 종용받거나 추방의 형태로 몇 백 명의 선교사들이 중국을 떠나는 위기를 겪었다. 또한, 선교환경의 변화에 따른 대처가 준비되지 않은 상황에서 '앞으로 누구를 상대로, 무엇을 해야 하는가?' 하는 두려움과 위기감을 갖게 되었다. 이러한 위기감은 결국 '선교사역의 변화에 대한 요구'로 직결되어, 기존의 선교 방식과 대상에 대한 우리의 인식과 태도와 사역의 전환을 요구하고 있는 것으로 보아야 한다.[128]

변화하는 선교지 상황 속에서, 이제는 기존의 '주는 방식'에서 벗어나야 한다. 선교 대상자가 아닌 동역자로서 함께 해야 한다. 이러한 시점에서 '중국성경적상담연구소'의 상담사역은 베이징(北京) 가정교회 신자들과 지도자들에게 커다란 도전을 주었다. 베이징의 상담사역은 원저우(溫州) 가정교회에까지 전해져서 그곳 지도자들의 요청으로 2년간의 상담훈련 교육과 실제 상담을 진행하기도 하였다.

현재 베이징에는 해외 NGO 단체가 '아이자이런지엔(愛在人間)' 상담실을 운영하고 있다. 신자들에 의해 세워진 상담센터지만 기독교를 표방하지 않았다가 최근에는 성경적 상담을 광고하며 개인 상담과 세미나 등을 열고 있다.[129] 또 여러 대학교가 소재하고 있으

---

128) 김종구, "2016년 현재 중국내 한국인 선교사들이 직면한 위기와 사역의 변화에 대한 요구", 「KMQ」 Vol.16. No.2. (2016 겨울호), 131.

129) www. aizairenjian.com

며 IT산업의 본거지인 중관춘(中关村)에 위치한 삼자교회에는 '하이띠엔심리상담센터(海淀堂心理咨询中心)'가 개소하였다.[130] 또한, 베이징 남부의 삼자교회는 전화 상담(Hotline)을 시작하였다.[131] 그러나 이들의 활동과 사역은 많은 신자의 요구를 감당하기에 아직도 부족하다.

중국 사회의 시대적 현황에 대한 기독교적 응답이 바로 성경적 상담을 통한 복음 전도라고 말할 수 있다. 현대화된 중국인의 많은 문제점을 성경적 세계관으로 바라보고, 상담을 통해 문제 해결을 돕고 복음을 전할 수 있는 계기와 기회가 되고 있다.

중국 교회를 건강하게 하며, 중국인에게 복음을 전할 수 있는 성경적 상담이 필요하다. 성경적 상담을 통해 성숙한 기독교인으로서 삶과 신앙이 일치하고 삶의 목적이 신앙의 목적과 일치하는, 하나님의 영광을 위해 하나님을 기뻐하며 살아내도록 하는 일을 할 수 있을 것이다.

성경적 상담은 중국인의 문제를 성경의 원리와 방법으로 해결할 수 있는 커다란 도구이다. 먼저 중국인을 이해하기 위해서 "중국인은 누구이며, 그들은 어떻게 살고 있으며, 그들에게 어떻게 복음을 전할 것인가?"를 연구해야 한다.[132] 선교나 전도의 접촉점을 찾아 복음을 효과적으로 변증하기 위해 중국인의 문화를 연구하는 것이 필요하다. 성경적 상담은 중국인을 깊이 이해하는 것에서 시작해서 그들과 동질감을 형성하고 그들의 고통을 위로하며 사랑과 신뢰의

---

130) 엄옥순, "중국 기독교인의 상담 인식 분석에 관한 연구", 138-139.
www.bjcctspm.org/html/xinwen/jiaohui/2014/1102/5269.html 2014-11-02
131) 2017년 베이징 남쪽 따싱(大兴) 삼자교회(北京基督教会大兴福音堂) 내에 24시간 전화상담을 시작하였다. 교회내의 여성 지도자들을 단기간 교육하여 신앙상담을 하고 있다.
132) 김종구, "재한 중국인 유학생의 세계관에 관한 연구", 94.

관계를 형성함으로써 시작하는 것이다. 그 후 복음을 이해하고 그들이 소유했던 이전의 가치관이나 세계관을 그들이 이해하고 믿는 기독교 신앙으로 비평할 수 있도록 도와 일상생활에서 성경적으로 생각하고 행동할 수 있도록 하는 것이다.[133]

3부에서는 타문화권의 피상담자로서 현대 중국인을 이해하기 위해 양적 조사 연구로 종교성향과 문화가치의 상관관계를 연구하였다. 현대를 사는 중국인을 이해하기 위해 전통적 중국인의 가치관을 형성하게 된 종교, 사상 등의 문화를 문헌 조사로 살펴보았다. 또한, 중국인의 민족성을 대변하는 문화의 기저에 자리 잡은 사상, 종교, 세대 간의 가치관과 그 차이점을 살펴보았다.

그리하여 타문화권 선교지인 중국인을 이해하여, 변화하는 중국 선교의 상황을 극복하기 위해 복음 전도의 방법이 가능한 성경적 상담의 필연성을 기술하였다. 중국인을 이해하고 그들의 현실을 공감하면서 문제점을 알아 성경적 세계관에 기초한 성경적 상담이 중국 선교에 필요함을 살펴보았다.

다음 4부에서는 본 연구의 논지를 주장하기 위해서 성경적 상담의 활용 방안을 연구한다. 현대 중국인의 종교성향과 문화에 어울리는 상담 방법으로 '성경적 상담 3단계 모델'을 고안하였으며, '성경적 상담 3단계 모델'의 단계별 과업과 그 특징을 살펴본다. 또 중국 선교에서 성경적 상담을 활용하기 위해, 이 모델을 기초하여 중국 비신자에게 복음 전도를 실시한 사례를 기술한다.

---

133) Paul G. Hiebert 외 2인 공저, 『민간종교의 이해』, 23-24.

타문화권에서의 성경적 상담

4부에서는 성경적 상담을 타문화권 피상담자인 중국인에게 실제로 활용하기 위해, 성경적 상담과 중국인 선교, 성경적 상담에 근거한 중국인 선교 활용, 연구자의 성경적 상담 3단계 모델과 상담사례에 대해 살펴보고자 한다.

1. 성경적 상담과 중국인 선교

(1) 중국 문화와 적절한 선교 접근

21세기는 정보 통신의 발달로 국경이 없는 전 세계가 하나의 지구촌(地球村)이 되었다. 지구촌 사회는 절대 진리를 배격하고 모든 사상과 문화를 포용하는 다문화 시대를 살아간다. 이런 현상은 다문화 국가인 중국도 예외는 아니다. 중국은 개방개혁 이후 더 세속화되고 다원화되어 중심적 가치 개념이 없는 혼란의 시대를 겪고 있으며, 정신적 문제와 질병을 앓는 사람이 수없이 늘어나고 있다.[1] 이런 문제를 해결하려는 방편으로 등장한 것이 '심리상담'이

---

1) "国家心理咨询师发展现状及前景分析(중국 심리상담사의 발전현황 및 전망 분석)": 13亿人口中有各种精神障碍和心理障碍患者达1600多万。1.5亿青少年人群中受情绪和压力困扰的青少年就有3000万.推算中国神经精神疾病负担到2020年将上升至疾病总负担的四分之一。心理咨询师消化烦恼采访时听到一个故事，在美国，受访者朋友的儿子第一次约会自己心爱的姑娘，到了约会那天，男孩子却迟到了。女孩追问原因，他说，因为我太紧张了，约会之前先去找了我的心理医生做了心理辅

다. 그러나 심리상담 또는 치료 프로그램이나 정신적 약물 치료 등은 실제적이고 근본적인 인간의 문제, 특히 영적인 문제를 해결할 수 없다.[2] 이에 본 연구에서는 인간의 문제를 해결하기 위한 하나의 대책인 기독교적 대안으로서 '성경적 상담'을 제시하고 있다.

성경적 세계관 내지 기독교 세계관[3]은 하나님의 말씀인 성경에서 비롯된다. "상담은 문화 의존적이다."[4] 왜냐하면, 문화 속에 사는 피상담자를 이해해야 하기 때문이다. 기독교는 성경의 가르침이 모든 가치 판단과 선택의 기준이 되며, 내세에 대한 소망을 가르친다.[5] 그러므로 신앙과 생활이 일치하는 태도로 변화시킬 수 있는 성경적 상담의 적용이 필요하다. 성경적 상담은 가치관의 혼돈 속에 있는 중국인에게 복음을 전하여 새 생명을 얻는 변화를 경험하게 하며, 삶 가운데 나타나는 크고 작은 문제들을 해결하여 개인과 가정과 교회, 사회와 국가에까지 긍정적인 효과를 기대할 수 있다.

a. 예수 그리스도 중심의 중국 문화

중국 고대 상주(商周) 시대에는 상제(上帝)를 최고의 신으로 보고 예(禮)를 강조하며 제사(祭祀)를 강조하였으나, 유가(儒家) 이후

类, 所以迟了一点 (13억 인구 중 각종 정신장애와 심리장애 환자는 1,600여만 명에 이르며, 1억 5000만 명의 청소년들 중에 정서와 스트레스에 시달리는 청소년이 3000만 명에 달한다. 중국 신경정신질환의 부담이 2020년에는 질병 총 부담의 4분의 1이 상승 될 것으로 추산 된다.)

2) MacArthur & Master's College Faculty, 『상담론』, 41.

3) 기독교 세계관과 성경적 세계관의 차이점은 기독교 세계관은 그 시대의 문화와 시대적 상황, 사회구조, 과학 등에 영향을 받기 때문에 변화하지만, 성경적 세계관은 오류가 없다. 성경을 읽고 해석하며 이해하는 주체는 인간이기에 인간의 문화적, 개인적, 사회적, 개인적 상황에 따라 성경을 해석하고 이해하는데 선호 내지 편견이 있을 수 있기 때문에 인간의 이해와 해석을 체계화한 신학은 오류가 발생할 수 있지만, 성경에는 오류가 없다. 안점식, 『세계관·종교·문화』, 67을 참고하라.

4) 김계현, 『카운슬링의 실제』(서울: 학지사, 2000), 15.

5) 趙天恩, 『中國敎會史論文集』(臺灣 臺北: 財團法人基督敎宇宙光全人關懷機, 2006), 11-12.

에는 상제나 하늘에 대한 개념이 없어지고 현실만을 강조하였다. 그뿐만 아니라 근대 서양의 인문주의 사상과 마르크스주의는 정치 주도의 영향력으로 전통문화와 정신문명의 단절을 야기하였고, 물질문명을 강화했다. 더 나아가서 개방개혁 이후 중국인은 자본주의의 영향으로 배금주의 사상에 사로잡히게 되었다.

현대 중국 사회는 경제발전을 초고속으로 이룩하고 있지만, 다른 한편 도덕성의 결핍은 국제적·국내적인 문제로서 심각하다. 심지어 인터넷상에서 '추악한 중국인'의 모습이 실시간 영상으로 보도되기도 하는 상황이다.[6] 그리하여 중국 정부는 이미 문화대혁명 시기에 말살시켰던 옛 전통과 옛 가치관인 유교 사상을 재등장시키며, '죽은 공자'를 살려내서라도 현 사회의 무너진 도덕이나 윤리를 재건하고자 노력하고 있다.[7]

2006년 3월 4일 중국의 후진타오(胡錦濤) 주석은 '사회주의 영욕관(社会主义荣辱观)'으로 '팔영팔치(八榮八恥: 8가지 자부심과 수치심)'를 발표하여 중국 사회의 다양한 문제와 그 해결 방안을 제시하였다. 상세한 내용은 다음과 같다.

① 以熱愛祖國為榮 以危害祖國為恥, ② 以服務人民為榮 以背離人民為恥.
③ 以崇尚科學為榮 以愚昧無知為恥, ④ 以辛勤勞動為榮 以好逸惡勞為恥.
⑤ 以團結互助為榮 以損人利己為恥, ⑥ 以誠實守信為榮 以見利忘義為恥.
⑦ 以遵紀守法為榮 以違法亂紀為恥, ⑧ 以艱苦奮鬥為榮 以驕奢淫逸為恥.
① 조국을 열렬히 사랑하는 것을 영광으로 삼고, 조국을 해치는

---

6) 伯楊, 『중국인의 의식구조: 추악한 중국인』, 정순영 역(서울: 문조사, 1995). 백양은 중국의 문화를 장독문화로 보았다. 장독문화는 오랜 봉건제도로 인해 사상, 판단 등의 분별력을 상실하고, 장독의 오염을 받아 장독의 범주를 넘지 못하고 장독 안에 머무는 추악한 중국인으로 묘사하였다.

7) 우심화, "공자의 '仁'사상연구", 「ACTS 神學과 宣敎」, Vol.4. (2000), 160. "서양 자본주의 사상의 한계를 보충하고 극복, 추월할 수 있는 대안적 생각으로 연구하고 있다."

것을 치욕으로 삼자. ② 인민에게 봉사하는 것을 영광으로 삼고, 인민을 배신하는 것을 치욕으로 삼자. ③ 과학을 숭상하는 것을 영광으로 삼고, 우매하여 무지한 것을 치욕으로 삼자. ④ 부지런히 일하는 것을 영광으로 삼고, 편안한 것을 좋아하여 일하기 싫어하는 것을 치욕으로 삼자. ⑤ 단결하여 서로 돕는 것을 영광으로 삼고, 남에게 손해를 끼치고 자신의 이익만을 도모하는 것을 치욕으로 삼자. ⑥ 성실하게 신의를 지키는 것을 영광으로 삼고, 이로움을 얻고 의리를 잊는 것을 치욕으로 삼자. ⑦ 규칙과 법을 지키는 것을 영광으로 삼고, 법을 어기고 풍기를 어지럽히는 것을 치욕으로 삼자. ⑧ 고생하며 노력하는 것을 영광으로 삼고, 교만하고 사치하여 음란한 것을 치욕으로 삼자.8)

그렇지만 개혁개방 이후 배금주의에 사로잡힌 중국인들에게 위의 '8가지 자부심과 수치심'은 구호에 그칠 수밖에 없다. 정부는 매스컴을 통해 홍보하고, 학교에서 가르치고, 거리에 표어로 붙여놓으며 선전하였다. 그러나 이런 구호로 사회 도덕적 책임을 발휘하게 하려면 객관적 진리의 기초가 있어야 한다. 또 이 진리를 반드시 실행하는 사람들이 있어야 한다. 그렇지 않으면 다른 사람이 쳐다볼 때는 실천하고 아무도 없을 때는 함부로 하는, 외식하는 위선자가 될 수밖에 없다. 이미 중국인은 수많은 전쟁과 난리를 경험하면서 대인관계 방법들이 아주 잘 발달하여 있다. 부패와 거짓이 만연된 상황이기에 숭고한 도덕적 교화는 구호에 그칠 수밖에 없다.9) 중국인이 인간의 존엄성을 갖기 위한 문화는 이미 죽어버린 유교도 아니고, 인생 무위를 주장하는 도교도 아니며, 니르반을 외치는 불교도 아니다.

---

8) 강내영, 『중국영화의 오늘: 영화대국에서 영화강국으로』(서울: 산지니, 2015), 24.

9) 李锦綸, "그리스도화가 필요한 후기공산시대의 중국 문화", 「中國과 福音」 157호, 중국복음선교회. (2011, 봄), 10.

중국이 봉건체제가 무너지고, 근대화되는 결정적인 사건은 신해혁명(辛亥革命)이었다.[10] 이 혁명의 중심인물은 쑨원(孫文, 1866-1925)이며, 기독교사상은 그에게 혁명사상을 계몽하고, 혁명을 추진하는 중요한 사상적 뒷받침이 되었다. 그의 혁명 동지에는 기독교인들과 선교사들이 대거 참여하였고, 혁명운동을 이끌어 가는 주역이 되었다. 그러나 기독교는 중국인들에게 생활 가운데 드러나는 문화로 자리를 잡지 못했다. 삶 속에서는 '복음화'를 이루지 못한 것이다.

중국 근대 시대에 선교사들은 선교를 목적으로 서양의 과학과 문화를 소개했고, 당시 중국 사회는 이를 광범위하게 흡수한 바 있다. 중국 지식인 중에도 유학으로 서양 학문을 통달한 이들이 문화, 심리 등 여러 면에서 국민정신을 개선해야 근본적으로 중국을 개화시킬 수 있다고 인식하였다. 기독교가 중국에 들어온 이래로 태평천국(太平天國)운동,[11] 양무운동(洋務運動),[12] 무술변법(戊戌變法),[13] 신해혁명(辛亥革命), 나아가 항일전쟁, 중국인민혁명에 이르기까지 기독교는 지속해서 문화적 영향을 행사하였다. 그러나 1966년부터 1976년의 문화대혁명 기간에 전면적으로 교회가 폐쇄되며 그 영향력은 거의 없어진 듯하였다.

그러나 개방개혁 이후 기독교는 다른 종교보다 가장 빠르게 발전하였다. 현재는 이들이 원동력이 되어서 신흥도시 가정교회가 성장

---

10) 신해혁명은 2천 년 이상 지속된 봉건적 전제정치의 고리를 끊고, 아시아 최초로 공화제를 실현하고 더 나아가서는 사회주의 혁명의 도화선을 제공했다.

11) 홍수전(洪秀全)을 중심으로 한 농민봉기로 신정국가 태평천국 건국을 꿈꾸었다. 현 중국에서는 반봉건주의 정신을 평가해 '태평천국 운동(1850~1864)'이라고 불린다.

12) 청 말기에 관료들의 주도로 이루어졌던 군사 중심의 근대화 운동으로 유럽 근대기술의 도입으로 봉건체제를 유지 보강하려 했던 자강운동.

13) 청나라 덕종 때 변법자강(變法自强: 시대에 맞지 않는 법과 제도를 고쳐 스스로 강하게 한다)을 목표로 일어난 개혁 운동이다.

하는 힘이 되기도 하였다. 손선영은 중국의 농촌 기독교를 조사한 이후에, 다음과 같이 기록하고 있다.

> 기독교, 이 순수한 외래 종교는 중국에 전수되어 비록 중국 사회에서는 '경전 기독교'와 같은 높은 수준의 문화 현상을 이루지는 못했지만, 이미 중국에 정착하여 민간에서 발전하여 중국 신자의 80%가 농촌 거주의 부녀자들이다. 기독교는 유럽 종교개혁의 산물이며, 윤리와 도덕은 유럽의 자본주의 발전에 상당한 이바지를 했고, 오늘날도 여전히 세계와 타지방에서 산업화 과정의 많은 민중을 흡입하고 있다. 기독교는 세계를 향한 높은 단계의 문화 현상으로서 사회를 변화시키는 능력이 있으며, 새로운 문화기술을 받아들이는 과정에 대단한 유익을 끼쳤지만, 결코 해로움은 없었다. 기독교는 다신을 믿지 않고, 살생하여 제사 지내지 않으며, 사람들이 망령된 개념과 다신신앙을 탈피하게 한다. 십계명을 중히 여기고, 도박하지 말 것과 과학기술 문화를 배우고, 정부 관리에 복종할 것을 강조한다. 대중적 신앙 활동을 통하여 사회의 일부 낙후된 풍습과 습관을 점차 변화시킴으로 사회를 안정시키고 산업을 발전시키는 등 적극적인 영향을 끼쳤다.[14]

이는 중국 농촌사회에 깊숙이 자리 잡은 기독교의 모습을 잘 간파하고 있다. 기독교는 성경을 기본으로 하는 계시종교이지만, 당시 중국에는 문화대혁명 이후 성경도 없었고, 단지 기도와 전하여 들은 복음의 이야기, 신비로운 개인 체험, 병 고침 등을 통해 기독교가 퍼져나간 것이다.

더욱 현대의 중국인들에게는 종교적 위안이 필요하며, 적극적 사회 활동에 관심을 두는 것에 매우 강렬한 흡인력을 갖고 있다.[15]

---

14) 손선영, "중국의 기독교", 178, 180.
15) 중국 정부는 5대 종교(불교, 도교, 이슬람교, 천주교, 기독교)를 공식적으로 인정하며, 종교연구소가 있다. 이 연구소는 신학을 연구하기도 하지만, 다른 기능들이 있다. 종교단체는 1949년 이래 애국적인 조직의 조건으로만 가능하다. 중국공산당이 인식하는 종교의 사회적 역할은 1. 종교는 전도된 세계에 의지하여 위로하고 변호하는 보편적인 근거이며, 2. 종교는 민중의 아

특히 기독교의 '초월적 신앙, 사상적 추구, 그리고 적극적으로 사회를 변화시키는 특징적 요소'가 중국인에게 신앙의 만족을 주며, 중국인들은 이런 기독교 신앙을 통하여 자신과 현실을 변화시킬 수 있다는 것을 알고 기대한다는 것이다. 특히 개방개혁 후 가치관의 혼란을 겪는 중국인들에 대하여, 조나단 차오(趙天恩)는 중국 문화의 그리스도화를 위해 기독교인이 해결해야 할 문제에 대해 다음과 같은 질문을 하였다.16)

> 기독교인이 중국의 인문주의 문화와 직면할 때, 갈등과 도전을 해결하기 위해, 첫째, 실제 생활 중에 신앙과 생명의 도(道)인 기독교와 인문주의의 중국 문화를 어떻게 연결하게 할 것인가? 둘째, 기독교인으로서 어떤 기준을 가지고 중국인에게 복음을 나타내어 효과적으로 쉽게 복음을 받아들일 수 있게 할 것인가? 셋째, 비기독교 가치체계 중에서 그리스도와 일치하는 생명을 나타낼 것인가? 넷째, 중국 지식인들이 자기 문화에 대한 무력감과 환멸을 느끼고 기독교에 도움을 청할 때, 어떻게 도울 것인가?17)

이런 질문의 해결책으로서 중국인에게 효과적으로 복음을 전해야 하는 것이다. 복음을 통한 한 사람의 변화는 가정과 사회, 문화를 변혁시킬 수 있다. 종교, 신앙의 자유에 의거하여 중국인을 변화시킬 수 있는 길은 상담을 통해 예수 그리스도의 복음을 전함으로써 가능하다. 세상의 법보다 더 월등하고 "더 가치 있는 도덕적인

편이고, 3. 종교는 제국주의와 식민주의의 침략을 확장하는 도구로 사용되었으며, 4. 역사적으로 피지배계급의 저항 투쟁은 종교를 비판하기도 하고 이용하기도 했다(마르틴 루터와 칼뱅의 종교개혁운동, 중국의 태평천국의 난, 의화단 운동). 王作安.『中國的宗教問題和宗教政策』. 김광성 역,『중국의 종교문제와 종교정책』(서울: 한중국제교류재단, 2002), 90-97.

16) 조나단 차오는 중국 교회의 삼화(三化)비전(중국의 복음화, 교회의 하나님 나라화, 문화의 그리스도화)를 제시하였다.

17) 趙天恩,『中國教會史論文集』, 14-15.

하나님의 법에 복종케 하도록,"18) 중국인에게 궁금증을 불러일으켜 질문하게 하거나, 일반 문제를 갖고 상담 현장에서 자연스레 복음을 전할 기회를 만든다. 이것이 바로 성경적 상담을 통한 복음 전도이다.

b. 복음 전도를 통한 중국 문화의 변혁

현대를 사는 중국인에게 가장 필요한 것은 무엇인가? '가치 있는 것이 무엇인가?' 중국은 사회주의와 자본주의를 거치는 과정에 있으므로 중국을 진정으로 부흥하게 할 수 있는 '복음화'가 절실히 필요한 시기이다. 사회주의와 자본주의의 모든 악습과 폐단이 드러나고 있는 지금, 중국인의 삶에 절실히 필요한 것은 문화를 뛰어넘어 역사하는 하나님이다.

중국 사회는 전통 사회에서 현대 사회로 전환하면서 가치관의 대변혁과 시련을 겪고 있다.19) 집단 위주의 삶에서 개인 위주로, 대가족 중심에서 부부 자녀 중심의 핵가족 체제로, 절대복종의 사회 규범에서 민주주의 자유 규범으로, 이념의 투쟁이 아닌 더 많은 물질을 얻기 위한 무한 경쟁으로의 전환 속에서 혼란을 겪고 있다. 개방개혁 이후 고유 문화가치가 약해지고 세속적 물질문화 가치가 중요시되면서, 절대 가치는 약해지고 물질과 과학 중심의 문화가치가 우상화되고, 기존의 가치관이 변해 혼란 속에 있다.

중화인민공화국 건국 이후 마오쩌둥(毛澤東) 시대에는 공평하게

---

18) Gary R. Collins, *Excellence and ethics in counseling*, 오윤선 역, 『기독교와 상담 윤리』(서울: 도서출판두란노, 2003), 57. 신자는 세상의 정부 권위에 복종하지만(롬 13:1-2, 딛 3:1), 하나님의 말씀에 더 순종(행 5:29)한다.

19) 陸學藝 편, 『21세기 중국사회의 전망』, 355.

분배하는 것이 목적이었다. 개방개혁 이후 30년이 지난 현재는 물질적으로 안정되면서 삶의 만족감이나 행복감을 찾기 시작하였다. 경제부흥을 위해 성장만을 달려온 중국도 '사회의 조화(和諧: 허시에)'를 주창하더니, 이제는 '인민의 행복감'[20])에 관심을 두기 시작하였다.

중국인은 진정한 행복이 외부의 조건, 물질의 풍부함에서 오는 것이 아님을 개방 이후 30~40년 동안 이미 경험하였다. 이미 미국을 비롯하여 서구에서 심리학과 정신의학의 허구성이 드러나고 그 효과에 대한 의문이 제기되지만, 심리학의 기반인 심리치료와 정신의학은 거대한 시장인 중국을 이미 공략하고 있다. 경제 사회적으로 관료들의 부정부패, 심각한 빈부격차, 마약 중독과 알코올 중독 문제가 사회를 부패시키고 있으며, 배금사상은 인(仁)과 예(禮)와 충(忠)을 중시하던 전통적인 가족 중심의 사회를 사라지게 하고 있다.

새로운 문화와 사상의 유입은 기존의 이념과 사상에서 만족할 수 없었던 새로운 탐구와 욕구로 인하여 기독교인들의 증가를 촉진하고 있다. 한편, 이와 더불어 교회의 세속화를 부추기기도 한다. 중국 기독교인의 문제는 물질적 욕구나 심리적 불안, 불만이 아니다. 문화 변혁의 과도기에서 발생하는 여러 사회 문화적 현상과 함께, 중국 기독교인이 매일 삶의 일상에서 경험하는 생활과 신앙의 이중적인 삶의 문제는 가정과 교회에 영향을 미치며, 이것이 사회와 국가의 크고 작은 문제에 부정적인 영향을 끼치고 있다.

반면에 문화는 사회를 긍정적으로 변화시킬 수 있는 기능이 됨을

---

20) 陈晓雪, "你幸福吗? 中国社会的心理问题(당신은 행복하십니까? 중국사회의 심리문제)", http://chuansong.me/n/1482730, 2017년 4월29일 접속.

증명하였다. 건전한 기독교 문화는 세상을 긍정적으로 변혁시킨다. 그러므로 신앙과 생활이 일치하는 태도로 변화시킬 수 있는 성경적 상담을 통하여 중국인에게 그리스도를 전파할 수 있다. "복음 전도, 즉 선교는 예수 그리스도를 따르지 않는 사람들에게 전도하기 위해 복음을 가지고 문화의 경계를 뛰어넘는 것이다."라는 맥가브란의 정의처럼 문화를 뛰어넘을 수 있다.[21]

그 예로 예수 그리스도께서 지상사역 중 사마리아 여인을 만나 당시의 유대인의 관습에 어긋나는 행동을 하신 것을 발견할 수 있다. 이는 결국 사마리아 땅에서 자신이 약속의 메시아임을 나타낸 것이다(요 4:1-45).[22] 그 후 제자들은 문화가 다른 각 지역으로 흩어져서 땅의 끝까지 복음을 전하라는(행 1:8) 예수의 명령에 순종하여 '예수가 그리스도이며 주 하나님'이라고 전하였다. 초대 교회의 상황에서도 유대인 기독교인의 풍습과 로마인 기독교인의 풍습은 매우 달랐다. 의식주에서부터 전통 의식, 삶의 양식, 정치 제도 등 모든 것이 같지 않았다. 유대 그리스도인과 로마 그리스도인 가운데 갈등과 마찰이 전혀 없었던 것은 아니지만, 이들은 한마음으로 모였고, 발생하는 문제들은 사도들의 중재로 해결되었다. 로마 백부장 앞에서 외식하는 베드로의 태도에 사도 바울은 책망하였고, 유대인의 결례식에 이방인을 데리고 참석한 바울은 오해와 분란을 일으키는 유대인 동포들에게 사실을 설명하며 풍습을 어기지 않았노라 말하였다. 사도 바울은 유대 문화와 헬라 문화와 로마 문화를

---

21) 이정현, 『실천신학개론』 302.

22) 예수 그리스도는 당시의 문화 상황에서 유대인으로서 사마리아 땅에서 사마리아 여자와 말을 함으로 인종적, 문화적 편견을 버리셨다. D. A. Carson · R. T. 프린스, 『IVP 성경주석』(서울: IVP, 2005), 269.

다 경험하였다. 그러나 그 문화 경험을 통해 "유대인이나 헬라인이나 종이나 자유인이나 남자나 여자나 다 그리스도 예수 안에서 하나라(갈 3:28)."라고 말씀하셨다. 문화는 다양하지만, 그리스도 예수 안에서 하나임을 강조한 것이다. 문화는 복음 전도의 걸림돌이 아니다. 그리스도가 전파되는 곳은 제일 먼저 문화가 변혁되었다. 가난한 조선 땅에 개신교 선교사들이 들어온 후, 이들은 교육 사업과 의료 사업을 통하여 조선의 가부장적 가족 문화, 관료적 유교 문화와 남존여비 사상 등을 변혁하게 하는 새로운 기독교 문화를 제공하였다.

현지의 문화와 기독교 문화와의 충돌이 있어도, 문화 위에 뛰어난 초월하신 그리스도로 인해 세상의 문제들은 해결되고, 예수 그리스도는 기쁜 소식인 복음으로 전해지는 것이다. 이는 예수 그리스도의 복음은 사회 문화적 전통이 아닌 사람의 생명에 가치를 두었기 때문이다. 전통이 아닌 복음의 주체로서 소망, 사랑, 정의를 소중히 하는 문화를 시작한 것이다. "예수 그리스도의 문화는 억압 시스템을 구축하고 강제 수단에 의해 힘을 정당화하는 다른 모든 문화와 맞선다."[23]

근대화 과정에서 중국의 기독교인들은 중국 문화의 '그리스도 문화화'를 위해 여러 방법을 시도해 왔다.[24] 이런 방법들은 중국 특

---

23) David Augsburger, 『문화를 초월하는 목회상담』, 129.

24) 趙天恩, 『中國敎會史論文集』, (臺灣 臺北: 財團法人基督敎宇宙光全人關懷機, 2006), 19-22. 첫 번째, 1919년부터 1927년 동안 표면적으로 토착화된 모습으로 서양 선교사가 중국식 의복과 머리 모양을 했으며, 덴마크 선교사 Karl Reichelt는 예배당을 중국 건축양식으로 하면서, 예배 시 향을 피우고, 중국 곡조를 연주하는 방법 등 사용. 두 번째, 문화서원(文華書院)의 웨이쮀민(韋作民) 교장은 성경 속의 창조주와 위격을 가진 신(神)의 관념을 주입(注入)하여 중국의 천(天하늘)의 관념을 도입하였다. 중국 전통의 천(天)은 위격이 없으므로 기독교의 하나님의 위격을 주입하면 중국의 천의 개념이 자연적으로 높아진다는 논리였다. 세 번째, 중국 문화의 토양으로 서양 기독교를 씨앗으로 심으면, 서양 문화에 속한 관념과 풍속, 의식은 시간에 따라

색의 기독교를 위해 이념의 통합을 주장하는 것인데, 혼합주의의 영향으로 인해 기독교 신앙을 축소하고 기독교를 변화시켜 중국 문화에 맞추도록 했기에 적합하지 않다. 실제로 그리스도와 하나님의 말씀에 충실하면서 복음의 유익함을 중국 문화 속에 주입하는 방법들로 이미 성취되지 못했다. 이에 조나단 차오(趙天恩)는 다음과 같이 주장하였다.

> 첫째, 그리스도의 제자는 반드시 생각과 삶 속에 새로운 변화가 일어나야 한다(롬 12:1-2). 중국 기독교인은 개개인이 새롭게 됨을 출발점으로 하여 효과적인 실천을 위해서 반드시 중국 문화가치의 체계를 정확하게 이해해야 한다. 하나님께서 우리의 생명을 구속시켜 주신 목적을 이해하며, 성령님의 역사에 순종해야 한다. 둘째, 중국 동포와 복음의 유익을 나누어야 할 책임이 있다는 것이다. 하나님의 구속의 큰 능력을 경험하면 모세나 사도 바울처럼 민족의 구원에 대한 소원이 일어난다. 아주 자연스럽게 복음을 나누게 된다. 중국 문화의 가치관과 기독교의 가치관 사이에서 충돌이 일어날 수 있다. 예를 들면 혼례와 장례 문화, 직업과 상업 윤리, 인권의 태도에서 차이점이 있을 경우, 세속 규범과 비기독교적 가치관에 대해 선지자적 경고를 할 수 있어야 하며, 중국 사회의 비기독교적 풍속과 규범을 변혁할 수 있도록 인도해야 할 것이다. 셋째, 중국의 문화 전통을 재해석하고 변화시킬 책임이 있다.[25]

성경의 메시지는 모든 문화를 초월하여 지금까지 존속되어 온 진리이다. 문화의 상황은 다를 수밖에 없지만, 성경은 변하지 않는 문

사라지고 중국 고유의 기독교가 어느덧 탄생할 것이라며 중국식 모델, 네 번째, 유가사상의 윤리와 기독교 윤리가 같은 점들을 가지고 기독교와 중국 문화를 상호 보완하여 두 문화가 상부상조할 수 있다는 공통 윤리를 기초로 하자는 모델도 있었다. 다섯 번째, 현대 기독교의 핵심과 중국 문화의 핵심, 서양 문화의 핵심들을 모두 하나로 통합시킴으로 장점은 취하고 단점은 버려 중국 문화를 쇄신하자는 모델이 있었다.

25) 趙天恩, 『中國敎會史論文集』, 23-24.

화의 중심에 있다. 이 성경의 진리가 모든 문화 속에서 바르게 이해되고 적용되어야 하며,26) "성경적 세계관에서 성경은 인간을 위한 하나님의 계시라는 확신에서 시작하며, 성경적 세계관에 기초해서 중국의 문화를 이해하고 비판하며. 선교의 길을 모색해야 할 것이다."27)

중국 문화를 이해하면 기독교 문화와의 접촉점들을 찾을 수 있다. 상담자가 공자의 교훈을 그리스도의 교훈으로 이끌어 내도록, 중국의 문화를 잘 숙지하는 것은 뱀과 같은 지혜를 구하는 길이다. 그러기 위해 상담자는 중국 문화를 소유한 피상담자와 충돌하지 않으면서 존중해 주는 태도가 필요하다. 공자는 인생의 최고의 가치로서 인(仁)을 추구하여, "아침에 도(道)를 들으면 저녁에 죽어도 가하다(朝聞道 夕死可矣; 『論語』, 里仁第四)."라고 하였다. "도(道)를 배웠으면 인간을 사랑하라(學道愛人)."라는 것이다. 중국인의 문화를 존중하는 태도는 그들의 문화를 숙지하는 지혜이기도 하다.28) 유교의 천명사상(天命思想)29)을 전지전능하시며 무소부재하신 만물의 창조주인 삼위일체의 하나님 개념으로, 하나님의 뜻과 연결하여 구체적이고 체계적으로 말할 수 있으면 성경적 상담의 좋은 접촉점이 될 수 있다.

---

26) Paul G. Hiebert, *Anthropological Insights for Missionaries*, 김동화 외 역, 『선교와 문화인류학』(서울: 죠이선교회출판부. 1999), 17.

27) Paul G. Hiebert, *Cultural Anthropology*(Grand Rapids: Baker Book House, 1990) 11.

28) "이웃에 대한 사랑은 자연스레 나오는 인간의 행위가 아니다. 이 사랑은 무한한 의지의 힘을 요구하고 자기 관심과 이기적인 만만치 않은 힘과 계속해서 싸워야 할 감정이요 행위요 행동이다." Herman Bavinck, *Our reasonable faith*, 김영규 역, 『하나님의 큰 일』(서울: CLC, 2013), 14.

29) 우심화, "공자의 '仁'사상 연구", 176-177. 중국은 천자(天子)가 다스리는 나라며, "공자의 '仁'이 기독교적 사랑, 예수의 사랑과의 유사성으로 비교되기보다는 성경에서의 '하나님의 형상'과의 상관관계로 비교됨이 더욱 타당함을 의미한다."

(2) 중국인의 종교성향과 성경적 상담으로서의 선교 전략

a. 중국인의 종교성향

종교는 인간의 지성과 감정, 의지, 마음 안에 자리 잡고 있다. 즉 사상과 감정과 의지와 함께 전체 인간을 포괄하며, 인간 영혼의 모든 기능이 마음에서 통일성을 발견한다.

중국인의 의식 속에는 유교의 권위주의와 현실주의, 도교의 현실 도피주의와 신비주의, 불교의 사상이 스며있다. 혁명과 수많은 전쟁, 난리 속에서 자기를 보호하는 처세술로 인해 생활과 신앙의 이중성이 자연스레 드러나기도 한다. 기독교의 진리 안에는 "지리와 인종과 문화와 시간의 장벽을 초월하는 세계주의, 온 세계와 온 역사에 걸친 하나님의 백성의 일체 의식(oneness)"이 있다.30) 유교와 불교, 도교의 사상과 유물론적 사상에 젖어있는 중국 기독교인에게 '세계주의와 하나 됨(oneness)'의 진리를 적용하는 것이 매우 시급하다.

> 전통적인 유교는 숭고한 비전만 가지고 있을 뿐, 실천할 방법을 제시하지 못하기에 허망하고, 도교는 초월을 추구하지만, 현실을 변화시킬 방법이 없고, 중국에 깊이 뿌리박혀 있는 불교는 집착을 버리라는 데 뜻을 두고 있어서 추진하는 동력이 부족하다.31)

기독교는 역사적으로 그 시대의 사람들에게 커다란 영향력을 끼쳐 왔었다. 개인이 신앙적으로 성숙할 때, 그 사회는 역동성이 있었다. 기독교가 그 사회의 구조적 측면, 개인의 태도와 행동에 엄청난

---

30) 김세윤, 『기독교와 한국문화』(서울: IVP, 1996), 39.

31) 李錦綸, "그리스도화가 필요한 후기 공산시대의 中國文化", 「中國과 福音」. 제 155호. (서울: 중국복음선교회, 2010), 6.

영향력을 미치기 때문이다. 그러나 반면에 기독교인이 편협하고 옹고집이라는 말을 들을 때, 교회가 부패하고, 신자는 세속화되었다. 개인적으로 기독교인이 편견이 심하고 고집이 세다는 말을 들을 경우, 그 기독교인은 아직 미성숙한 신자인 것이다.

근대 중국은 제국주의의 침략에 맞섰고, 국공내전에 이어 하나의 국가로 세워졌다. 문화대혁명 등 크고 작은 우여곡절에도 중국인은 가족이라는 울타리에서 꿋꿋하게 살아남았고, 중국의 기독교인들은 많은 환란과 고난 속에서도 당당하게 살아남아 현재 놀랍도록 부흥하고 있다.

현대 기독교인들이 유의해야 할 사항은 근대 시대에 기독교는 평등한 태도와 대등한 관점에서 중국의 문화 전통을 대우하지 않았고, 서양의 국력을 바탕으로 높이 앉아 내려다보듯이 하며, 기독교 문화로 전통문화를 대체하려고 하였다.[32] 그러므로 기독교는 중국 지식층의 배척을 받게 되었고, 중국인의 기독교에 대한, 양자 간에 상호이해는 불가능하였다.

중국 기독교인의 의식 속에는 유교, 불교, 도교, 샤머니즘적 요소들이 혼합되어 나타나고 있다. 중국은 봉건사회가 가장 오랫동안 지속할 수 있었던 국가였다. 이는 특히 정치권에서는 유가(儒家)를 정통 이론으로 활용하고, 일반 백성들에게는 도가(道家)를 위주로 체계를 보조하는 문화구조였기에 가능하였다.[33]

지리적 위치와 인종, 민족의 차이를 넘는, 문화와 시간의 장벽을

---

32) 기독교는 아편전쟁 이후로 '불평등 조약'들로 인해 중국인에게 5·4 운동과 의화단(義和團) 운동을 일으키게 하였고, 중국 지식층은 기독교에 대하여 냉담, 적대시 하였다. 기독교 문화와 중국 문화 사이에 충돌점이 있었던 것이다.

33) 金觀濤·劉淸峰, 『중국문화의 시스템론적 解釋』, 49.

뛰어넘는 기독교의 세계주의, 온 세계와 온 역사에 걸친 하나님을 성부, 성자, 성령의 삼위일체의 하나님으로서 받아들이고 하나님 나라의 한 백성이라는 하나 됨을 받아들이는 기독교 사상은 중국인의 중화사상, 화이사상과 충돌이 일어난다.

중국인의 문화, 종교, 가치관의 연구는 '무엇이 참된 것이며, 무엇이 좋은 것이며, 혹은 무엇이 최선인가'의 인식이 어디에 기인하는지 살펴, 중국 기독교인이 자신의 문화나 가치관이 아닌 성경에 근거를 두고, 사상과 행동이 하나가 되며, 신앙과 생활이 다른 이중적인 행동이 아니라 일치하는 표현이 되도록 근본 문제점과 해결책을 찾는 데 있다. 조나단 차오(趙天恩)는 중국 문화의 기독교화를 위해 평생을 노력하였다. 중국인의 의식이나 사고 안에 결핍된 개념들을 그의 저서를 통해 살펴보면 다음과 같다.[34]

첫째, 초월관의 결핍이다. 철학가들이 말하는 '초월'은 자신 외에 한 분의 신을 믿는 것이다. 이를 일컬어 외재의 초월(outer transcendence)이라고 한다. 상주(商周) 시기에 중국인들은 오직 한 분으로 초월의 신(神)인 상제(上帝)를 믿었다. 그러나 유교의 '천(天)'은 '지고무상(至高無上)의 위격'으로 그 핵심은 이성의 도덕 인문주의이다. 공산화 이후에 서방 인문주의인 마르크스주의를 받아들여 유가를 대신하였기에, 이성주의 범주 내에 있어 계속해서 '무신론' 사상이 자리 잡고 있다. 특히 신유가(新儒家)의 자아실현은 '내재의 초월(inner transcendence)의 경지'를 추구하였다.[35] 중국인의 공허함을 메우기 위하여 외재적 초월인 상제의 존재를 거부한 것이다.

---

34) 趙天恩, 『中國敎會史論文集』, 30-31.

34) 趙天恩, 『中國敎會史論文集』, 30-31.

35) 신유가(新儒家, New Confucianism)는 중국의 경제발전에 대해 문화적 이데올로기로서 유학을 재조명하여 재평가한 것을 현대 신유학이라고 한다.

하나님은 인간과 세상을 창조하였고, 특히 인간은 하나님의 형상으로 지음 받아 하나님이 창조한 세상을 다스린다는 사실을 전하는 것이 중요하다.

둘째, 원죄 개념의 결핍이다. 중국인은 맹자의 '성선설'로 인해 사람은 본성이 착하며 자기통제력이 있다고 믿는다. 중국인은 법이란 악인을 벌하기 위한 것이지 군자에게는 필요 없다고 생각한다. 교육을 통해 도덕을 완성할 수 있다고 생각하기 때문에 원죄의 개념이 결핍하여 사람이 제한적이고 불완전하다는 것을 모른다.

셋째, '구속(救贖)'의 개념이 결핍된다. 중국인에게는 '원죄', '죄책감', '죄의 형벌' 개념이 결핍하므로 '구속'의 개념을 명확하게 알 수 없다. 그래서 믿음과 회개가 있어야 하는 구원의 진리를 이해하지 못한다. 특별 계시인 예수님의 보혈 대속 교리는 기독교 신앙의 가장 독특한 부분이다. 맹자와 신유가의 사상은 '사람마다 요순(堯舜)과 같이 될 수 있다'라는 신념으로, 유가의 '자아실현'의 개념이다. 이것이 중국 문화에 있어서 '믿음과 회개'를 필요로 하는 구원의 진리를 막는다.

넷째, 중국 문화에는 '무조건적인 용서'의 개념이 없다. 중국인이 말하는 '용서'는 지위가 비교적 높은 사람들이 낮은 자에게 하는 것이다. 이런 용서는 도덕적으로 우월하며, 사회적 지위가 높다는 우월감을 나타낸다. 중국 문화의 주축에는 '보은(報恩)', '보응(報應)', '복수(報仇)' 등이 있지만, 그리스도의 무조건적인 사랑은 없다. 사람이 인격적으로 하나님 안에서 그리스도의 용서를 경험하여야 이 조건 없는 사랑을 이해할 수 있다. 중국인에게 원수는 보복해야 하는 대상인데, 어떻게 원수를 미워하는 것에서 사랑하게 할 수 있을지가 중요한 과제이다. 중국인들이 진심으로 용서할 힘을 갖게 되어야 그리스도의 구속으로 큰 사역의 결과를 이끌 수 있다.

　다섯째, 가족관계를 벗어난 이웃에 대한 사랑의 결핍이다. 중국 문화의 주요 특징 중 하나는 '가족 중심'이다. 오직 혈족인 가족관계를 기준으로 한 사랑과 책임과 돌봄이 있다. 가족 외에 친교 단체나 특수 사회 단체, 다른 종교 안에서도 사랑을 경험하기 어렵다. 왜냐하면, 중국의 종교는 개인의 평안을 추구하고 공리주의를 늘 추구하기 때문이다. 그러나 그리스도인들은 그리스도와 연합하여 다른 사람들과 함께 예배하고 나누는 공동체이다. 현재 진행되고 있는 교회 공동체의 사랑은 이전의 중국 사회에서 볼 수 없었던 현상이다. 중국인은 권위 구조와 계급적 사랑과 의무로 인해 사람과의 관계가 정치화되었고,36) 아주 친밀한 친구와 친척 사이에서야 진실한 돌봄이 있다. 이러한 계급구조를 바꾸기 위하여 반드시 하나님이 인간을 창조하셨다는 진리를 잘 알아야 한다. 하나님께서 사람을 창조하셨기 때문에 인간은 평등하다는 개념이다.

　여섯째, '내세(future life)'에 대한 기대가 결핍하다. 중국의 전통 철학과 근대 마르크스주의는 우주의 시작과 마지막에 대해 대답하지 못한다. 그러므로 내세의 기대가 없다. 죽음이 모든 사물의 종결이다. 죽음 이후의 기대는 중국인들에게는 공포와 절망의 상태를 의미하기 때문이다. 인간의 영혼이 멸망하지 않는다는 것을 믿지 않는다. 중국인의 관념 속에는 내세와 영생에 관한 것이 들어있지 않다

---

36) 중국의 계층과 권위 구조는 사람들의 정치적 지위와 권력 등급에 따라 서로 다른 계층을 형성한다. 황제, 귀족, 관원, 선비(학자), 농공상인으로 나누고, 정치계층으로 천자-관원-평민, 사회계층으로 성현-선비-평민, 가족계층으로 족장-가장-가족구성원으로 나눈다.

<그림 1>처럼 세상의 시작은 하나님의 창조이고, 하나님의 구속사적 역사이며 역사의 마지막은 그리스도의 다시 오심으로 영원에 이른다는 창조와 구속의 역사를 알게 해야 한다.

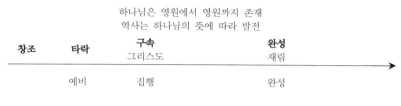

<그림 1> 창조와 구속의 역사

　　중국인의 종교심 또는 세계관에서 결핍된 면들을 살펴보았다. 중국인에게 복음을 전하는 데 여러 장애 요소가 있지만, 성경적 상담은 자연스럽게 찾아오는 중국인들과 접촉하여 복음을 전할 수 있다. 성경적 상담은 중국인에게 상담을 통해 성경의 가르침으로 실제 생활에의 적용을 가능하게 한다. 성경적 상담자가 겸손한 태도와 사랑하는 마음으로 주의하고 점검해야 할 중요한 내용이다. 이를 위해 기독교인들은 반드시 그리스도 신앙의 역사관을 가져야 한다.

b. 성경적 상담에 근거한 중국인 선교

　　선교는 세계관과의 전쟁이며, 곧 영적 전쟁이다. 문화의 중심에 있는 세계관을 변화하게 하는 것이 곧 선교이다.[37] 개인의 자아 중심적인 사고체계를 하나님 중심의 사고체계로 바꾸게 하는 것이다.

---

37) 전도와 선교의 의미 차이는 선교는 타국에 가서 복음을 전하는 것이고, 전도는 본국에서 복음을 전하는 것. 복음을 전한다는 사역의 내용은 동일하다. 이정현, 『실천신학개론』, 300-302.

선교의 주제는 예수 그리스도이며, 선교의 본을 직접 보이신 분도 예수 그리스도이다. 그리스도는 성육신을 통해 하나님 나라에서 세상으로 오신 선교사이시다.

> **선교의 동기**는 첫째로 죄인을 향한 하나님의 사랑(요 15:13)과, 둘째로 이웃 사랑(마 22:37-40)이다. 셋째로 제자 삼으라는 명령(마 28:18-20)이며, 넷째로 하나님의 심판이다. 그리스도인도 비그리스도인과 마찬가지로 심판이 있기 때문에, 절박한 심정으로 시간을 낭비하지 말고 강권하여 복음을 듣도록 해야 하며, 그리스도인 자신이 복음에 합당하게 행동해야 한다. 삶이 복음의 진리에 부합되어야 한다. **선교의 내용**은 하나님, 죄인인 인간에게 필요한 회개, 예수 그리스도와 그 십자가, 예수 그리스도를 영접함과 그 결과로 하나님의 자녀요 의인이 된다는 사실들이다. 오직 예수님의 대속만이 인간의 죄를 없게 하시며 죄의 장벽을 제거하시고 하나님의 존전에 나아갈 수 있게 하신다. 선교는 하나님과 인간과의 화목케 하는 일로 인간에게 가장 큰 축복이며 복음이 된다.38)

성경적 상담과 선교는 여러 면에서 하나의 주제와 목표를 향해 가는 다른 사역이다. "상담은 사역이고, 사역은 곧 상담이다(The fact, is that counseling is ministry, and ministry is counseling)."39) 즉, 성경적 상담은 하나님의 일이다. 성경적 상담의 주역은 인간 상담자도 피상담자도 아니다. 바로 삼위일체 하나님이시다. 성부 하나님의 구원 계획, 성자 예수님의 구원 완성, 성령 하나님의 구원으로의 인도하심과 그로 인한 성화의 과정이다. 그러므로 선교와 성경적 상담의 주제는 같다고 할 수 있다. 다음의 <표 23>은 중국인을 상

---

38) 이정현, 『실천신학개론』, 300-305, 307-309.

39) Heath Lambert, *The Biblical Counseling Movement after Adams*, 21. 황규명은 바울이 에베소교회에서 3년을 밤낮으로 한 사역(행 20:31)이 바로 상담사역이라고 하였다. 황규명, 『성경적상담의 원리와 방법』, 21.

담하는 현장에서 반드시 점검하고 교육해야 할 내용이다.

<표 23> 성경적 상담에서 다루어야 할 사항

결핍 사항	성경적 상담에서 다루어야 할 사항
초월 개념(신론)	하나님의 유일 존재, 삼위일체 하나님의 위격과 역사하심
원죄 개념	인간의 원죄와 죄의 특성
구원관	인간의 무능과 예수 그리스도에 대한 예언의 실현, 탄생, 생애, 십자가의 돌아가심, 부활, 승천, 재림.
무조건적인 용서	인간의 죄성, 예수 그리스도의 돌아가심, 사도 바울의 전도
타인 사랑	예수 그리스도의 본보기, 그리스도와의 한 몸이 됨, 성령의 전으로서의 지체
내세관	진화론의 허구성과 하나님의 창조역사, 예수 그리스도의 비유(거지 나사로의 이야기)

성경은 변하지 않는 진리로 모든 시대에 삶의 기준이 된다. 다원주의 사회로 세계가 지구촌으로 가까워진 현대 사회에서 모든 문화를 뛰어넘는 성경적 상담은 오직 상담의 주체가 되는 성령의 역동적 역사(役事)함이 있기에 진정한 변화와 변혁이 있다. 오랜 습관으로 형성된 삶의 양식(life styles)과 삶의 유형(life patterns)은 오직 성령의 역사로 변화할 수 있다.[40) 성경적 상담을 통해 이 변화의 증거들이 타문화 현장에서 계속 드러나고 있다.

---

40) 정정숙, 『기독교상담학』, 507.

2. 성경적 상담에 근거한 중국인 선교 활용

(1) 성경적 상담의 중국인 선교 활용 원리

중국인에게 드러내고 자유롭게 복음을 전하기는 쉽지 않다.[41] 선교는 주 예수께서 먼저 믿은 제자들에게 주신 '위대한 사명(the great commission)'이며, '선교의 명령(the missionary mandate)'이다. 이는 예수 그리스도께서 공생애 사역을 마치시고 승천하시기 전 제자들에게 여러 차례 분부하신 명령이기 때문이다(마 28:19-20, 막 16:15-18, 행 1:8). 그래서 선교, 즉 복음 전도는 현재에도 계속되는 신자와 교회가 마땅히 순종해야 할 사명이다.

사회주의 국가요 다민족, 다문화 국가인 중국 사회에 효과적으로 복음을 전하는 방법의 하나로 성경적 상담이 매우 이상적이다. 이것은 피상담자의 근본적인 문제 해결을 위한 자연스러운 방법으로서 복음을 제시하며, 자연스럽게 복음을 접할 수 있기 때문이다.

황규명은 "상담을 통해서 전도가 이루어진다. 상담은 구원의 문제뿐만 아니라 각 신자가 그리스도의 삶을 살도록 도와준다. 그리고 이러한 성화의 과정을 밟도록 도와주는 것이 바로 상담"이라고 했다.[42] 상담을 통해 전도가 이루어지고, 상담을 통해 성화의 과정을 가는 신자들을 도울 수 있다. 선교의 목적은 하나님이 명령하신 하나님과 이웃을 향한 사랑을 촉진하는 것이다.

상담과 선교의 관계는 상담과 전도의 관계에서와 같다. "상담과

---

41) 중화인민공화국 헌법 서문에 "중화인민공화국은 전국의 제 민족 인민이 공동으로 창건한 통일된 다민족국가이다."와 "중화인민공화국의 공민은 종교와 신앙의 자유를 가진다. 종교단체와 종교사무는 외국세력의 지배를 받아서는 아니 된다(제 2장 36조)."

42) 황규명, "상담과 목회의 실제", 「성경과 상담」 제 2 권 (2002), 44.

선교는 별개의 것이 아니라 동일한 목표를 지향하는 수레의 두 바퀴"이다.[43] 상담과 선교의 궁극적 목적은 인생의 목적과 같이 하나님을 영화롭게 하며 그를 기뻐하는 것이다. 상담과 선교의 목적은 사람을 변화시켜서 하나님을 영화롭게 하는 데 있다.

성경적 상담은 삶의 체계(life system)를 인간 자신의 중심에서 하나님 중심으로 전환하여 살게 하는 것이다. 상담을 통한 변화는 먼저 비신자에게는 구원에 이르는 변화로 '비신자 전도, 선교'이며, 신자로서의 변화는 '성화에 이르는 변화'이다. 이것은 신자 상담, 곧, 양육이다. 이렇듯이 선교와 상담은 수레의 두 바퀴이다.[44]

> 복음 전도는 상담에서 절대적으로 필요한 본질적인 요소이다. 상담자는 성령의 사역을 앞서가는 일들을 의식적으로 피해야 한다. 영혼의 구원이 상담자들의 일이 아니라 하나님의 과업이라는 것을 상담자들은 인정해야 한다. … 상담자는 피상담자에게 복음을 설명하고 하나님께서 모든 사람에게 자기의 죄를 회개하고 예수 그리스도를 믿으라고 명령하셨다는 사실을 단순하게 말하는 것이다"[45]

성경적 상담은 "개인상담 사역을 통해 사람들을 그리스도와 연결하게 하는 일"을 한다.[46] 어찌할 바를 몰라 고통 속에 있는 피상담자는 영원히 피상담자가 아니다. 예수 그리스도를 만남으로써 자신의 문제 상황을 새로운 시각으로 이해하고, 그리스도의 도움으로 문제를 해결한 후, 자신의 우산에서 나오게 된다. 그 후 피상담자는

---

43) 정정숙, 『기독교상담학』, 495.

44) 정정숙, 『기독교상담학』, 500.

45) Adams, *Competent to Counsel,* 69-70.

46) Tripp, *Instruments in the Redeemer's Hands,* 184.

상담자로서 자신의 우산을 펴서 다른 피상담자를 돕는 역할을 할수 있다. 상담에서 전해지는 복음은 고난이나 고통, 상실에서 벗어나는 단순한 것이 아니라 구원에 대한 소식이다. 복음은 현실에 직면하여 반응하게 하는 변화를 일으킨다. 피상담자를 변화시켜 또다른 사람의 삶에서 변화시키는 일에 동참하게 하신다.[47) 상담 현장에서 문제를 소유한 중국인은 신자이든 비신자이든 하나님의 형상으로 창조된 죄인이다. 하나님 앞에서는 누구나 죄악으로 부패한 죄인이다. 인간의 문제는 개인에게 고통을 주고, 가족과 사회에 고통을 주며 그 영향을 끼친다. 인간으로서의 중국인, 그들은 하나님의 말씀을 가지고 성령의 조명하심과 성령의 역동적 변화의 역할로 변화 가능한 존재이다.

(2) 성경적 상담의 중국인 선교 활용 방법

성경적 상담을 선교 현장에서 활용하는 방법은 일반 상담 현장과 같다. 같은 문화권이 아닌 선교 현장이라는 특수 상황이 있을 수 있지만, 근본적인 인간의 문제는 여전히 동일하다. 하나님의 말씀인 성경이 2천 년이 지난 지금도 모든 세대, 모든 문화에 적용 가능한 것은 인간은 하나님의 형상으로 창조된 죄인이며, 성경을 도구로 성령의 역할에 의해 변화 가능하다는 전제가 있기 때문이다.

피상담자인 중국인을 만났을 때, 그들을 이해하는 것은 가장 기본적인 일이다. 중국인으로서의 문화를 인정하고 공감하는 것이 매우 필요하다. 문화대혁명을 거친 세대와 계획생육의 결과로 태어난 80년대 이후의 젊은이 세대와는 차이가 아주 크다. 이러한 세대 차

---

47) Tripp, *Instruments in the Redeemer's Hands*, 16.

이는 어느 문화에나 존재한다. 하나님 앞에서 동등한 피조물로서 인식하고 모든 민족과 인종을 모두 죄인으로 포용하고 수용할 수 있다. 역사적 실제 속에 출현하는 과거와 현재의 모든 인간은 어떤 면에서는 보편적 차원에서 다른 모든 사람과 같고, 지역과 문화가 같다는 면에서 일부분은 같고, 개인적 차원에서는 어느 사람과도 같지 않은 독특한 존재임을 아는 것이다.[48] 그러므로 인간을 하나님의 형상으로 창조된 죄인으로, 성령의 역사하심으로 변화 가능한 귀한 존재로 여기는 것이다.

성경적 상담의 활용을 위해서 상담 기록지 <그림 2>의 사용은 매 상담 시기에서 다루어진 내용을 기록함으로써 상담 과정 중에 일어나는 변화를 매우 통찰력 있게 살펴볼 수 있다.

---

48) David Augsburger, *Pastoral Counseling Across Cultures*, 임헌만 역, 『문화를 초월하는 목회상담』 (서울: 도서출판 그리심, 2005), 90-102.

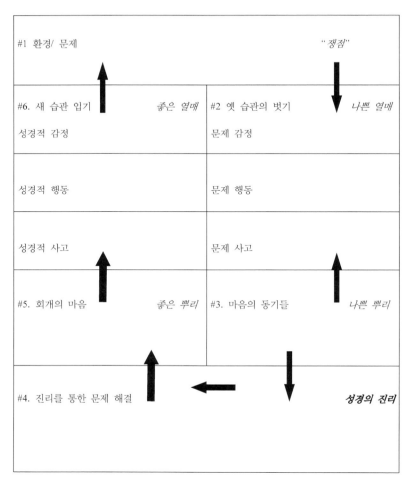

#1 환경/ 문제			"쟁점"
#6. 새 습관 입기　　　좋은 열매 성경적 감정	#2 옛 습관의 벗기　　　나쁜 열매 문제 감정
성경적 행동	문제 행동
성경적 사고	문제 사고
#5. 회개의 마음　　　좋은 뿌리	#3. 마음의 동기들　　　나쁜 뿌리
#4. 진리를 통한 문제 해결	성경의 진리

<그림 2> 상담 기록지[49]

각 창(#1~#6)은 하나님의 말씀을 통한 상담에서 신자나 비신자
인 피상담자가 지닌 문제의 감정과 행동, 문제의 생각 등을 성경적

---

49) Peabody, "Biblical Counseling As An Evangelistic Method", 94-95를 응용하였다.

사고와 행동, 성경적 감정으로 끌어내어 실제 삶에 적용해 가는 변화의 유도 과정을 매 상담 기록 시 선명하게 볼 수 있게 해준다.

#1의 환경은 당면한 피상담자의 문제 상황이다. 피상담자는 신자혹은 비신자이거나 명목상 신자나 미성숙한 신자일 수 있다. 성숙한 신자이지만, 어떤 결정 앞에서 도움을 청하는 경우일 수도 있다. 이미 몸에 익숙한 습관의 문제는 피상담자가 깨닫지 못할 수도 있다. 인간관계의 문제와 생활상의 문제, 신앙생활에 관한 문제 등 다양하다. 타고난 인간의 당면한 문제 환경은 쉽게 변화하지 않는다. 변화의 시작은 환경의 변화가 아니라 몸에 밴 습관의 변화, 피상담자 인간의 변화에서부터 시작된다. 똑같은 상황에서 대처할 능력이 있는 피상담자와 대처 능력이 없는 사람의 태도가 다르듯이, 문제 상황을 해석하는 관점이 바뀌면 문제 상황은 피상담자를 압도하지 않게 된다. 상황에서 가장 대두되는 문제 중에서 하나씩만 쟁점으로 선정하여 다룬다.

#2의 문제의 감정과 문제의 행동, 문제의 사고는 나쁜 뿌리에서 연유된 옛사람의 상태이다. 즉, 마음의 동기들(#3)은 피상담자의 감정과 생각, 행동을 지배하며, 피상담자는 그것들에 의해 움직인다. 마음의 동기가 우상이 되어, 그것을 따라가며 추구함으로써 삶의 목적이 되어버렸다. 새로운 변화는 예수 그리스도를 통해, 성령의 능력으로 가능하다. 새사람으로서 신분의 변화와 관계의 변화가 일어나기 시작한다. 성경의 진리를 통한 성경적인 사고와 감정과 행동으로 인해, 날마다 변화하는 생활의 훈련을 통해 좋은 열매를 맺는 삶의 결과를 드러내게 된다. 이전의 문제가 사라지거나 변한 것은 아니지만, 문제를 바라보는 시각이 변했고, 해결할 능력도 생기

게 된다. #2의 나쁜 열매는 비성경적 사고와 감정과 행동의 결과로 인한 나쁜 열매로 피상담자 옛사람의 모습이다. 이러한 결과는 #3의 동기에서 비롯된 것이다. 이 동기를 알아내기 위해 마음의 동기를 찾아내는 것이 중요하다.

#3의 동기는 옛사람의 모습이다. "'왜, 그렇게' 행동했을까? 무엇을 원하는가?" 신자조차도 마음속에 하나님과 자기 욕망적인 것의 싸움은 일어난다. "사람들은 겉으로 나타나는 일들의 숨은 이유를 '~ 때문에 나는 이렇게 행동하고, 생각하고 느낀다.'라고 설명하기 위해 끊임없이 노력한다."[50] 상담자는 다음의 세 가지를 통해 피상담자에게 이전의 삶의 동기를 날마다 점검하게 할 수 있다.

첫째, 어떤 거짓과 욕망이 삶의 패턴으로 나타나는가? 쉽게 짜증을 내는 것, 이기심, 절망감, 현실도피, 자기 의, 자기 연민, 아무것도 못하는 두려움, 불평, 불만 등의 아래에 무엇이 있는지 파헤쳐 보는 것이다. 피상담자가 쫓고 있는 욕망을 발견하여 빛으로 가져오도록 준비시킨다. 둘째, 인간의 행동은 하나님과 상관없이 일어나지 않는다는 사실이다. 하나님을 두려워하며, 그를 사랑하여 그에게 피난처로 삼든지, 하나님을 경시하여 그를 피하여 다른 것에 소망을 둔다는 것이다. 말로서가 아닌 실제의 삶에서 나타나도록 하면 복음을 전하는 일과 신자의 성장에 도움이 된다는 것이다. 셋째, 모든 동기는 하나님과 관계가 되어 있다. 잘못된 부분들은 하나님과 관계된 방법으로 보는 것이다. 내게 존재하는 욕구와 필요를

---

50) David Powlison, *Seeing With New Eyes: Counseling and the Human Condition Through the Lens of Scripture*(Phillipsburg. New Jersey: Presbyterian and Reformed Publishing Co., 2003), 129.

채우기 위해서가 아니라 그리스도에 대한 살아있는 믿음이 진정한 해결책이 된다는 사실이다.[51]

　인간의 감정인 느낌은 감각과 지각을 묘사하기도 하고, 지각한 그대로 자기 생각과 신념, 태도를 표현하기도 한다. 또한, 자신의 욕망을 느낌으로 표현하기도 한다. 상담자는 피상담자가 경험과 감정과 생각과 욕망을 표현하는 '느낌들'을 무시해서는 안 된다. 하나님은 인간의 느낌인 뿌리, 마음의 생각과 뜻을 감찰하신다. 그 안에 욕망, 욕구, 동기들이 숨어 있으므로 언어적 표현 안에서 긍정적인 면을 찾아내고 부정적인 것은 버릴 수 있도록 돕는 것이다. 이러한 문제의 해결 방법을 이미 상담자에게 주셨다. 바로 예수 그리스도이시다.[52] 마음의 동기가 하나님의 말씀으로 변화되지 않으면 옛 습관으로 되돌아가는 악순환이 일어난다.

　#4는 문제 상황에 대해 피상담자의 언어를 통해, 비언어적 탐색을 통해 충분한 교제가 있고 난 뒤, 하나님의 말씀을 통해 직면하는 것이다. 성경을 도구로 복음을 듣게 되거나 소책자를 통해 간접적으로 전달되기도 한다.[53] 비신자일 경우 예수 그리스도를 삶의 주인으로 영접하여 그의 은혜에 힘입어 성령의 능력으로 변화하는 것이다. 피상담자의 생활, 행동의 동기, 삶의 양식 등 전체적인 삶의 양식인 문화가 달라지는 것이다. 여기에 교회 공동체에서의 예배가 있게 된다. 예배의 대상이 바뀌었기 때문에 진정한 예배가 있게 된다. 이로 인해 피상담자의 변화가 시작된다. 하나님과의 수직

---

51) Powlison, *Seeing With New Eyes*, 140-141.
52) Powlison, *Seeing With New Eyes*, 212-214.
53) CCC의 4영리나 네비게이토의 전도소책자 다리예화를 사용한다.

적인 관계와 다른 인간과의 수평적인 관계에 변화가 온다.

#5에서 피상담자는 성령의 역동적인 역사하심으로 새사람이 된다. 옛사람의 죄 된 생활을 회개함으로 예수 그리스도를 구주로 믿고, 하나님의 자녀로 의롭다 함을 받는다. 이것은 생활의 모든 영역에서 그리스도의 주권을 인정하여 순간순간 하나님의 뜻이 무엇인지, 그를 의지하는 것이다.[54] 경건의 모양만 있다거나, 경건의 능력을 부인하는 자가 아니라, 외면적으로 드러나는 행동인 '경건의 모양'과 함께 '경건의 능력'을 모두 소유하는 것이다(딤후 3:1-9). 새사람으로의 변화되는 경험은 다음과 같다.

> 옛사람은 멸망으로 향해 가는 욕심의 세력 아래 신음하고 있으나, 새사람은 하나님의 능력 아래서 그 생명력을 더해 가고, 계속하여 진행하여 나가는 과정으로 절대 멈추지 않는 일이다. 옛 습관, 옛 풍습, 옛 삶의 방식은 썩어져 가고 부패했기 때문에 벗으라고 명령한다. 벗으라는 것은 관계를 끝내 버리고 집어던져 버리는 행동이다. 마치 겉옷을 벗어서 옆으로 제쳐 놓고, 벗은 사람은 새사람을 입어야 한다. 이 두 가지 요소는 함께 가야 한다. 벗어버리고 벌거벗은 채로 갈 수도 없다. 변화했다는 것은 그리스도의 복음에 합당하게 행동하고, 합당하게 생활하는 것을 말한다. '우리의 옛사람이 예수와 함께 십자가에 못 박힌(롬 6:6)' 사실을 안 사람만이 옛사람을 벗을 수 있다. '옛사람과 그 행위를 벗어버리고(골 3:9)', '진리를 알지니 진리가 너희를 자유롭게 하는(요 8:32)' 자유인이 되는 길이며, 옛사람을 벗는 일은 기도해야 하는 일이 아니라 행동을 해야 할 때다. 기독교인의 삶 전체는 믿음의 삶이다. 성화는 믿음만으로 되는 것이 아니고, 벗고 입는 일을 해야 한다.[55]

옛사람을 벗고 새사람을 입는 일은 지·정·의의 체험이 하나가

---

54) 성인경, 『바른 영성이란』(서울: 예영커뮤니케이션. 1997), 6-9.

55) D. M. Lloyd-Jones, *Ephesians : An exposition of chapter 4:17-5:17*. 서문강 역, 『에베소서 강해 ⑤ 영적 광명』(서울: CLC, 2007), 152.

되는 것이다. 믿는 것과 아는 것이 하나가 되는 성숙한 신앙이다. 먹든지, 마시든지, 공부하든지, 장사하든지 주 안에서 하는 것은 영적인 것이며, 하나님의 영광을 위하여서 하는 것이다(고전 6:12-18, 10:31). 성경에서 말하는 진정한 행복은 "나를 위하여 목숨을 잃는 자는 얻으리라."라고 한 교훈을 뜻한다.56) 신자의 삶의 목적은 하나님을 영광스럽게 하는 것이다. 이에 따르는 생활은 하나님과 다른 사람인 이웃을 사랑하는 마음에서 우러나오는 것이다. 비신자가 구주이신 예수 그리스도를 통하여 하나님을 피난처로 삼고 죄의 용서를 구할 때, 하나님은 영광을 받으신다.57)

　#6은 새사람으로서 좋은 열매를 맺는 삶이다. 성경적인 사고와 감정, 성경적인 행동을 통해 지속해서 변화하는 삶을 사는 것이다. 피상담자는 회심과 칭의의 과정을 거쳐 성화로 향하는 삶의 과정 중에 있다. 완전하게 성숙한 것이 아니라, 성숙으로 도달하기 위한 과정이다. 하나님의 말씀 안에서 자의적으로 순종하는 삶으로, 구원에의 감사와 감격으로 하나님께 자발적으로 따르는 삶이다. 구원은 전적으로 하나님의 능력에 의한 것이지만, 인간이 행동해야 할 일이 있다는 것을 의미한다.58) 믿음과 회개는 단회적 상황인 중생과 칭의이다. 그 후 지속해서 신자가 해야 할 일은 점진적 성화와 견인을 위하는 것이다. 상담자는 피상담자의 영적 성숙을 위해 기도와 성경

---

56) David G. Myers・Malcom A. Jeeves, *Psychology through the eyes of faith*, 박원기 역,『신앙의 눈으로 본 심리학』(서울: 한국기독학생회출판부, 1999), 161-163.

57) 신자의 생활에 대해 John Calvin, *Institutes of the Christian religion*, 성문출판사 편집부 편 역,『영한 기독교강요』Ⅲ(서울: 성문출판사, 1993), 303-385를 참고하라.

58) Anthony Hoekema, *Saved By Grace*, 이용중 역,『개혁주의 구원론』(서울: 부흥과개혁사, 2014), 30, 283. 구원의 과정은 중생(새 생명) ->돌이킴(믿음과 회개) -> 칭의(하나님의 자녀라는 새로운 신분) -> 성화(점진적 새로움) ->성도의 견인(지속해서 새로워짐)의 과정이 연속적인 경험이 아닌 동시에 시작되어 지속되는 다양한 국면을 포함하는 하나의 단일한 경험으로 이해되어야 한다.

을 읽는 것, 그 말씀에 대한 순종의 행위가 필수적임을 말하고, 그대로 지킴으로써 모범을 보인다. 말씀을 듣고 행하지 않는 자의 믿음은 그 자체가 죽은 것이다(약 2:17, 1:26). 성화의 일은 "하나님의 일인 동시에 하나님의 백성인 기독교인의 책임이다."[59] 성화도 삼위일체 하나님의 선물이다. 그러나 기독교인의 책임 있는 참여를 포함한다(롬 12:1-2).[60] 신자로서 해야 할 책임이 있다.

> 첫째, 수동적으로 기다리지 말고 자신이 해내야 하는 일임을 인식하는 것이다. 옛 습관을 벗어버리라는 뜻은 이전의 행동들을 멈추고, 그 옛 습관대로 행동하지 않는 것이다. 두 번째, 자신이 누구이며 어떠한 사람인가를 스스로 인식하여 날마다 고백하는 것이다. 새로운 피조물로서(고후 5:17) 하나님의 자녀이며, 세상을 살아가며 당면한 문제를 살펴보고 피하지 말고 정면으로 마주 대하라는 것이다. 셋째, 하나님의 성품에 참여한 사람으로서, 흑암의 권세에서 하나님의 사랑하는 아들의 나라로 옮겨졌기에. 그리스도의 한 지체로 복음에 합당하게(빌 1:27) 생활하라는 것이다. 육신의 일을 생각하거나 행동하지 말고 복음에 순종하는 단계로 가는 것이다.[61]

신자로서 은혜로 얻은 구원 위에, 행함으로 이루는 성화의 과정을 이루어 가는 것이다. 성경적 상담은 인간이 주체가 아니라 성령 하나님이 주체이며, 하나님의 역사이며 성령의 역사이다. 성경적 상담에서 피상담자는 옛사람으로서 옛 습관을 벗어버리고(dehabituation), 회개한 후 새사람으로서 새로운 습관을 입게(rehabituation) 된다.[62] 여기에 상담자는 피상담자를 '사랑하고 알며(love &

---

59) Hoekema, 『개혁주의 구원론』, 283.

60) Hoekema, 『개혁주의 구원론』, 295.

61) Lloyd-Jones, 『에베소서 강해 ⑤ 영적 광명』, 189-90.

62) Adams, *The Christian Counseling Manual*, 171-216.

know), 권면하여 변화를 촉구하여 행동하도록(speak & do)' 한다. 피상담자의 상황이나 문제가 무엇인지, 피상담자가 그 문제나 상황에 어떻게 반응하는지, 성경은 그 문제나 상황에 관해 무엇이라 말하는지를 늘 상기하면서 상담을 진행한다.

3. 연구자의 '성경적 상담 3단계 모델' 제시

성경적 상담은 상담을 통해서 선교를 가능하게 한다. 중국인 선교를 위한 성경적 상담의 활용 방법으로 상담 기록지인 <그림 2>를 사용함에 대해 상세하게 설명하였다.[63]

연구자는 타문화권인 선교지, 특히 중국 선교를 위해 피상담자 변화 중심의 상담 모델을 고안하였다. 비신자(非信者)인 피상담자 마음의 변화를 통한 삶의 변화에 주목한 것이다. 피상담자를 중심으로 하는 성경적 상담 모델은 성경적 상담의 원리와 방법을 통하여 신자와 비신자 피상담자들에게 모두 활용할 수 있다.

'성경적 상담 3단계 모델'의 전제는 다음과 같다. 첫째, 중국인 피상담자를 문제가 있는 존재로 보기보다 하나님의 형상으로 창조된 존귀한 자로 인식한다. 둘째, 성경적 상담의 주역인 성령께서 역사하실 것을 믿고 기대하며 매 순간 하나님의 임재와 역사하심을 기도하는 것이다. 셋째, 신자인 상담자와 비신자 피상담자의 만남은 하나님의 섭리 가운데 인도된 것을 확신하는 가운데 상담하는 것이다.

---

63) <그림 2>의 상담 기록지를 사용하여 실제 상담이 효과적으로 진행되었으며, 특히 상담교육과 집단상담을 할 때 자기상담(self counseling)의 활용으로 효율성이 매우 높게 나타났다.

연구자의 '성경적 상담 3단계 모델'은 성경적 탐색(Biblical Exploration)의 단계, 성경적 시각 개발(Biblical Reframing)의 단계, 성경적 재구성의 단계(Biblical Restructure)로 구성된다.[64] 본 연구자는 다음과 같이 '성경적 상담 3단계 모델'로 <그림 3>을 제시한다.

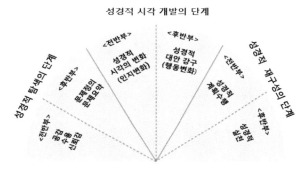

<그림 3> 연구자의 '성경적 상담 3단계 모델'

성경적 탐색의 단계에서는 상담자가 피상담자의 문제를 공감하고 수용함으로써 서로 간의 신뢰를 기반으로 당면한 문제를 정의하

---

64) 연구자는 성경적 상담 3단계 모델을 제시하기 위하여 일반적으로 '교육심리학'에서 초기, 중기, 종결의 과정으로 설명하는 가장 일반적인 이론에 주목하였다. 또한, 단계나 과정의 용어를 제랄드 에간(Gerald Egan)의 내용에서 응용하였다 - Gerald Egan, *The skilled helper*, 오성춘 역, 『상담의 실제: 효과적인 상담 기술』(서울: 한국장로교출판사, 2006) - 중요한 것은 반원의 모양을 활용한 연구자의 의도이다. 반원의 모양은 상담자의 상담 과정에서 '호흡 조절하기'(상담의 균형 조절)를 표현하고자 하였다. 성경적 탐색의 단계에서 공감, 수용으로 신뢰감을 쌓으면서 문제 상황을 정의하고, 문제를 요약하기 위해 상담이 상승세를 타면서 고조되어 감을 나타내고자 함이다. 성경적 시각 개발의 단계에서는 탐색의 단계에서 발견된 문제를 통해 피상담자의 인지가 전환되는 성경적 시각 변화의 단계, 후반부에서는 인지가 전환된 후 대안을 마련하며, 행동이 전환되게 하는 것을 나타냄으로 상담 과정의 클라이맥스를 나타내고자 하였다. 성경적 재구성의 단계에서는 일반적인 '교육심리학'의 종결, 마무리 단계를 활용하면서 클라이맥스의 단계가 서서히 안정된 마무리를 하는 의미를 나타낸 것이다. 따라서 '성경적 상담 3단계 모델'은 간단명료하게 진행된다는 면에서 3단계의 장점을 살렸으며, 3단계의 단순성을 탈피하고자 하는 면에서 매 단계에서 전반부, 후반부의 역할을 구체화하여 6단계, 즉 여섯 과정의 기능적인 효과를 나타내고자 하였다. 본 연구자는 이런 의도에서 성경적 상담 3단계 모델을 제시한다.

고 요약한다. 상담 초기에는 문제에 중점을 두지만, 하나님과의 관계를 회복함으로써 진정한 문제를 정의하고 요약하도록 돕는다. "인간관계가 깨지고, 희망이 없으며, 비통하고, 중독 문제, 혼란스럽고 좌절된 의식 등은 죄와 관련되어 있다. 상담과 복음 전도는 함께 가기 때문에"[65] 문제 파악과 정의는 중요하다. 겉으로 드러난 문제 속에 숨어있는 진정한 문제를 파악하는 것이다. 피상담자를 문제를 소유한 존재로만 보지 않고 소망을 갖고 장점과 자원을 찾도록 한다.

성경적 시각 개발의 단계에서는 피상담자의 문제를 하나님과의 관계 속에서 바라보는 것을 주제로 한다. 즉, 문제 뒤에 섭리하는 하나님을 바라보게 되는 성경적 시각 전환이다. 이러한 생각의 변화로 문제는 전환점(turning point)의 기회가 되는 소망을 갖는다. 이로써 문제의 대안을 마련하는 행동의 전환으로 이끈다. 피상담자의 정체성이 바뀌면서 자기 인식에 대한 근본적인 변화가 일어나 행동화되도록 한다.

성경적 재구성의 단계에서는 상담의 목표 달성을 위한 전략을 개발한다. 피상담자는 새로운 신분의 변화로 소망을 갖게 된다. 이 단계에서 스스로 가능한 행동을 실행하도록 계획하고, 결국에는 상담자의 도움 없이도 효율적으로 대처하는 지식과 기술을 습득하여 실제 생활 중에 지속해서 전인격적인 변화가 습관화되게 하는 단계이다. 각 단계를 자세히 소개하면 다음과 같다.

---

65) Thomas Sigley, "Evangelism Implosion: Reaching the Heart of Non-Christian Counselees", *Journal of Biblical Counseling*, No.1, Vol. 17, (Fall 1988), 7.

(1) 성경적 탐색의 단계(Biblical Exploration)

초기 단계로 피상담자가 자신의 문제 상황을 이해하는 단계이다. 피상담자의 문제와 정체성을 탐색하고 명료화하는 것이 이번 단계에서의 목표이다.

a. 전반부: 공감, 수용, 신뢰감

피상담자는 자신을 드러내고 상담자와 공감하며 수용의 단계를 거쳐 서로의 신뢰를 쌓게 된다. 상담자는 피상담자가 자신을 개방하면 할수록 문제를 탐색하고 정의하고 요약하는 데 집중하기 쉽다. 상담을 위해서 주의 집중과 적극적 경청을 통해 피상담자가 자신의 이야기를 자유롭게 말하도록 하는 것이 상담자의 중요한 역할이다. 그리하여 근본적인 문제의 동기와 핵심을 파악한다. 피상담자가 자신의 문제점을 인지하고 수용하여 인정하면, 그 문제점들을 구체화하고 명확히 한다. 이때, 상담자와 피상담자 간에 신뢰감이 형성되어야 상담을 계속 진행할 수 있다. 여기에서 인간 상담자를 의지하기보다 상담의 주역인 성령 하나님을 알게 함이 중요하다. 하나님의 자녀로서의 정체성을 갖도록 복음을 제시할 기회를 찾는다.

(1) 공감(empathy)

상담의 첫 단계에서 피상담자는 자기 개방을 통해 상담자를 신뢰하게 된다. 문제를 가진 피상담자는 상실감과 고독, 질병으로 인한 고통 속에 있을 수도 있다. 인간의 문제는 타락한 존재로서 죄인의 문제이다. 상담자는 문제에 집중하기보다 사람에 집중하여 돕는 관계를 형성할 수 있게 된다.

정확한 공감을 전달하기 위해 상담자가 피상담자에 대해 이해하고 있는 것을 분명하게 전달해야 하고, 피상담자를 상담 중에 대화로 참여시켜 대화를 통해 문제 상황을 명료화시키고 적극적인 관계로 발전시켜 나가야 한다.66)

예수 그리스도가 고통과 질병 중에 괴로워하는 인간을 바라볼 때 연민과 불쌍함으로 고쳐주셨던 것처럼, 상담자도 문제에 빠진 피상담자에게 공감하여 불쌍히 여기는 감정에 함께 머물 수 있다. 여기에서 감정은 의지적 선택이다.67) 공감은 피상담자의 문제 속에 능동적으로 들어가 감정적으로, 행동적으로 함께하는 것이다. 선한 사마리아인처럼 강도 만난 자에게 불쌍함을 느끼고, 일으켜 자기의 나귀에 싣고, 여관에 가서 비용을 대주면서 돕는 자리에 있는 것이다(눅 10장).68) 예수 그리스도는 상담자로서 깊은 공감이 있으셨다. 목자 없는 양 같음을 보고(마 9장), 손 마른 사람을 보았을 때(막 3:1-5), 과부 독자의 죽음을 보고(눅 7:11-15), 나사로의 죽음 앞에서(요 11:33-35), 문제에 대한 대책을 곧바로 제시하지 않으시고 깊은 공감과 불쌍히 여김이 있었다. 동족 유대인이 자신을 죽이려고 끊임없이 도모하였지만, 사도 바울은 그들에 대한 깊은 사랑에서 나오는 연민과 동정을 지니고 있었다(롬 9:1-3).69)

정확한 공감을 위해 상담자는 피상담자가 전달하려는 내용을 주의 깊게 집중하며, 핵심 내용을 경청하고, 이에 대해 융통성 있게 응답할 필요가 있다. 공감은 친밀관계를 형성하게 하고 자료를 수

---

66) Egan, 『상담의 실제』, 133.

67) MacArthur & Master's College Faculty, 『상담론』, 204.

68) Adam, *The Christian Counselor's Manual*, 160.

69) MacArthur & Master's College Faculty, 『상담론』, 199-201.

집하고 명료화하는 데 도움이 된다. 피상담자가 두려움에서 벗어나게 해주는 유용한 커뮤니케이션 수단이 될 수 있다.[70]

상담자는 피상담자와 공감하기 위해 피상담자의 관점에서 문제 상황을 이해해보고, 피상담자를 가족 구성원으로 생각해 본다. 실제로 하나님 아버지를 모신 자로서 모두는 그리스도 안에서 영적인 형제요, 자매이다. 상담자 자신도 언제든지 죄를 지을 가능성이 있는 연약한 자임을 깨닫고, 불쌍히 여기는 마음으로 피상담자에게 다가가는 것이다. 실제적인 방법들로 피상담자를 위해서 기도하며 (골 4:12-13), 함께 즐거워하고 슬퍼함(롬 12:15)으로 부드럽고 온화하게 대하며(마 12:20), 은혜롭게 말한다(골 4:6). 만약 피상담자가 잘못한 것이 있다면 회개하도록 하고, 타인을 용서하고(마 18:21-22), 가능한 역량 안에서 기꺼이 물질적인 필요를 채워 주고자 하는 것이다.[71] 특히 기도는 상담이 기독교적임을 나타내기 위해 상담이 끝났을 때 덧붙이는 부속물이 아니라, "하나님께 대한 믿음으로 모든 변화를 일으키는 주역이 하나님이심을 기억하게 하는 것이다."[72] 상담자는 상담 전후에 피상담자와 함께 기도하며, 혼자서도 상담을 준비하며 늘 기도해야 한다. 기도를 통해 피상담자의 상황에 함께 공감하며, 언어뿐 아니라 음성의 고저와 눈빛 등을 통해 감정적인 면을 다루어 주는 것이 중요하다.

(2) 수용(受容: acceptance)

수용한다는 것은 피상담자를 존중함으로써 드러난다. 존중은 진

---

70) Egan, 『상담의 실제』, 142-143.

71) MacArthur & Master's College Faculty, 『상담론』, 202-205.

72) Norman Wright, *Self-Talk. Imagery. and Prayer in Counseling*, 127-140.

정으로 다른 사람을 바라보는 특수한 방법이다. 이는 피상담자에게 능동적으로 실천하거나, 수동적으로 어떤 행동을 하지 않음으로써 표현할 수 있다. 존중의 언어적 표현으로 상담자는 진심으로 피상담자의 결정을 존중하며, 구체적인 표현으로 피상담자와의 대화 중에 주의 집중하며 비판적 판단을 유보한다.[73]

피상담자를 존중하라는 명령과 권고는 성경에 반복적으로 나타난다. 존경하기를 서로 먼저 하고(롬 12:10), 오직 겸손한 마음으로 각각 자기보다 다른 사람을 낫게 여기고(빌 2:3), 뭇 사람을 공경하며(벧전 2:17) 사랑하는 것이다. 성경적 상담에서 피상담자를 존중한다는 것은 피상담자를 하나님의 형상으로 창조된 존귀한 존재로 대하는 태도에서 드러난다. 이를 위해 적절한 언어적, 비언어적 소통을 사용하며, 피상담자를 진심으로 신뢰한다. 그 신뢰를 표현하고 피상담자의 어떤 반응도 진지하게 수용한다. 상담윤리로서 피상담자의 비밀을 유지하는 것은 중요하지만, 성경적 상담에서는 절대적 비밀유지보다는 "성경적 요구와 조화"가 되도록 한다(마 18:16-17).[74] 게리 콜린스는 피상담자의 비밀을 지키는 것은 중요하지만, 피상담자와 상담자를 위해서 기도해줄 수 있는 '친밀한 모임'을 개발하는 것을 권하고 있다. 상담자는 자신을 선교사로 여기고 매일 성령의 인도하심과 그 능력에 민감해야 한다.[75]

---

73) Egan, 『상담의 실제』, 172-176.

74) MacArthur & Master's College Faculty, 『상담론』, 211. 일반적으로 '범법행위와 자살행위' 외에는 피상담자의 상담 내용은 비밀유지가 상담윤리 원칙이다.

75) Collins, 『기독교와 상담 윤리』, 20.

(3) 신뢰감(信賴感: reliability)

신뢰성에는 피상담자의 상담자에 대한 태도인 수평적 신뢰와 하나님에 대한 태도인 수직적 신뢰가 있다. 상담자가 피상담자의 이야기를 외부에 노출하지 않을 것이라는 확고한 믿음(비밀보장), 상담자의 권면이나 권고가 사실이라는 신빙성, 상담자가 피상담자를 도울 수 있다는 능력의 인정, 피상담자를 이해하려고 노력한다는 믿음이 있는 것 등을 뜻한다.[76]

피상담자가 자기 탐색 단계에서 상담자를 신뢰하는 것은 상담의 진행을 계속하게 하며, 피상담자의 자기 개방을 진실되게 한다. 신뢰성을 증진하기 위해 상담을 시작할 때, 피상담자와 계약을 맺으며 피상담자의 비밀을 보장한다. 피상담자의 욕구와 감정에 민감하게 응답하며, 피상담자에게 도움이 되는 정보를 기꺼이 제공하고 개방적인 태도를 보인다. 상담자의 능력에 대한 신뢰성이 높을수록 피상담자의 자기 개방과 탐구가 활발하게 이루어질 수 있다. 상담자의 적절한 자기 개방은 피상담자의 성장을 촉진할 수 있다. 상담자는 자신의 자격과 약점에 대해 정직할 필요가 있으며, 상담자로서 한계에 대해서도 정직해야 한다. 성경적 상담에서 인간 상담자는 피상담자와 마찬가지로 죄인으로서 하나님 앞에서 상담한다는 사실을 인정하고, 상담의 목표와 계획에도 정직해야 한다.[77] 또한, 진정한 상담자이신 성령의 존재와 그 능력을 소개하여 하나님의 말씀과 기도로 함께 나아가게 한다. 실제 기도로 하나님께 인간의 무

---

76) Egan, 『상담의 실제』, 192.

77) MacArthur & Master's College Faculty, 『상담론』, 212-216. 피상담자의 자살이나 살인의 의도는 중대한 사항이므로 비밀보장에서 예외사항임을 상담 전 '서약서'에서 서명한다. 상담 중에 지지 그룹이나 교회 공동체의 도움이 필요한 경우, 피상담자의 동의하에 어느 정도 공유할 수 있다.

능함을 말하고, 하나님의 능력을 의지하는 것이다.[78]

성경적 탐색의 전반부는 상담자와 피상담자가 공감과 수용을 통해 서로에게 신뢰감을 형성하는 단계이다. 신뢰감이 형성되어야 피상담자는 안전함을 깨닫고 자신의 문제를 솔직하게 말할 수 있게 된다. 상담이 지속하게 이끄는 것도 이 신뢰감 위에 구축된다.

b. 후반부: 피상담자의 문제 정의와 요약

마음의 동기와 문제 상황을 말하여 상담자와 신뢰 관계를 수립하는 단계에서, 상담자가 피상담자를 존중하는 태도가 매우 중요하다. 피상담자를 책망하기보다는 하나님의 형상으로 창조된 존귀한 존재로서 인정하는 것이다. 인간은 누구나 죄인이므로 죄를 범하게 되고, 그로 인해 문제가 있는 것임을 분명하게 말하면서, 문제 상황에서 중요한 것은 마음의 동기를 발견하는 것임을 전달한다. 그리하여 피상담자는 여러 문제 상황 안에 있는 문제의 근원을 깨닫는다. 상담자는 피상담자를 도와 문제를 정의하고 요약하여 명료화한다. 이 과정에서 피상담자가 문제의 근원과 동기를 깨달아 자신의 책임을 인정하는 것이 필요하다. <상담 기록지>는 피상담자나 상담자가 일목요연하게 문제를 파악하는 데 도움이 된다.

실제로 문제의 심각성을 판단하는 것은 이 단계에서 피상담자와의 대화 가운데 깨달아야 하는 중요한 요소이다. 심각성은 개인마다 다르게 경험하기 때문에, 상담자는 피상담자가 바른 시각으로 문제를 보도록 돕고, 심각성의 정도를 구분하는 방법을 가르쳐 주는 것이다. "문제의 심각성(severity)은 고통의 정도(distress) × 대

---

78) 비신자의 경우 실제 기도문을 작성하여 주어 읽도록 하고 기도문을 쓰는 훈련이 필요하다.

처 능력의 결여(uncontrollability) × 빈도(frequency)"로 나타낼 수 있다.79) 이때 피상담자의 대처 능력을 향상시키고 스트레스 빈도를 줄이기 위해, 상담자가 문제의 근원을 파악한 후 정의하고 요약하여 함께 대처할 수 있도록 해주는 것이 필요하다. 이때 상담자는 교회 공동체의 도움을 받도록 지원 그룹을 소개한다. 그럼으로써 피상담자가 자연스럽게 교회의 구성원이 되는 계기를 줄 수 있다.

피상담자의 모든 문제는 바로 기회라는 점을 알아채고, 위축되거나 포기하지 않는다. 상담 외의 시간을 활용하기 위해 상담자는 피상담자에게 과제를 제공한다. 피상담자 자신의 힘을 활용하도록 흥미 있는 부분을 행동으로 옮길 능력이 있음을 인정하고, 책임감을 부여하여 미성숙에서 성숙으로 변화할 수 있음을 격려한다. 피상담자 자신을 탐색하기 위해, 문제의 근원인 동기를 알아내기 위해 파울리슨의 엑스레이 질문을 사용한다. 이러한 질문을 통해 피상담자의 문제를 일으키는 원인으로서 마음의 동기를 발견하기도 한다.

> 1. 나는 무엇을 사랑하는가? 하나님이나 자신의 이웃보다 더욱 사랑하는 무엇이 있는가? 2. 나는 무엇을 원하고 바라고 있는가? 3. 내가 갈망하고, 소망하며, 기다리는 것은 무엇인가? 4. 누구의 욕구에 복종하는가? 나의 개인적인 목표는 무엇인가? 5. 나는 어디에 희망을 두는가? 어떠한 희망을 위해 일하며 자신의 삶을 건축하고 있는가? 6. 내가 두려워하는 것은 무엇인가? 두려움이란 욕망의 다른 면이다. 7. 내가 성취하고자 하는 계획, 안건, 전략, 의도는 무엇인가? 8. 어디에서 안식과 안정, 위로, 탈출구를 찾는가? 9. 누구의 의견을 중시하는가? 내가 인정받고 싶거나 누구에게 거절당하는 것이 두려운가? 10. 누구의 가치체계를 따라 자신을 판단하는가?80)

---

79) Egan, 『유능한 상담자』, 221.

79) Egan, 『유능한 상담자』, 221.

80) Powlison, *Seeing With New Eyes*, 132-140(35개의 질문 중에 겹치는 부분들을 제외하였다).

이런 질문들을 통해 피상담자는 문제에 초점을 두는 대신 피상담자 자신에게 집중할 수 있다. 문제에 빠진 자아 중심에서 하나님의 말씀을 근거로 한 변화 가능성이 충분한 성경적 상담이 진행되도록 한다.

연구자의 '성경적 상담 3단계 모델'의 성격적 탐색 단계는, 상담자이신 예수 그리스도가 사람들을 긍휼히 여기신 것처럼 피상담자의 문제에 공감하고 피상담자를 하나님의 형상으로 창조된 귀한 존재로 수용하고 인정하는 과정이다. 그리하여 상담자와 피상담자 간 신뢰감을 통해 적절한 상호 개방으로 문제를 정의하고 요약하여 집중적으로 탐색하는 단계이다. 피상담자가 변화되는 것은 문제 상황이 바뀌는 것이 아니며, '자신이 누구인가'라는 정체감의 의미가 변화함과 동시에 성경적으로 변화 가능한 존재임을 발견하도록 함이 목적이다. 비신자에게 문제는 곧 기회이며, 하나님이 역사하심을 깨닫는 계기가 될 수 있다.[81]

연구자의 '성경적 상담 3단계 모델' 가운데 성경적 탐색의 후반부는 피상담자의 문제를 정의하고 요약하여 분명하게 하는 과정이다.

(2) 성경적 시각 개발의 단계(Biblical Reframing)

피상담자가 자신의 문제 상황에 대해 새로운 시각으로 바라보고 도전하는 단계이다. "인간은 사물과 사건을 바라보는 방식으로 인해 일정한 한계를 벗어나지 못하게 된다. 자신의 사고의 틀에 얽매여 있는 것이다. 이것은 문화의 통제를 받았기 때문이다."[82] 피상

---

81) 피상담자의 정체감은 하나님의 자녀(요 1:12)로서 거듭난 신분의 변화이며, 하나님의 나라의 백성이다(벧전 2:9).

담자 자신의 문제를 문제 중심에서 사람 중심으로, 성경의 견해로 바라보도록 인지의 전환을 일으키며, 행동의 전환을 이끌게 된다. 피상담자 스스로는 할 수 없지만, 상담의 주역인 성령의 능력으로 그 힘을 의지하여 변화를 추구하는 시각의 전환을 한다. 상담자와 피상담자가 함께 대안을 강구하기 위해 목표를 설정하고 문제 해결 방안을 찾게 된다.[83] 상담자는 피상담자가 성경 안에서 삶의 목표를 찾는 인지의 전환, 행동의 전환을 선택하고 결정하도록 돕는다.

a. 전반부: 성경적 시각의 변화(인지 전환)

이전 단계에서 발견된 단편적인 자료들을 종합하여 거시적으로 문제 상황을 볼 수 있도록 함으로써 인지와 행동의 전환을 도와주는 것이 필요하다. 살아있는 인간에게 문제는 늘 있다. 문제 속에 빠져있을 경우, 당사자인 피상담자는 문제의 근원이나 양태를 파악하기 힘들다. 피상담자가 처한 문제를 전환의 기회로 여기도록 도와주고, 객관적이고 보다 긍정적인 시각이나 견해, 합리적인 목표를 설정할 수 있도록 피상담자의 시각을 열어주어 문제를 새롭게 볼 수 있도록 도와주는 것이 매우 중요하다. 피상담자가 문제의 본질과 원인, 자신이 늘 말하고 들었던 것들을 성경적으로 사고할 수 있도록 교육하는 것이다. 문제가 영적인 것임을 깨달으면 소망이 생긴다. "사람으로는 할 수 없지만, 하나님으로서는 모든 것을 하실 수 있기 때문이다(마 19:26)."

---

82) David Dillon, *Short-term counseling*, 윤종석 역, 『단기상담』(서울: 두란노, 1997), 202.

83) 최근 "'해결중심상담' 이론에서 내담자가 상담의 목표를 결정하게 한다." 김춘경 외, 『상담의 이론과 실제』(서울: 학지사, 2012), 463.

> 피상담자는 자신의 문제 상황을 이론적이고 추상적으로 이해하는
> 것으로 충분하지 않다. 생동적인 이해는 행동실천과 맞닿아 곧바
> 로 행동실천에 옮길 수 있는 이해이다. 그것은 '내가 지금까지 무
> 엇을 해왔으며, 얼마나 자기 파괴적으로 사고하며 행동해 왔는지
> 를 알게 되었으며, 뭔가를 하지 않으면 안 된다.'는 결단을 내리게
> 된다.84)

　　문제 상황을 바라보는 성경적 시각의 변화는 첫째, 문제의 뒤에 있는 하나님을 발견하는 인지의 전환이다. 비신자인 피상담자는 문제 상황에 대한 새로운 시각을 개발하도록 도전받는다. 복음은 강제로 받아들이는 것이 아니다. 문제 뒤의 하나님을 바라볼 수 있는 성경적 시각의 변화를 소개하는 것이다.85) 이때 상담자는 하나님의 말씀을 통한 직면을 계획할 수 있다. 인간의 삶과 죽음의 문제, 인생의 근본 문제 등을 생각할 때 성경의 하나님 말씀을 사용하며, 성령 하나님의 역사하심으로, 그 말씀으로 자기의 삶을 바라보면서 삶의 목적과 방향을 재정립하게 돕는다. 하나님의 계획과 섭리 안에 있는 피상담자가 인지의 전환을 위해 하나님의 말씀인 성경을 연구하도록 돕는 것이다. 상담자와의 대화 가운데 피상담자는 "문제 상황을 보다 효과적으로 조정하기 위해 정확히 선택하는 것"이 중요하다. 상담자는 피상담자를 위해 선택하거나 결정해줄 수 없다. "상담자의 가치관에 의해서가 아니라 피상담자의 가치관"에 기초하여 선택하도록 한다.86) 피상담자 스스로 선택하고 결정해야 책임감이 형성된다. 이를 위해 성경적 세계관에 기초하여 선택하도록 인

---

84) Egan, 『상담의 실제』, 63.

85) 복음의 핵심은 하나님이 인간을 사랑하시며, 인간은 죄로 인해 사망이 왔다. 오직 예수 그리스도를 인하여 구원을 받을 수 있으며, 이 구원은 하나님의 역사하심에 있다는 사실이다.

86) Egan, 『상담의 실제』, 63.

식을 전환하기 위한 복음 제시가 매우 중요하다. 그리하여야 피상담자의 인지적 전환이 성경적으로 가능하게 된다. 그동안 형성된 습관을 새롭게 변화시키기 위해 재습관화 교육과 훈련을 지속해야한다.87)

피상담자는 인지와 행동의 전환에 늘 긍정적이지 않다. 피상담자가 변화를 저항하거나 두려워할 수 있음을 깨닫고, 주저하거나 저항할지라도 피상담자와 지속적으로 관계 맺으며, 끝까지 포기하지 않는 것이 필요하다. 피상담자와 상의하여 가능한 작은 목표를 설정하여 함께 계획함으로써 변화를 추구한다.

피상담자에게는 이전의 여러 사건과 경험을 통해 이루어진 피상담자의 정체성이 있다. 이것을 새로운 시각에서 다시 조정할 필요가 있다. 예상되는 상황에 대처하는 데 필요한 행동을 계획하고 실행할 능력에 대한 개인의 신념, 가치관을 바꾸게 된다.

둘째, 성경적 시각의 변화에서 인지의 전환을 통해 행동의 전환을 이끌어낼 수 있다. 주어진 상황에서 당면한 문제를 잘 해결할 수 있고 성공적으로 처리할 수 있다고 생각하도록 격려하며, 피상담자가 이룰 수 있는 작은 목표부터 세우는 것이 좋다. 이는 새롭게 변화될 수 있다는 내부의 동기에 의해 피상담자가 자기통제와 자기조절을 할 수 있도록 한다. 이런 것들은 인간의 결심이나 자신감에서 기인하지 않는다. 피상담자 자신의 신념들로는 할 수 없다는 것을 깨닫고, 삶의 재해석을 위해 진정한 동기들을 알아볼 수 있는 성경적인 엑스레이 질문들을 통해 또다시 확인한다.88)

---

87) 복음을 통해 피상담자는 그리스도 안에서 새로운 피조물이 되었다(고후 5:17). 날마다 옛 습관을 벗어버리고 새 습관을 입는 훈련(엡 4:22-24)은 전인격적인 변화로 성화의 과정이다. 이것은 일생동안 지속적으로 선택하고 순종해야 하는 신자의 과업이다.

피상담자의 성경적 시각 변화를 위한 단계에서 문제 상황 뒤의 하나님을 볼 수 있는 인지의 전환은 피상담자의 실제적인 행동의 전환이 시작됨을 나타낸다.

b. 후반부: 성경적 대안 강구(행동 전환)

피상담자는 상담자와의 신뢰 관계 위에 수평적 관계인 피상담자의 환경(문제 상황)에 대한 정확한 개념을 개발하고, 상담자는 하나님과의 수직적 관계를 개발하도록 소개한다. 자신의 한계점을 인정하게 되면서 직접적으로 복음을 소개할 수 있다. 그리하여 환경(문제 상황)을 넘어 존재하는 창조주 하나님과 예수 그리스도를 소개하며, 믿음으로 의지하게 한다. 그 힘의 능력인 하나님의 말씀을 매개로 성령님을 통한 행동의 전환까지 대안을 강구한다.

행동의 전환은 효과적인 도전과 직면을 통해 이루어진다. 피상담자의 이전 경험에서 있었던 불일치와 왜곡, 자기 패배적인 사고와 태도, 신념에 대해 도전하고 직면한다. 상담자는 피상담자의 행동 변화를 위해 설정된 목표를 정하고 실제로 도전하도록 돕는다. 피상담자의 목표 달성을 위한 대안으로서 실천이 가능한 구체적인 것을 세우도록 하며, 깊은 관심과 격려를 통해 조심스럽게 단점이나 약점보다는 장점이 있음을 알리고, 긍정적이고 건설적으로 도전하게 한다. 실제적인 행동을 하도록 격려하기 위해 즉각적으로 응답하고 행동하도록 구체적으로 명료화시킨다.[89]

피상담자가 행동으로 실천할 수 있도록, 과제를 통하여 하나님과

---

88) Powlison, *Seeing With New Eyes*, 132-140.
89) Egan, 『상담의 실제』, 261-265, 272. 이를 위해 피상담자가 여러 상황과 대안들을 직접 작성하도록 하는 것이 좋다.

의 관계와 인간과의 관계에 있어서 통찰에 기초한 변화를 추구한다. 그리하여 문제 해결의 방법으로 매일의 삶에 하나님의 은혜를 채운다. 문제 회복을 통해 근본적으로 성경적 변화를 기대한다. 비신자 피상담자가 복음을 받아들이기로 결정한 이후, 피상담자의 변화는 생각, 감정, 의지 가운데 피상담자 자신을 부인하고 하나님의 말씀 중심으로 한다. 또한, 신자인 피상담자의 경우에는 자기중심과 자신의 욕망을 채우려는 의지에서 하나님의 뜻으로 전환한다. 상담자는 피상담자가 과제 등을 해오지 않을 경우, 헌신하도록 동기부여를 해야 한다.

> 첫째, 문제 상황에서 무슨 일이 일어나는지에 대해 자기 생각을 나누어라(갈 2:11~14). 둘째, 하나님이 어떤 분이신지를 피상담자에게 상기시켜라(잠 8:13). 셋째, 피상담자가 그리스도 안에서 누구인지를 생각하도록 도우라(시 90:3~6). 넷째, 그리스도 안에서 하나님과의 약속을 나누라(사 41:10). 다섯째, 순종의 결과를 확신하라(시 1:1~3). 여섯째, 피상담자가 해야만 하는 것과 어떻게 그것을 해야 하는지에 구체적인 가르침을 주라(마 5:21~26). 여섯째, 순종의 결과를 보여주고(잠 5:22~23), 저항에 대해서 놀라움을 표현하라(사 1:2~9). 일곱째, 하나님께서 불순종에 대해 어떻게 반응하시는지를 표현하라(갈 1:6).[90]

성경적 상담은 피상담자에게 하나님이 말씀을 통해 말씀하시도록 하고 진리의 말씀을 올바르게 활용하는 것이다(딤후 2:15).[91] 예수를 구주로 믿고 따르기로 작정한 피상담자라면, 예수의 제자로서의 삶을 시작하는 것이다. 인지와 행동의 시각 변화는 자기 삶의 내용을 탐색한 후에 하나님의 시각으로 바라보는 것이다. 이러한

---

90) MacArthur & Master's College Faculty, 『상담론』, 346-348.

91) MacArthur & Master's College Faculty, 『상담론』, 452.

변화는 수동적인 변화, 즉 아무것도 하지 않는 포기의 의미가 아니다. 성경적 시각의 개발을 위해 적극적으로 자신을 돌아보고, 피상담자의 약점보다는 강점을 강조하고, 하나님이 주신 영적인 은사와 재능, 취미와 소원 등 피상담자 안에 있는 모든 자원을 캐내는 작업이다.

하나님의 뜻은 세속적인 이념과 다르다. 성경, 즉 하나님의 말씀 안에 있는 풍성하고 능력 있는 자원은 피상담자가 하나님의 말씀을 믿고 순종함으로써 나타난다. 이것이 성령님의 능력이다. 이미 습관화된 사고들로 자신을 무능하게 여기고 삶과 상황을 두려워하며 책임을 회피하는 습성들을 부인하는 것이며(눅 9:23), 남을 비판하기 전에 먼저 자신의 눈 속에 들어있는 들보를 캐내고(마 7:5), 날마다 십자가에 죽고 예수 그리스도를 믿는 믿음으로 사는 것(갈 2:20)이다.

본 연구자의 성경적 상담 3단계 모델에서 두 번째 단계인 성경적 시각 개발의 단계는, 성경적 시각 변화로서 인지의 전환과 성경적 대안 강구로서 행동의 전환이 일어나는 단계이다.

(3) 성경적 재구성의 단계(Biblical Restructure)

행동의 실행 단계로서 목표를 효과적으로 달성할 수 있는 구체적인 행동을 계획하고 실행하는 단계이다. 첫 번째 단계에서 피상담자는 지금까지 살아온 자신의 삶을 탐색하여 구체화한 모습을 보게 된다. 두 번째 단계인 성경적 시각 개발의 단계에서는 변화를 위해 생각과 행동, 모든 면에서 변화를 결심하고 시도한다. 실제의 문제 상황을 바라보는 성경적 시각 변화를 통해 그 안에서 하나님의 섭리를 깨달아 믿음으로 행동의 전환을 추구하게 된다. 어느 회기든 지 피상담자가 복음을 받아들이는 것은 성령님의 역사하심이므로 상담자는 기회를 놓치지 말고 복음을 소개하고 결과를 기대하는 것 이다. 마지막 단계인 성경적 재구성의 단계에서 상담자는 피상담자 를 격려하고 지원하며, 목표 달성을 위한 전략 및 계획을 수립하며, 이를 방해하는 걸림돌을 제거하거나 극복하고, 실현할 수 있는 계 획을 실제로 실행하고 결과를 얻도록 함께 기도하며 실천하도록 계 속 지지하고 격려한다. 그리하여 피상담자 스스로가 자신의 사고와 감정과 행동에 있어서 성경적 세계관에 합당하게 통제하고 조절하 여 설 수 있도록 돕는다.

a. 전반부: 피상담자의 성경적 계획 수행

상담의 종결 과정으로 피상담자는 자신의 문제를 재정의해서 전 인격적으로 새로워지는 변화를 추구한다. 상담 과정에서 "상담자는 피상담자와 단순히 말하는 것이 아니라 행동을 취할 수 있도록 도 와야 한다. 피상담자와 함께 적극적으로 펼칠 행동을 찾아 나서는 것이다."[92] 인간의 마음을 아시는 하나님은 피상담자의 마음과 문제 상황과 계획을 넉넉히 아신다. 상담자는 이러한 사실을 전하며, 서 두르지 않고 하나님의 말씀을 믿고 의지하는 생활을 하도록 이끈다.

인간의 "변화는 우연이 아닌 선택에 의해 일어난다."[93] 성경적 변화는 마음의 생각이 변하여 행동의 전환을 끌어내는 회개에서 시 작된다. 이때 상담자의 역할은 성경적 변화를 가로막는 욕구, 생각,

---

92) Egan, 『유능한 상담자』, 245.

93) MacArthur & Master's College Faculty, 『상담론』, 335.

감정, 행동에 끊임없이 대적하고 도전하여, 하나님의 말씀에 순종하도록 하는 것이다. 하나님의 말씀을 믿도록 하는 것은 성령의 역사하심이지만, 상담자는 상담 회기마다 끊임없이 기도하면서 피상담자의 변화를 위해 실제로 삶의 재구성을 도모한다.

'전체적 구조화(Total Structure)'는 삶의 모든 영역과 관련된 당면한 문제를 살펴보는 것이다. 하나의 문제는 삶의 모든 영역에 영향을 미친다. 학교, 직장, 육체적 건강(운동, 음식, 수면), 결혼(성), 재정(예산), 가족(자녀, 훈계), 사회 활동(친구들), 교회(성경, 기도, 전도) 등의 영역에서 피상담자의 관계를 재구성한다. 가족관계와 대인관계에 문제가 생기거나 기도와 성경 연구의 부족 등으로 피상담자가 옛 습관으로 되돌아갈 수 있기 때문이다.[94]

피상담자가 계획 수행에 있어서 소망을 갖는 것이 중요하다. 소망은 가장 어려운 시련 가운데서도 기쁨을 만들어 내며, 인내와 확신, 효과적인 사역을 가져온다. 소망은 지속성과 힘과 열정을 제공한다.

변화는 자신의 노력으로만 되지 않는다. 동기부여는 실제적인 변화를 위해서, 피상담자가 단호하게 성경을 따르게 하도록 하는 중요한 요소이다. 피상담자는 개인적 만족을 위한 인간 중심의 동기가 아닌, 문제 상황을 이해할 때 경험했던 하나님의 경륜과 섭리를 기억하고, 눈에는 보이지 않지만 영원한 것을 추구하는 선택을 하는 것이다. 동기부여에서 사도 바울은 신자의 위치를 예수 그리스도 안에서 죄와 함께 죽었고, 의롭다 함을 얻었다고 공포한다(롬 6:3-10). 또한, 피상담자는 그리스도 안에서 사신(ambassador)으로

---

94) Adams, *The Christian Counselor's Manual*, 410.

서, 제자(disciple)로서 죄를 이기고 살아가는 것이다. 이러한 삶의 변화는 가능하다.

피상담자 스스로 변화에 대한 진정한 소망을 갖고 변화의 계획을 세우며 수행하는 것은 피상적인 것이 아니라 실제로 행동의 변화를 이끈다. 성경적 상담자가 피상담자에게 요구하는 헌신은 적어도 여섯 가지 요소(A-C-C-E-P-T)를 포함한다.

> 첫째, 생각과 행동에 대한 개인적 책임을 인식하라(Acknowledge). 피상담자가 자신의 행동을 변명하고, 비난하고, 합리화하고, 방어하는 한 변화할 수 없다. 환경을 개의치 않고, 성령의 능력을 통해서 성경적으로 반응할 수 있다는 것을 이해하도록 도와야 한다. 둘째, 성경적 관점에서 과거와 현재의 환경을 보도록 선택하라(Choose). 인간의 지혜와 느낌은 종종 하나님이 그들이 보기를 원하시는 것을 보지 못하도록 방해한다. 성경의 렌즈를 통해서 환경을 해석할 필요가 있다. 셋째, 성경적 변화를 방해하는 것은 무엇이든 제거하도록 전념하라(Commit). 피상담자는 기꺼이 성경적 변화를 가로막는 장애물을 제거해야 한다. 넷째, 목표를 향해 모든 힘을 발휘하라(Exert). 변화는 하룻밤 사이에 자동으로 일어나는 갑작스러운 사건이 아니다. 피상담자가 변하기 위해 노력하고자 자원하는 것이 없으면 진전이 없을 것이다. 다섯째, 순종을 끈기 있게 하라(Persevere). 변화는 시간이 걸리기 때문에, 피상담자의 진전을 평가하기 전에 상담자가 적어도 6주 또는 7주 동안 만나야 한다는 것을 피상담자가 알 필요가 있다. 여섯째, 변화의 능력과 자원을 위해 하나님을 의뢰하라(Trust). 피상담자가 스스로 온전히 그리스도께 순종하면서, 하나님의 놀라운 능력이 그들의 삶에서 그분이 계획하시는 변화의 역사를 성취하실 것을 확신할 수 있다.[95]

"상담자는 피상담자가 자신의 문제를 해결할 뿐 아니라 스스로

---

95) MacArthur & Master's College Faculty, 『상담론』, 337-339.

문제를 효율적으로 대처해 나갈 지식과 기술을 갖추었나를 확인하여 계획을 수행해 나가도록 한다."[96] 피상담자의 계획 수행을 돕는 도구로 상담자는 과제를 제공할 수 있다. 옛 습관을 벗어버리고 새 습관을 입는 과정은 성경적 변화에 있어서 필수적이다. 세상의 유혹을 이겨내고 피할 때 영적 훈련과 지역교회에 출석하는 것이 큰 도움을 준다. 변화의 계획을 수행하기 위해 적어도 8~12회의 지속적인 상담이 요구된다.[97] 이는 새로운 습관이 몸에 익숙하게 되는 데 필요한 최소한의 시간이다. 경건의 훈련은 평생 계속되기 때문이다.

b. 후반부: 피상담자의 성경적 실천

후반부는 종결 단계로서 문제 상황을 재구성하기 위한 실천의 단계이다. 문제 해결 과정을 통하여 결과적으로 하나님께 나아간다. 성경적 상담의 과정은 구체적이며 실제적이다. 피상담자가 스스로 변화되는 과정을 경험하였기 때문에 이후에 다른 피상담자를 도울 수 있다.

상담자가 피상담자에게 사회적 지지 그룹(지원 그룹)을 만들어 주는 것이 매우 중요하다. 이는 인간 상담자 개인만을 의지하지 않고 상담자의 도움 없이 피상담자가 스스로 효율적으로 대처해 나가도록 하는 것이다. 피상담자가 상식과 지식, 기술을 갖추도록 상담자는 교육의 기회를 소개하고, 실제 도움이 되도록 지지 그룹을 연결해 주는 것이다. 사회적 지지가 높을수록 건설적인 변화와 지속

---

96) Egan, 『유능한 상담자』, 571.

97) 정정숙, 『기독교상담』, 477.

적인 변화가 가능해지기 때문이다.[98] 이를 위해 교회 공동체를 소개하여 지지 그룹으로서의 역할을 하도록 한다.

문화적 배경이 다른 피상담자를 상담할 때, 상담자가 그 문화에 전문가가 되어야 한다고 말하지 않는다. 피상담자와 상담자와의 다른 점보다 유사성에 초점을 맞추어 공통적인 측면을 바라보는 것이 필요하다.[99] 문화의 차이는 피상담자와의 초기 상담에서 극복된다. 피상담자가 믿음에 근거한 진정한 구원의 결과를 갖고 하나님의 능력에 힘입어 매일 새롭게 변화되도록 삶의 모든 방면을 재구성한다.

이상과 같이 '성경적 상담 3단계 모델'의 단계별 과제와 일반적인 특징을 살펴보았다.

4. '성경적 상담 3단계 모델'의 중국 선교에 대한 적합성

중국 공산당 정부는 종교를 국가의 통일전선 공작(工作)의 일부로 취급한다. 따라서 기독교는 국가의 제도 속에서 철저한 통제를 받고, 이를 거부할 때는 핍박을 받아야만 했다. 이러한 종교 정책은 1949년 이래 지금까지 변하지 않았다. 2017년 9월 7일 특별히 시진핑(习近平) 정부는 <종교사무조례>를 발표하고 국무원 상무회의 통과를 거쳐 2018년 2월 1일부터 시행할 것을 강력히 표명하였다.

---

98) Egan, 『유능한 상담자』, 503.

99) 본 연구자의 개인적 경험으로도 인간의 문제는 대부분 비슷하다는 데에 동의한다. Insoo Kim Berg · Therese Steiner, *Children's Solution Work*, 유재서 · 장은진 역, 『해결중심상담』(서울: 학지사, 2009), 37.

종교조례는 이전의 종교조례와 원칙은 같은데, 더욱더 강력하게 시행하기 위한 세부 사항들을 자세히 첨가하여 이를 위반할 경우 가차 없이 법의 제재를 받게 된다. 가정교회는 이전부터 정교분리를 주장하기 때문에 정부의 간섭을 반대해 왔다. 이전처럼 핍박이 와도 견딜 준비를 하고 있으며, 교회 행정과 복음사역에 간섭하지 않는다는 전제하에 교회 등록도 고려하지만, 교회는 철저하게 하나님의 다스림이 있어야 하는 존재라는 것을 전제로 한다. 교회의 존재가 합법 되어도 하나님의 일하심을 확신하고 있으며, 복음 또한 확장될 것이라는 담대함을 갖는다.

이러한 긴장 상황에서 중국 선교는 시진핑(习近平) 주석 집권 이래로 심각하게 제약을 받고 있다.[100] 수백 명의 선교사가 자발적·비자발적으로 귀국하였고, 중국의 접경 국가로 옮기고 있으며, 새로운 종교조례에 포함된 외국인 선교사, 외국 교회나 단체들은 긴장하고 있다. 새로운 종교법이 실제로 시행되면 가정교회들이 큰 건물이나 공공장소에서 집회하는 일이 불가능하게 될 수 있다. 따라서 이들에게는 소그룹 즉, 진정한 가정교회 형태로 갔을 시 소그룹 지도자들을 훈련하고 무장시키는 일이 필요하다. 소그룹 형태의 가정교회에서 성경적 상담은 매우 유용한 선교적 도구가 될 수 있다.[101] 이런 상황에서 중국 교회는 외부의 협력을 필요로 한다. 성

---

100) 그 한 예로 2016년 4월 22일~23일에 베이징에서 열린 '전국종교공작회의(全國宗教工作會議)'에서 국가주석인 시진핑(習近平)은 "공산당원은 굳건한 마르크스주의 무신론자가 되어야 하고, 절대로 종교에서 자신의 가치관과 신념을 추구해서는 안 된다."고 8,000만 명에 달하는 공산당원들에게 경고의 메시지를 전했다. "시진핑, 공상당원은 종교 갖지 말라", 「기독교연합신문」, 2016년 5월 1일자, 제 1면.

101) 중국 선교의 구체적인 사역들은 어린이·청소년·청년대학생사역, 상담사역, 가정사역, 전문인사역, 의료보건사역, NGO사역, IT사역, 신학교사역° 번역출판사역, 교회개척, 제자양육, 학교사역, 비즈니스일터사역, 지역개발 등이다.

경적 상담사역은 중국인에게 개인적으로 상담을 통해 당면한 문제를 해결하도록 도우며, 복음을 전하고 그들을 성숙하게 하여 제자로 삼는 일을 할 수 있다.

비신자에서 신자로의 변화는 인간 상담자의 노력으로 되는 것이 아니다. 중국인에게 있어서 '관계(꽌시, 关系)'는 중요한 개념이다. 비록 문제 해결을 위해 만남으로 이어지는 상담 관계이지만, 이 만남은 상담자의 관점에서는 하나님의 섭리이고, 중국인의 전통적 가치관에 의하면 인연으로서 끈끈하게 이어진다. 그러므로 상담자와 피상담자의 상담 관계는 상담 현장에서 '관계'를 통해 자연스럽게 그들에게 궁금증을 불러일으켜 복음을 질문하게 할 수 있으며, 질문에 대한 대답으로 그리스도를 소개할 수 있다. 이는 성령 하나님께서 하나님의 말씀과 상담자의 입을 통해 역사하시기를 믿음으로 바라보는 커다란 사역이다.

'성경적 상담 3단계 모델'은 피상담자의 변화를 중심으로 하는 단순명료한 것임이 강점이다. '성경적 상담 3단계 모델'의 특성은 첫째, 타문화 선교지인 중국에서 비신자 중국인에게 적용하는 데 있어 그 효율성이 드러난다. 특히 상담 진행에 있어서 피상담자의 변화를 매우 명확하고 쉽게 볼 수 있다. 위급 상황에서는 3단계가 가능하며, 비신자 피상담자의 시각 변화는 많은 시간이 필요로 하므로 6단계로 적용할 수 있다. 둘째, 중국인은 일반적으로 삶에 있어서 합리성과 자신의 의견에 대한 '예스'와 '노'가 분명하다. 피상담자의 문제를 해결하고 지난 삶을 회고하며 미래를 바라보는 시각을 변화시켜 문제를 대처해 나갈 수 있도록 함이 중요한 사항이다. 피상담자 변화를 중점으로 하여 상담 진행과 상담 기술을 사용하면서 효과가 있었다. 셋째, 상담은 피상담자의 변화를 목적으로 하는 것이며, 3단계 모델은 상담자가 피상담자의 변화 과정을 명확하고 쉽게 주목할 수 있게 해준다. 넷째, 상담자 개인의 역량만을 의지하지 않고 지지 그룹을 활용한다. 피상담자의 동의하에 상담윤리에 벗어나지 않는 범위 내에서 상담기관의 동역자와 상담을 권유한 의뢰자, 지역교회의 도움을 받는 것이다. 다섯째, 상담의 최종 목표는 비신자는 신자로, 신자는 전인적 성숙으로 이끌어 하나님께 영광을 돌리는 것이다.

중국인 상담에 있어서 각 단계에서 주의할 점을 살펴보면 다음과 같다. 첫 번째 단계인 성경적 탐색의 단계에서는 상담자가 피상담자의 문제를 공감과 수용함으로써 서로 간의 신뢰를 기반으로 당면한 문제를 정의하고 요약한다. 상담 초기에는 문제에 중점을 두지만, 하나님과의 관계를 회복함으로써 진정한 문제를 정의하고 요약하도록 돕는다. 중국인은 한국인보다도 더 인맥과 지연을 중요하게 여긴다. 이미 상담실에 온 피상담자는 누군가의 소개로 왔기 때문에 미리 정보를 알 수 있다. 특히 피상담자가 외지인일 경우에는 그 지역과 관련된 정보를 미리 수집해 두는 것이 도움이 된다. 그 지역의 교회와 지도자들과 연결될 수 있으면 더욱 효과가 있다. "인간관계가 깨지고, 희망이 없으며, 비통하고, 중독 문제, 혼란스럽고 좌절된 의식 등은 죄와 관련되어 있다. 상담과 복음 전도는 함께 가기 때문에"102) 문제를 잘 파악하고 해결을 위해 다방면으로 도움의 손길을 구하며, 겉으로 드러난 문제 속에 숨어있는 진정한

---

102) Thomas Sigley, "Evangelism Implosion: Reaching the Heart of Non-Christian Counselees", *Journal of Biblical Counseling*, No.1, Vol. 17, (Fall 1988), 7.

문제를 파악하여 다시는 재발하지 않게 한다. 또 피상담자를 문제가 있는 존재가 아닌 소망을 갖는 존재로 보고 장점과 자원을 찾도록 한다.

두 번째 단계인 성경적 시각 개발의 단계에서는 피상담자의 문제를 하나님과의 관계 속에서 바라보게 된다. 즉, 문제 뒤에 섭리하는 하나님을 바라보게 되는 성경적 시각 전환이다. 이러한 생각의 변화로 문제는 전환점(turning point)의 기회가 되는 소망을 갖는다. 이로써 문제의 대안을 마련하는 행동의 전환으로 이끈다. 피상담자의 정체성이 바뀌면서 자기 인식에 대한 근본적인 변화가 일어나 행동화되도록 한다. 무한 경쟁 사회로 변한 중국 사회에서 능력은 곧 힘이며, 그 능력은 돈으로 측정되고 있다. 물질은 만능이 아니며, 이전의 가치들, 중국의 고전과 좋은 풍습을 드러내며 물질보다 더 귀한 영적인 가치를 드러내도록 한다. 그리함으로써 생각을 변화하게 하며 행동이 달라짐을 경험하게 하고, 참된 가치는 영적인 것에 있음을 깨닫도록 한다. 특히 중국의 교육 제도는 암기와 복종으로 일관되어 왔기 때문에 상담자의 권유는 하나님의 말씀 권위로서 힘이 있어, 피상담자가 따르게 되어 문제가 해결된다. 상담 시간의 기도는 인간의 힘이 아닌 인격적이고 능력이 있는 하나님을 드러낼 수 있는 계기가 된다.

마지막 단계인 성경적 재구성의 단계에서는 상담의 목표 달성을 위한 전략을 개발한다. 피상담자가 복음을 받아들이면 새로운 정체성을 갖게 되어 신분의 변화로 소망을 갖게 된다. 스스로 가능한 행동을 실행하도록 계획하고, 결국에는 상담자의 도움 없이도 효율적으로 대처하는 지식과 기술을 습득하여 실제 생활 중에 지속해서 전인격적인 변화가 습관이 되도록 하는 단계이다. 중국인 피상담자가 복음을 받아들이며, 하나님의 말씀에 순종하는 삶을 결심하고 따르면, 지역 가정교회와 연결하여 그들과 함께 지체로서의 삶을 살게 도와준다.

중국 사회는 자신과 가족, 친족의 일은 자기 일처럼 관심을 두지만, 그 외는 "상관없다(没关系, 메이꽌시)"고 생각한다. 즉, 관계가 없다고 여긴다. 실례로 교통사고가 나서 고통스러워하는 행인을 보면, 구경은 하되 직접 자신이 전화하거나 도와주지 않는 것이 일반적이다. 그 후의 일에 복잡하게 관련되면 이익보다 손해가 크기 때문이다. 그러나 교회의 구성원이 되면, 예수 안에서 형제자매이므로 자기 일처럼 도와주고 관계가 생긴다. 교회는 큰 가정이며, 가정은 작은 교회이므로(教会是一个大家庭, 家庭是一个小教会), 교회 구성원은 가족이다. 사회주의 이념의 계획생육(計劃生育) 정책 아래서 한 자녀로 성장한 20, 30대 신세대들은 매우 외롭다. 가족들의 사랑을 받으며 성장했으나, 직장 혹은 새로 꾸민 자신의 가정에서 발생하는 작은 문제들을 해결하지 못하고 실망하거나 자포자기로 타락하는 경우도 많다. 이러한 상황에서 상담사역은 매우 소중한 관계를 연결해 주는 통로가 되어 소망을 준다. 마지막 재구성의 단계에서 피상담자는 새로운 관계를 맺고 전인적으로 변화함으로써 문제를 해결하며, 자신이 받은 도움으로 다른 사람을 돕는 자리에까지 이끈다. 은혜를 갚는 보은(報恩)의 개념이 중국인들에게 뿌리 깊게 있기 때문이다.

이처럼 연구자의 '성경적 상담 3단계 모델'은 현시점의 중국에서 매우 유용하게 활용될 수 있다. 다음은 연구자의 상담사례 중 한 사례를 통해 '성경적 상담 3단계 모델'의 내용을 적용하여 기술한다.

5. '성경적 상담 3단계 모델'에 근거한 중국인 상담사례 연구

(1) 상담사례(한부모가정 상담)

a. 피상담자에 대한 기본 정보

1) 피상담자 인적사항

C 군과 그의 엄마 W(30세)는 만나자마자 경계하는 태도로 종교는 없다고 하였다. C 군은 초등학교 4학년 학생이며, W는 대학 졸업 후 좋은 직장을 다녔다고 한다. 현재는 작은 회사에 경리로 일하고 있다. C 군은 어렸을 때 외할머니와 살다가 초등학교 입학 이후 엄마와 함께 살게 된 지 이제 4년이었다.

2) 상담하게 된 경위

W는 이혼한 후 아들을 홀로 키우고 있다. 전 남편의 직장이 베이징(北京)이라서 신장(新疆)에서 일부러 베이징으로 직장을 구하여 아들과 함께 와서 생활하고 있다. 부부가 이혼한 지는 이미 십년이 넘었다. 남편은 직장 여자 동료와 함께 살고 있지만, 서류상으로는 아직 결혼하지 않은 상태라고 한다.[103] 아들이 자람에 따라 시간이 갈수록 아빠의 필요성을 느껴서 아빠와의 정기적인 만남을

---

103) 중국의 혼인법은 혼인등기를 하지 않은 상태의 동거는 부부로 인정하지 않으며, 법을 위반하는 행동이다. 최근에 사실혼인 상태에서 유산 문제로 인한 여러 법률 사건이 발생하고 있다.

위해 올라온 것이다. C 군은 어렸을 때는 외할머니와 살다가 초등학교 입학 이후 엄마와 함께 살게 된 지 이제 4년이 되었다. 가족으로는 고향 신장에 C 군의 외할머니와 외삼촌 내외가 살고 있다. 수도인 베이징 학교로 전학한 후 부모님(家長) 회의 때, 같은 반 학생의 엄마(상담학교 학생)와 옆자리에 앉아 이야기하던 중 상담에 대해 듣게 되었으며, 아들을 위해 상담을 결심하였다고 한다. 아빠의 직장이 베이징에 있으므로 아들의 전학 문제는 쉽게 해결되었지만, 앞으로의 생활이 불안하여 잠을 제대로 못 자고 꿈도 많이 꾸고 아들은 아들 나름대로 새로운 학교생활을 어려워하고 있었다.

3) 주 호소 문제

W는 이혼 직후 아들은 외할머니가 키웠고, 자신은 다른 지역에서 직장을 다녔었다. 아들은 최근에 일 년에 한두 번 정도 설날이나 여름 방학에 아빠를 만나기도 했다. 베이징에 올라온 이후 아들은 말도 잘 하지 않고 자주 화를 내며, 물건을 던지기까지 한다. 이전 신장의 초등학교에서 계속 상위권이었으나 베이징에 온 이후 숙제조차 힘들어하고 있다. 아들을 위해 아빠와 살도록 해야 할지 심각하게 고민하고 있었다.

4) 첫인상 및 행동 관찰

피상담자 엄마 W는 짧은 커트 머리에 예뻐 보이는 얼굴의 선한 인상이었다. 무역회사에서 대외 업무를 한다며, 영어로 인사를 했다. 아들 C는 순진한 시골 소년같이 커다란 눈에 호기심 있게 주위를 둘러보며, 엄마에게 귓속말로 이것저것 물었다. 낯선 환경 탓에 엄마 옆에서 손을 붙잡고 있다가, 같은 반 친구가 오자 반갑게 뛰어가 반겼다.

b. 상담 목표 및 전략

1) 상담 목표

a) 엄마 W: 그동안의 힘들었던 삶을 위로하고, 가장 중요한 문제가 무엇인지 자신의 상황을 분석한다. 아들과 남편의 소통을 위해 계획하는 것들을 솔직하게 나누고, 그동안의 아픔과 어려움을 통해 깨달은 것과 아들의 앞날을 위해 희생하는 것, 예수 그리스도를 믿음으로 새로운 삶을 살고, 감사함으로 기쁨으로 살도록 했다.

(1) 단기 목표: 그동안의 어려움과 슬픔, 아픔을 공감을 통해 위로하고, 참된 위로자이시며 소망이신 예수님을 소개한다. 새롭게 주 예수님을 만나 삶의 목적이 무엇인지를 깨닫도록 했다. 꿈과 삶의 목표를 갖고 활기차게 살도록 돕는다. 같은 반 엄마이며 상담학교 학생의 도움으로 교회 생활을 연결하도록 했다.

(2) 장기 목표: 제자의 삶(상담자 훈련으로 이혼자와 한가정 상담 전문가로 성장할 수 있도록 한다)과 홀로서기.

b) 아들 C: 학교 적응과 심리적 안정, 부모에 대한 원망이 있는지, 자신이 진정 원하는 것이 무엇인지 솔직하게 언어로 표현하도록 한다. 그리하여 엄마와의 소통을 원활하게 하는 훈련을 통해 아빠와의 소통도 가능하도록 돕는다. 학교생활에서 친구 관계, 교사와의 관계를 원활하게 한다.

(1) 단기 목표: 학교 적응 문제와 교우 관계, 아빠와의 관계, 새

엄마와의 관계 등에 관해 이야기하며 믿음의 친구를 통해 외로움을 이기며, 신앙을 갖게 한다.

(2) 장기 목표: 그동안 아빠 부재로 인해 몰랐던 성 역할을 배울 수 있도록 하며, 그리스도 중심의 가정에 대한 소망을 갖도록 한다. 아들을 통해 역사하실 하나님을 기대한다.

2) 상담 전략

상담자와 상담자의 학생 가정을 동원하여 지원 그룹이 되도록 했다. 상담훈련 학교에 학생으로 참여하여 수업을 받게 하면서 공동체를 경험하고, 다른 신자들과 교제함으로써 외로움과 홀부모로서의 어려움을 이겨나가도록 했다.

c. 상담 과정 및 내용

1) 상담 진행 과정

a) 제1회 상담: 상담 목표: 신뢰성 구축

W는 현재 아들을 새 부인이 있는 남편과 살게 하는 것이 좋은지 매우 혼란스러워하며 고민하고 있었다. 아들이 베이징에서 학교에 다니려면 그 방법밖에 없다고 한다. 할머니 밑에서 자랐기 때문에 집 밖에 나가 물건을 사는 것도 못 하고, 모든 일을 도와주어야 한다는 사실이 힘들다고 하였다. 이혼하게 된 경위와 현재 직장 동료와 한집에서 살게 된 것 등 담담하게 말하였다. 이런 상담이 있다는 것을 고맙게 여기며, 감사했다. 아들은 엄마가 상담하는 동안 같은 반 여학생, 상담학교 학생의 딸과 옆방에서 그림을 그리며 놀게 하였다. 아들의 아빠와의 동거 문제는 아들의 장래에 큰 영향을 미

칠 수 있는 중대한 결정이므로 당장 결정하지 말고 좀 더 시간을 두고 같이 기도해 보자고 하였다.

b) 제2회 상담: 상담 목표: 마음 열기와 위로하기

C 군은 상담을 하면서 '동그라미 가족화'를 통해 여러 가지 상황을 언어로도 표현하였다. 현재 아빠를 동경하면서도 원망하고, 엄마와의 친밀감이 더 필요함을 표현하였다. 한 가족으로서가 아니라 자신은 혼자임을 표현했고, 그린 그림을 통해 생각들을 말로 표현하였다. 다시 자신이 소망하는 것을 그림으로 그리겠다고 말하며 그림을 그렸다. 잘 그리지는 못하지만, 그림을 그리며 이야기를 하면서, 그렇게 말하는 자신을 신기해했다. 아들의 이야기를 들으면서 W는 흐느꼈다. 지금까지는 모든 잘못이 전남편에게 있다고 생각했는데, 자신의 잘못이 더 크다고 고백하였다.

아들이 앞으로 중학교를 입학하기 위해 현재 학업 성적보다 정서적 안정이 더 중요하며, 아빠의 오랜 부재로 인한 심리적 위축을 해소하는 방법을 모색하기로 W에게 제안하였다. 엄마와 아들이 함께 이전의 생활에서 좋지 않았던 것들과 앞으로 해야 할 생활 계획을 A4용지에 함께 의논하면서 썼다. 또 상담자가 엄마에게 제안하기를 아들과 함께 동화책, 『너는 특별하단다』[104]를 읽는 시간을 매일 십분 씩 갖도록 하였다.

과제: 저녁에 잠들기 전에 동화책 읽기.

---

104) Max Lucado 陆可铎·马第尼斯(Matinez) 绘, *You Are Special*『你很特别 너는 특별하단다』(北京: 中央广播电视大学出版社出版, 2010).

c) 제3회 상담: 상담 목표: 복음 전하기

아들과 잠들기 전에 책을 읽어주니 너무 좋았더라고 하였다. 이전보다 말도 많이 하고 부드러워지고, 숙제도 스스로 열심히 한다고 기뻐했다.

상담을 받을 수 있도록 학교에서 동급생 엄마를 만난 것은 우연이 아니고, 하나님의 섭리요, 예수 그리스도의 사랑임을 말했다. 하나님의 존재에 대해 부인하지 않았고, 예수 그리스도에 대해 말하자 성탄절, 직장 동료들과 교회에서 하는 크리스마스 파티에 참석했던 경험을 말했다. 기독교의 하나님과 죄인을 위한 구원의 필요성 등을 간략하게 말하고, 인간의 유한함과 지혜의 부족함을 설명하였다. 양육의 지혜도 말하자, 아들을 신앙으로 키우고 싶다고 하였다. 성경을 주면서 잠언과 요한복음 읽기를 권했다.

d) 제4회 상담: 상담 목표: 복음대로 살기(1)

성경을 읽고 있는지를 확인하자, 하루는 못 읽었으며, 아들과 잠언을 함께 읽는데 내용이 좋았다고 하였다. 회사에서도 점심 먹고 나서 요한복음을 읽고 있노라 하였다. 요한복음 4장의 사마리아 여인과의 대화를 나누면서 예수님은 약자의 친구요 여성들을 존중히 여겼다고 설명하자, 이전 시어머니와 남편은 자신을 무시하였지만, 결국 아들은 자기가 키울 수 있었다고 하면서, 남편과의 관계는 나쁘지 않다고 말했다. 단지 남편의 사업상 지금의 여자와 가까워질 수밖에 없었고, 자기는 화가 나서 아들을 임신한 채 고향으로 돌아갔었다고 한다. 중국 법률상 자녀 양육권은 엄마가 우선이므로 아들을 키우는 데는 문제가 없었다고 한다. 이제는 아들이 선택하는 대로 따르겠다고 하였다. 상담자는 서두르지 말고 아들의 신앙을 위해 좀 더 함께 있기를 권하였다.

과제: 아들과 함께 매일 잠언서와 요한복음 한 장씩 소리 내어 읽기. 교회 소개.

e) 제5회, 제6회 상담: 상담 목표: 복음대로 살기(2)

전 남편과 아들과 만남, 아빠와 아들의 만남이 있었다고 전했다. 현재의 부인과 함께 살아야 하는 게 슬프다고 했다. 아들과 함께 살면서 아빠를 정기적으로 만나는 방법도 좋지 않겠느냐고 제안했다. 서두르지 말고 기도하면서 결정하자고 했다. 이제 상담 종결을 예시하였고, 기도로 마무리를 하였다.

과제: 아들과 함께 매일 잠언서 한 장과 요한복음 한 장씩을 아들과 함께 소리 내어 읽기.

f) 제7회 상담: 상담 목표: 상담 종결 및 홀로서기

일주일에 한 번씩의 일대일 상담은 종결하지만, 추후 상담으로 상담학교에 등록하여 수업을 듣기로 약속하였다.

d. 상담 후기

결국 엄마 W는 아들을 아빠한테 보내지 않고 자신과 함께 살기로 결정하였다. 친구의 집을 나와 아들과 함께 살 집을 구했으며, 매주 가정교회에 출석하여 예배드리고 있다. 여름 방학 동안 교회에서 시행한 어린이 성경학교 집회에 참석하면서 아들이 더욱 명랑해지고, 아빠와는 매주 만나다가 최근에는 학교 공부와 주일예배를

위해 한 달에 한 번씩 만나기로 하였다. 이제는 아빠가 도리어 아들을 보고 싶어 한다며 만족해하였다. 아직 해결되지 않은 문제들이 있지만, 감사한 것은 하나님이 자신을 사랑하셔서 학교에서 친구 엄마를 만나게 해주셨다고, 복음을 통해 신앙을 갖게 된 것은 하나님의 은혜임을 고백한 것이다.

(2) 3단계 모델에 의한 사례의 축어록 및 사례 분석

a. 탐색의 단계

상담자는 모자(母子)와의 상담을 지속하기 위해서 피상담자 모자가 겪고 있는 현재의 갈등상황을 공감하고 수용하며, 서로 간의 신뢰감을 형성하는 것을 목표로 하였다. 어른과 어린이를 둘 다 상담하기 때문에, 아동인 아들이 지루하게 느끼지 않도록 상담 전에 간식과 놀이 기구 등을 준비하였다. 엄마가 상담하는 동안 아들은 같은 반 친구와 놀도록 하였다.

상담자: "지난 한 주간 어떻게 지내셨나요?"

피상담자 엄마 W: "아들 C가 학교에서 귀가하면, '숙제해! 공부해!'라는 말을 하고, 나는 TV를 보며 시간을 보냈었지요. 이제는 말씀하신 대로 저도 책을 읽거나 숙제로 내주신 성경을 읽어요. 이런 상담이 있어서 매우 고마워요."

상담자: "지난번 상담을 한 이후에 커다란 변화가 있었네요. 많이 안정되신 것 같네요."

피상담자 엄마 W: "지금 생각해 보니까 지난 시간이 많이 힘들었어요. 남편은 직장 여직원과 눈이 맞아 집에도 들어오지 않았어요. 어쩔 수 없는 공생관계였지만, 분노로 가슴이 막히고 터졌어요.

이제는 그런 마음도 아주 시들해졌지만요."

상담자: "무슨 말씀인지 자세히 설명해 주셔도 된다면…. 간단하게라도 말씀해 주세요."

피상담자 엄마 W: "지금 같이 있는 여자가 남편을 도와서 사업을 한 거예요. 처음에는 그럴 수 있겠다고 생각했는데, 갈수록 출장이니 뭐니 집에 안 들어오더니 결국 이혼을 요구해서 아들은 내가 키우고 양육비를 보내주는 조건이었지요."

상담자: "그 당시에는 정말 많이 힘들었겠네요."

피상담자 엄마 W: "아들이 어려서 잘 모르지만, 그래도 친정이 있어서 부모님과 외삼촌이 잘 키워주었어요. 저는 이혼 후에도 직장을 계속 다니면서 일에 빠져 살고, 잊으려고 노력했지요. 제 어머니가 아들을 키워주셔서 그나마 지금까지 살았지요."

상담자: "결혼을 19세에 했으니까, 대략 20살의 젊은 나이에 그런 일이 있었네요. 말이 성인이지 세상일을 잘 모르잖아요."

피상담자 엄마 W: "우리 친구들 모두 18살, 19살에 결혼해요. 제 엄마가 손자를 잘 키워 주셨는데, 조금 컸다고 말도 안 듣고, 나는 아빠가 왜 없느냐며 울며 자꾸 보채니까, 엄마는 아빠한테 보내라고 하지요. 늦기 전에 저도 재혼하라지요."

상담자: "그러네요. 어머니 마음은 충분히 이해가 돼요. 사랑하는 딸이 낳은 어린 아들 자라는 것을 보면서 지내는 것도 좋지만, 다른 한편으로 아빠 찾을 때는 맘이 편하지는 않았겠어요."

피상담자 엄마 W: "그래서 베이징으로 직장도 잡고, 이사도 왔어요. 지금은 친구 집에 있는데, 친구 집에도 아들이 있어서 잘 지낼 줄 알았는데, 조금 힘들어요. 아들은 아빠랑 살고 싶다고 해요.

어찌해야 좋을지 모르겠어요. 아들 같은 반 엄마(상담학교 학생)하고도 이야기했는데, 아들을 그냥 보내는 것은 지혜롭지 못하다고 해서, 고민하고 있어요."

상담자: "아들이 어리니까, 해달라는 대로 해주고 싶지요. 10년 동안 아빠가 없이 지내다가 아빠가 있다니 얼마나 좋겠어요. 이왕 베이징에도 올라왔고 학교도 이미 다니고 있으니까, 지금 방학 동안에 아빠와 며칠 지내게 하면서 점차 익숙해진 후, 아들과 함께 결정하기로 하면 좋겠네요. 지금의 부인이 어떤 사람인지도 모르잖아요. 지금 부인에게는 자녀가 있는지요?"

피상담자 엄마 W: "아마 제 아들보다는 나이가 더 많을 거예요. 이혼 당시에 저는 임신 중이었고, 그 여자의 아들은 6살 정도 되었을 거예요."

상담자: "오랜 시간 잘 견디시며 아들을 잘 키우셨네요. 서두르지 말고 기도하면서 결정합시다. 이번 주에 같은 반 친구네가 동물원으로 놀러 가는데 C랑 함께 가시지요." (이미 상담 전에 계획한 일로, 베이징동물원에 가서 놀면서 신자 가정의 모습을 보여주며 교제하려는 의도였다. 또한, 방학 기간이라서 무료하게 지내고 있는 피상담자 아들을 위한 배려이기도 했다).

피상담자 엄마 W: "저야 좋지요. 아들도 아직 동물원에 가보지 못했는데…."

상담자: "우선 아들이 아빠와 함께 일주일 동안만 아빠 집에서 지내도록 해보세요. 아들 C가 아빠와 새엄마, 새 형이 있는 공간에서 지내면서 느끼는 것이 있을 거예요. 그런 후에 다시 의논합시다. 아들의 결정을 존중해 주면서, 엄마도 조금씩 준비해야죠."

피상담자 엄마 W: "그렇게 하는 것이 좋겠네요. 감사합니다."

b. 성경적 시각 개발의 단계

현재 처한 상황과 환경은 크게 바뀌지 않았지만, 그 상황을 바라
보는 시각의 전환으로 문제의 초점이 문제 그 자체가 아닌, 문제를
해석하는 시각에 있음을 깨닫게 한다. 이 단계에서 성경적으로 문
제를 인식하고, 성경적으로 행동을 하도록 하여 대안을 마련한다.

상담자: "『你很特別(너는 특별하단다)』 책을 읽어주고 있나요?"
피상담자 엄마 W: "네. 책의 내용이 저에게도 감동이 되더라고
요. 아들은 내용을 다 알면서도 제가 읽어주는 것을 좋아해요. 사실
이런 시간이 없었어요. 직장 일에만 빠져서 제 아들이 어떻게 자라
는지 전혀 신경을 쓰지 못했어요. 이제 후회되지만, 어쩌겠어요."
상담자: "아직 늦지 않았어요. 지금이라도 엄마가 후회한다는 솔
직한 마음을 말로 아들에게 표현해 주세요. 할 수 있겠어요? C 군,
이리 나와 보세요."
(아들 C가 옆방에서 나왔다.)
상담자: "엄마가 C 군에게 하고 싶은 말이 있어요. 잘 들어주세
요."
피상담자 엄마 W: "엄마가 너 어렸을 때, 잘 안아주지도 못했고,
책도 읽어주지 않고, 아빠랑 헤어지게 해서 미안해. 미안해. 엄마가
잘못했어."
아들 C: "엄마 울지 말아요. 나 괜찮아요. 내가 공부 잘해서 나중
에 엄마 행복하게 해줄게."

상담자: "C군, 엄마를 꼭 안아주세요. 우리 함께 기도해요. '예수님, 저희는 연약해서 하나님의 크신 뜻을 잘 모르고 원망하고 불평하고, 나의 잘못을 다른 사람에게 전가했어요. 우리의 잘못을 용서해 주세요. 이제는 하나님의 뜻을 깨닫기 원합니다. 승리하신 예수님의 이름으로 기도합니다. 아멘.'"

아들 C와 피상담자 엄마 W: "아멘."

상담자: "아들은 다시 들어가서 놀아요. 금방 끝나요. 예수님은 하나님의 독생자 아들이에요. 우리의 죄를 용서하시려고 인간으로 오셨지요. 이렇게 만나게 하신 것도 하나님의 섭리지요. 복이 있는 사람은 돈이 많고 걱정 근심 없는 사람이 아니라 하나님을 알고 그 분을 의지하며 사는 사람이지요. W는 복이 있는 사람이라고 생각되지 않나요?"

피상담자 엄마 W: "맞아요. 저도 일찍 예수님 만났으면 좋았을 걸요. 이제라도 신앙 갖고 아들하고 함께 지내고 싶어요. 아들이 아빠랑 그 집에서 지내고 오더니, 아줌마(아빠의 현재 아내)는 잘해 주는데, 형하고는 잘 지낼 수 없겠다고 하네요."

상담자: "그래요? 아빠랑은 좋게 지내고 와서 다행이네요. 천천히 기도하며 생각해요. 무엇이 가장 현명한 결정인지를 좀 더 기도해 봅시다. 지난주부터 교회에 가서 예배 참석하셨지요? 어떠셨어요?"

피상담자 엄마 W: "저는 조금 낯설지만, 아들이 좋아해요. 다들 외동아들이잖아요. 교회에서 서로 만나 지내는 것이 혼자 지내는 것보다 훨씬 좋을 것 같아요. 그런데 매주 아빠 만나러 가야 해서 고민이네요."

상담자: "방법을 찾아봅시다. 이제 꼭 가서 잠을 자야 하는 것은 아니잖아요. 토요일에 일찍 아빠 만나고, 주일에는 교회 가면 되지요."

피상담자 엄마 W: "맞아요. 이제 생각해 보니 아들을 아빠에게 보내고 내 인생을 새롭게 계획하려고 한 게, 복잡한 문제들에서 도망가려고 했던 것 같아요. 이제는 회피가 아니라 문제를 대결해서 해결해야겠죠?"

상담자: "그래야지요. 이제는 혼자서 하는 게 아니죠. 예수님과 함께하고, 우리도 있어요. 예수님 안에서 형제자매죠."

c. 성경적 재구성의 단계

성경적 변화를 위한 목표를 달성하기 위해 전략을 개발하는 계획 수행과 피상담자의 실천을 위한 구체적인 실행 단계이다. 피상담자 스스로 지속적인 실천을 할 수 있도록 삶의 전반적인 재구성이 필요한 단계이다.

상담자: "아들과 매일 성경을 읽고 있나요? 방학 동안에 여유롭게 함께 시간을 보낼 수 있어서 좋다고 생각되는데요."

피상담자 엄마 W: "매일 잠언을 아들하고 같이 한 장씩 읽고 있어요. 가정에 관한, 인간의 도리에 대한 좋은 내용이 많이 있네요. 아이 아빠가 자기 아들이라서 그런지 저한테 대하는 태도도 옛날하고는 많이 달라졌어요. 미안하다고 하고, 아들을 잘 키워서 고맙다고도 하고, 아들과 함께 살겠다고 해요."

상담자: "그래서 뭐라고 답변하셨어요?"

피상담자 엄마 W: "아직은 답하지 않았어요. 상담하기 전에는 아들을 아이 아빠한테 보내고 저도 재혼할까 생각했는데, 이제는 생각이 달라졌어요. 진정으로 한 번뿐인 인생을 후회 없이 살고 싶어요. 아들이 아직 어린데 지금 보내서 새엄마와 새 형과 갈등하며 살게 하고 싶지 않아요. 더 큰 다음에 정말 아빠랑 살고 싶다면 그때 보내야겠어요. 저도 아들과 지내고 싶어졌어요. 아들 C도 지금처럼 엄마인 저랑 살고 가끔 아빠를 만나는 것이 좋겠다고 말했어요."

상담자: "아들과 함께 사는 데 있어서 문제 되는 것이 무엇인가요?"

피상담자 엄마 W: "없어요. 아이 아빠에게는 아들이 지금처럼 만나는 것이 좋다고 말하면 되고, 집을 구해서 친구 집에서 나오면 돼요."

상담자: "지금처럼 아들과 기도하고 성경 읽고 더 친밀하게 지내면서 신앙도 성장하고, 아들이 더 성장한 후에 아빠랑 살겠다고 결정하면 그때 보내도 되겠네요. 엄마도 지난날에 대해 후회가 없어야지요."

피상담자 엄마 W: "이런 상담이 있어서 참 좋네요. 저도 배울 수 있을까요? 저처럼 이혼하고 복잡한 심경으로 사는 사람들이 많아요. 그들을 제 경험에 비추어서 아픈 마음을 이해해 주고, 하나님 말씀을 더 배워서 도와줄 수 있을 것 같아요."

상담자: "그럼요. 곧 9월 다음 학기가 시작되네요. 직장인반이 있어요. 저녁에 공부하는 상담훈련반에 등록하시고, 토요일에는 낮반 수업 시간에 참석하세요. 이미 훈련반은 시작했지만, 새로운 과목

들이므로 가능해요. 제가 강의하니까 지난 시간 것들을 반복해서
강의하므로 별 어려움은 없을 거예요."

d. 상담사례 분석

한부모가정을 상담하면서, 어린 나이에 홀로 겪었을 정신적, 육
체적 고통과 상처들을 사랑의 마음으로 이해하고, 그 아픔과 고통
을 위로하고 격려함으로써 피상담자와 신뢰감을 갖게 되었다. 한부
모가정에서 가족원의 안정성과 적응, 친밀감 증대는 매우 중요한
문제이다.[105] 엄마와 아들 간의 신뢰를 회복함으로써 학교 친구들
과의 관계, 다른 남성 어른들과의 관계, 아빠와의 관계, 이후 하나
님과의 관계가 친밀해질 수 있기 때문이다.

피상담자 W가 상담에서 도움을 받고 변화가 있었다는 것은 이
전에 없었던 용기가 증진되었으며, 상황을 피하지 않고 직면하게
된 것이다.[106]

'성경적 상담 3단계 모델'에 따라 진행된 상담의 첫 단계인 탐색
의 단계에서는 피상담자 엄마 W의 현재 상황에 공감해 주며 그 마
음을 위로할 수 있었다. 특히 상담학교 학생의 도움으로 함께 상담
하였기에 더욱 빠르게 진행할 수 있었다. 상담자와 정식으로 상담
하는 이외에 '동물원을 함께 가는' 계획은 아주 시기적절하였다. 아
들의 성장에 따른 아빠와의 접촉상의 필요를 지혜롭게 할 수 있는

---

105) 정정숙, 『성경적 가정사역』(서울: 도서출판 베다니, 1994), 205-206.

106) "단기상담이지만 피상담자는 삶의 내용이 풍성해지고 증진되었다. 하나의 문제를 해결한 후
또 다른 문제가 생겼을 경우, 도움을 받을 수 있다는 사실과 함께 해결을 시도할 수 있게 되
었다. 문제로 인해 고통스러울 때 스스로 격려되어 소외되며 집착하여 타인의 배려를 생각도
못 하지만, 상담을 통해 미래의 성장을 촉진하게 해주었다." David Dillon, *Short-Term
Counseling*, 윤종석 역, 『단기상담』(서울: 도서출판 두란노, 1997), 30-32.

기초를 만들어준 것이다. 동물원에 함께 간 신자인 같은 반 친구 아빠와의 동행으로 어른 남자를 접할 수 있었다. 이미 외삼촌을 접했지만, 가족이 아닌 남자 어른을 접하는 좋은 산 경험이 되었다 (중국 초등학교도 대부분 여자 선생님이고, 남자아이에게 남성으로서의 모델이 없다는 것이 문제점이기도 하다).

두 번째 성경적 시각 개발의 단계에서는 『너는 특별하단다』 책을 통해 정체감을 세우고, 아들과 함께 소통하는 시간을 갖도록 하였다. 직접 아빠와 만나서 일주일간 생활함으로써 그 가정을 이해하고 아들이 생각하게 한 것도 적절한 조치였다. 피상담자 엄마 W가 아들을 보내고 재혼하겠다는 생각을 바꾼 것은 상담을 통한 시각의 변화로 인한 열매였다. 하나님께서 여러 사람을 통해 피상담자의 마음과 그 생각들이 바뀌도록 역사하셨고, 아들과 함께 살기로 작정한 것이다.

세 번째 성경적 재구성의 단계에서 피상담자는 아들과의 생활을 위해 집을 구하기로 작정하고, 신앙생활과 상담훈련을 받기로 하는 등 많은 변화가 있었다. 피상담자가 임신한 채 이혼해야 했던 상황을 듣고 그 상황을 아파하며 진심으로 아들의 적응 문제를 걱정하였다. 모든 결정은 상담자의 의견이 아닌 피상담자가 스스로 결정하도록 기도하면서 좋은 결과가 있기를 기다렸다. 그리스도 안에 있는 상담자가 비신자 피상담자에게 그리스도를 만날 수 있도록 기도하였다. 이 상담사례는 지지 그룹의 도움으로 신속하게 진행된 사례이다.

이 상담에서 아쉬운 점은 아들의 아빠를 만날 수 없었다는 점이다. 후에 기회가 된다면 그때에는 온 가족이 함께 상담을 통해 서로 용서하며 화해하는 과정이 있기를 기대해 본다.

　이상 4부에서는 성경적 상담이 타문화권에서 활용 가능함을 기술하고, 실제 활용을 위해 '성경적 상담 3단계 모델'을 연구하였다. 첫째, 성경적 탐색의 단계, 둘째 성경적 시각 변화의 단계, 셋째 성경적 재구성의 단계이다. 이 모델은 기본적인 상담 모델이지만, 단계별로 전후반을 나누어서 6단계까지 발전할 수 있는 모델이다. 이 모델을 통해 중국인 선교에 활용한 상담사례들을 기술하였다.

5부

결론

성경적 상담은 상담의 주역인 성령의 인도하심과 역사하심 아래 인간 상담자와 피상담자가 상담 현장에서 하나님의 말씀으로 교훈과 책망과 바르게 함과 의로 교육하는 과정을 말한다. 피상담자의 죄로 인한 하나님과의 관계, 이웃과의 관계, 나와의 관계를 하나님의 뜻 안에서 새롭게 정립하는 것이다. 옛사람의 습관들을 벗어버리고 동시에 새사람으로서 새 습관을 입어 하나님의 자녀로, 예수 그리스도의 제자로서 성숙해 나가는 것이다. 피상담자가 자신의 정체성을 깨우쳐 문제를 새로운 시각으로 보고, 행동으로 전환하여, 지속해서 새 습관을 입어 삶을 재구성하는 과정이다. 피상담자가 신자이면 성숙을 돕고, 비신자이면 복음을 전하면서 상담을 지속한다. 5부에서는 지금까지 논의한 내용을 결론적으로 요약하고, '성경적 상담 3단계 모델 제시'에 대해 설명한다. 또 연구의 의의와 기여도를 밝히고, 앞으로의 연구를 위한 제언을 한다.

1. 요약

본 연구는 성경적 상담이 타문화권 선교 현장에서 비신자에게도 적용 가능함에 중점을 두고 진행하였다. 본 연구의 진행을 위해 다섯 부분으로 나누어 구성하였으며 장별로 요약하면 다음과 같다.

　1부 서론에 이어 2부의 내용은 두 부분으로 나누어 먼저 성경적 상담의 원리에 관해 기술하였고, 그 후 성경적 상담의 방법에 대해 살펴보았다.

　앞부분은 성경적 상담의 원리에 대한 이해이다. 첫 번째 원리는 인간은 하나님의 형상으로 창조된 존재라는 것이다. 구약에서 하나님의 형상과 모양대로 아담을 창조하심으로써 다른 피조물과 다름을 나타내었고, 신약에서 모든 인간은 신자이든 비신자이든 종이든 자유자이든 모두 존귀한 자이다. 하나님은 하나님을 위해, 하나님의 영광을 위해 인간을 창조하신 것이므로, 피조물인 인간은 창조한 자의 목적에 합당하게 행동해야 할 것이다.

　두 번째 원리는 인간은 죄로 타락한 존재라는 것이다. 마음속에 거하는 죄는 인간의 의지로 이길 수 없기에 삶 전체에 영향을 미치고 작용한다. 죄의 결과는 고난과 질병의 고통, 자연재해와 재난을 야기했다. 제이 아담스는 심지어 정신적 질병도 그 원인에는 죄의 뿌리가 있으므로 용서의 상담 과정이 필요하다고 주장했다. 죄의 문제는 오직 복음 안에서 해결 가능하다.

　세 번째 성경적 상담 원리는 인간의 문제는 마음의 문제라는 것이다. 마음은 인격체의 중심이자 '속사람'으로서 영적인 자아이다. 인간의 마음은 눈에 보이지 않지만, 행동의 동기로 발견되기도 한다. 이 동기가 마음을 지배하는 욕구이며, 인간의 완전한 변화를 위해서는 마음의 변화를 추구해야 한다. 진정한 변화는 피상담자 마음의 생각과 동기가 자기중심이 아닌 하나님 중심으로 변하는 것을 말한다. 속사람이 변하여 삶의 습관들이 변해야 진정한 변화이다.

　네 번째 성경적 상담 원리는 성경이 상담의 근거이며, 그 핵심은 복음이란 것이다. 성경은 하나님의 감동으로 기록된 것으로, 하나님이 인간에게 주신 계시의 기록이다. 성경은 인간의 문제에 대해 충분한 답을 해주며, 인간을 이해하고 섬기는 방법들을 제공하는 근거가 된다. 성경적 상담에서 성경은 인간의 삶에 있어서 최고의 권위로 사용된다. 성경의 중심은 예수 그리스도의 구속이다. 복음이 인간의 문제 해결의 시작이다. 복음은 현재를 사는 피상담자에게 의미가 있으며, 앞으로의 삶에 소망을 준다. 복음의 핵심은 예수 그리스도로, 비신자인 피상담자에게 전해야 할 중요한 사실이다.

　다섯 번째 성경적 상담 원리는 성경적 상담의 본보기가 예수 그리스도라는 것이다. 예수 그리스도는 인간을 완전하게 이해하셨고, 인간의 삶에 대한 해석을 해주셨다. 왕으로 권세를 갖고 마귀를 물리치셨고, 제사장으로 위로하시고 병든 자들을 치료해 주셨고, 기도해 주셨으며, 선지자로서 하나님의 뜻대로 사시므로 인간인 우리도 그렇게 살도록, 하나님을 예배하고 하나님께 영광을 돌리는 삶을 살도록 모본을 보여 주셨다.

　여섯째 원리는 인간이 이 세상에서 고통당하는 존재라는 것이다. 고통의 원인은 하나님을 싫어하는 근본적인 죄 때문이며, 또 타인의 죄로 인해 고통을 당하기도 한다. 2세대 성경적 상담학자들은 피상담자의 문제 원인으로 마음의 동기를, 그로 인한 결과로 고통을 강조하며 피상담자와 공감하고 수용하였다. 인간의 고통은 삶의 고난을 야기시키는 사탄의 역사이기도 하지만, 이 모든 것에 하나님의 주권이 있으므로 상담자는 피상담자의 고통에 동일시하며 신뢰감을 형성하여 문제 해결과 더 나은 성숙으로 이끌 수 있다.

일곱 번째 성경적 상담 원리는 인간의 진정한 변화는 성령의 역사라는 것이다. 성령님은 성경적 상담의 주역으로 마음과 감정과 의지를 가진 인격체이시다. 위로자 보혜사이시며, 진리로 인도하시고, 믿는 자들과 항상 함께하신다. 인간의 진정한 전인적 변화는 하나님의 말씀을 통하여 말씀과 함께 성령의 역사로 이루어진다. 결국 비신자의 성격적 상담의 목표는 복음 전파에 있으며, 신자의 상담은 전 생애를 걸쳐 일어나는 성화에 있다. 성화는 성경을 통해서 성령께서 역사하신다.

뒷부분은 성경적 상담의 방법이다. 성경적 상담을 하는 목적은 하나님을 사랑하고 인간을 사랑하는 것이다. 상담 현장은 바로 그리스도를 전하는 현장이며 선교 현장이다. 상담자는 어느 문화의 피상담자를 만나든지 예수 그리스도가 하신 것처럼 불쌍히 여기는 마음과 사랑으로 공감하고 수용하며, 피상담자를 하나님의 형상으로 지음 받은 존귀한 자로 인정하여 근본적 변화를 위한 복음을 전할 기회를 얻는 것이다.

3부에서는 중국인 피상담자를 잘 이해하기 위해 중국인의 종교성향과 가치관을 연구하였다. 연구방법으로 양적 조사를 하였고, 그 결과를 분석하고 논의하였다. 중국인에게는 오랜 역사를 통해 기근과 폭동, 전쟁과 혁명 등을 통해 형성된 문화가치들이 있다. 시대가 변천해 감에 따라 달라지지만, 그들만이 공유하고 학습해온 습관과 같은 생활양식이다. 그러나 산업화와 도시화 현상으로 인해 현대 중국 사회도 일반 서구 사회와 다름없이 황금만능 사회를 추구하고 있다. 이로 인해 농민공 문제, 빈부의 격차 등으로 정신적,

심리적 문제들이 늘어나고 있다. 그러나 물질로 인한 삶의 풍부함은 도리어 상담의 수요를 늘어나게 했다. 중국 사회도 가정의 붕괴와 이혼 문제가 갈수록 증가하고, 노인 문제도 심각하다. 이러한 시기에 교회 안에서나 밖에서의 성경적 상담의 필연성을 기술하였다.

4부에서는 베이징을 중심으로 타문화권에서의 성경적 상담을 비신자에게 적용하기 위한 가능성과 타당성을 알아보았다. 성경적 상담의 목적인 전인격적 변화, 즉 성화를 위해 그리스도 중심의 중국 문화 변화를 목표로 하였다. 근본적인 변화는 행동뿐 아니라 삶의 동기 등 전체 생활이 변해야 한다. 생활양식으로 그리스도 중심 문화를 갖기 위해 기독교의 초월적 신앙, 사상적 추구는 개인과 가정을 변화시킬 수 있으며, 그로 인해 사회를 변혁시키는 원동력이 될 수 있다. 개방개혁 이후 중국인들은 물질적 만족도 어느 정도 경험하였기에 진정한 삶의 가치가 있는 것을 찾고 있으므로 복음이 절실하게 필요한 시기이다.

본 연구는 성경적 상담의 활용을 신자가 아닌 비신자를 대상으로 하였다. 상담은 문제에 빠진 피상담자를 도와 당면한 문제를 해결하며, 변화를 이끌기 위한 것이다. 성경적 상담은 피상담자와 협력하여 문제를 해결할 뿐만 아니라, 문제를 겪고 있는 사람에게 중점을 두어 전인격적으로 변화시키는 것을 목표로 한다. 이를 위해 '성경적 상담 3단계 모델'을 고안하여 적용하였다. 이후 실제로 성경적 상담을 활용한 상담사례로 기술하여 단계별로 적용하였으며, '성경적 상담 3단계 모델'에 따라 상담사례를 분석하고 축어록을 기록하였다.

본 논문의 연구 방법은 첫째, 문헌을 통한 이론 연구로서 성경적 상담의 개척자인 제이 아담스와 성경적 상담의 2세대인 그의 제자들에 의해 확장된 성경적 상담의 원리와 방법을 살펴보았다. 본 연구는 두 세대를 분리하거나 경쟁시키지 않고, 서로의 장점을 보완하고 통합하는 이론 연구로서 가치가 있다.

둘째, 중국 베이징을 중심으로 한 설문지를 통한 양적 연구로서, 중국 기독교인들의 문화가치와 종교성향의 상관관계를 연구하였다. 이 연구는 문화가치의 변동에 따른 종교성향의 연구로, 피상담자인 중국 기독교인의 가치관을 연구한 것이다. 여러 조건에 따른 종교성향의 차이점이 나타났다. 현대의 물질문화를 중심으로 하는 세속적 문화가치를 지닌 신자보다, 고유한 문화가치를 지닌 신자들이 삶과 신앙의 일치를 갖는 내재적 종교성향을 지닌다는 연구 결과를 나타냈다. 이것은 중국 사회의 급변한 사회현상 속에서 신앙과 삶이 다른 이중적 구조를 깨뜨리기 위해서는 신앙생활이 타성에 젖기 전에, 신앙을 갖기 시작한 2년 안에 신앙 훈련을 해야 함을 나타내 주었다. 이러한 연구는 중국 기독교인에게는 처음으로 시행된 연구 결과이므로 그 가치가 있다고 본다.

셋째, 이론적 연구를 적용하고 활용하기 위해 '성경적 상담 3단계 모델'을 제시하였으며, 이를 실제 타문화권인 중국 베이징을 중심으로 이루어진 상담 현장에서 실제 상담할 때 활용하였다.

2. 성경적 상담 3단계 모델의 제시

본 연구는 2부에서 서술된 성경적 상담의 원리와 방법을 근거로

하여 '성경적 상담 3단계 모델'을 제시하였다. '성경적 상담 3단계 모델'은 상담자의 상담 진행을 중심으로 하기보다는 피상담자 변화를 중심으로 하였다. 피상담자의 문제는 그 마음의 동기에서 비롯되기 때문에, 문제의 원인을 죄와 자신의 책임으로 발견하고 마음의 변화를 통해 삶의 변화를 이끄는 것이다. 신자와 비신자 모두 인간으로서 하나님의 형상으로 창조되었기에 성경적 상담의 원리와 방법을 활용할 수 있다. 성경적 상담자는 성령의 인도하심에 따라 서두르지 않고 적절한 때에 하나님의 말씀을 전해야 할 의무와 권리가 있으므로, 어느 단계에서든지 늘 기도하며, 예수 그리스도의 본을 받아 사랑으로 섬기는 것이다.

'성경적 상담 3단계 모델'을 통한 연구 결과는 다음과 같다.

첫째, 성경적 상담의 원리와 방법을 실제 상담 현장인 타문화권에 적용하고 활용할 수 있음을 밝혔다. 즉, 성경적 상담이 비신자에게 적용되어 삶의 변화를 일으켰음을 드러냈다. 자기중심인 옛사람의 습관을 벗어버리고 타인 중심의 삶, 하나님 중심의 삶을 사는 시각의 변화가 개발됨으로써 비신자의 변화가 시작되었다. 하나님의 말씀을 통해 새로운 습관을 입도록 도전받고, 기도함으로써 성령의 역사하심으로 피상담자의 생각이 바뀌었으며 행동이 변화되었다. 시각이 성경적으로 개발된 후, 삶의 재구성으로 실제 생활을 계획하며, 그 가운데 변화된 삶을 실천할 때 계속된 변화가 일어났다.

둘째, '성경적 상담 3단계 모델'은 성경적 탐색의 단계, 성경적 시각 개발의 단계, 성경적 재구성의 단계로 구성되며, 단계별로 전반부와 후반부로 나뉘어 전체적으로 3단계와 6단계의 적용이 모두 가능하며 효과가 있음을 확인하였다.

셋째, 성경적 상담을 신자뿐 아니라 비신자에게도 적용하여 피상 담자의 문제 해결을 돕고, 구원의 도리를 제시하였다. 이를 미루어 보아 성경적 상담은 타문화 선교 현장에서 활용할 수 있으며, 전인 적인 변화를 이끌 수 있음이 증명되었다. 한 피상담자의 변화는 가 정을 변화시키고, 교회 공동체로 연결되어 지속적인 변화를 가능하 게 하였다

3. 연구의 의의 및 제언

첫째, 성경적 상담의 원리와 방법에 있어서 개척자인 제이 아담 스(Jay E. Adams)의 옛 습관 벗기와 새 습관의 입기 과정, 그리고 2세대 학자들의 4단계를 연결하여 성경적 상담을 상호 협력 체계 로 보여준 것이다.

둘째, 상담의 문화인류학적 적용을 위해 중국인을 대상으로 한 설문지 조사, 즉 양적 연구를 통해 피상담자를 연구한 것이다.

셋째, 신자만이 아닌 타문화권 비신자에게 성경적 상담을 활용하 면서, 피상담자를 사랑하고 이해하며 복음의 진리를 말과 행동으로 전하였고, 피상담자가 복음 안에서 변화된 삶을 실천하게 한 것이다.

넷째, 성경적 상담의 실제 적용과 활용을 통해 피상담자가 변화 되는 사례들을 '성경적 상담의 3단계 모델'로서 보여준 것이다.

본 연구는 성경적 상담을 타문화권에서 활용한 사례로서 후속 연구의 발전을 위해 다음과 같이 제언하고자 한다.

첫째, 성경적 상담이 더욱 활용되기 위한 신학적 연구가 깊고 견

고하게 이루어져야 한다.

둘째, 문제가 발생한 후 문제를 해결하고 치유하는 사역은 시간과 노력이 많이 소요된다. 인간의 발달 상황에 따라 예상되는 문제들이 있으므로 예방 상담교육이 필요하다. 예방 상담으로서 성경적 상담과 교육이 개교회 안에서 더 활성화될 수 있는 방안이 마련되기를 제언한다.

셋째, 다문화 사회로의 진입 단계에 있는 한국에서 성경적 상담이 교회 안에서뿐만 아니라 교회 밖에서도 적용 가능한 사례가 더 많이 나타나기 위해, '성경적 상담의 3단계 모델'이 실제 활용되기를 제언한다.

참고문헌

한국문헌

강봉규. 『상담이론과 실제』. 서울: 교육출판사, 2002.

강준영. 『중국의 정체성: China』. 파주: 살림출판사, 2012.

강진석. 『중국의 문화코드』. 파주: 살림출판사, 2004.

고성실. 『위기상담의 이론과 기법I』. 서울: 도서출판 예명드보라, 2012.

_____. 『기독교위기상담학: 아담스와 로렌스 크렙 관점에서의 위기상담 과정 활용』. 서울: 도서출판 예명드보라, 2014.

공상철 외 4인 공저. 『중국 중국인 그리고 중국 문화』. 서울: 다락원, 2001.

김계현. 『카운슬링의 실제』. 서울: 학지사, 2000.

김도희 외. 『사회과학도를 위한 중국학 강의』. 경기 고양: 인간사랑, 2010.

김문학・김명학. 『바람난 중국인 변하는 중국땅』. 서울: 시공사, 1997.

김미경 외. 『현대 사회의 이해』. 서울: 형설출판사, 2004.

김종구. 『중국 교회의 이단 동방번개』. 서울: 도서출판 목양, 2012.

김지호. 『비교종교학개론』. 용인: 캘빈대학교출판부, 2011.

노안영・강영신. 『성격심리학』. 서울: 학지사, 2002.

문태순. 『그리스도인의 세상 바로보기』. 서울: 디씨티와이북스, 2014.

문흥호 외 4인. 『중화전통과 현대중국』. 경기 고양: 섬앤섬, 2008.

박성희. 『상담의 새로운 패러다임』. 서울: 학지사, 2001.

박영효 편. 『세계종교의 이해』. 서울: 개혁과 고백, 2014.

박현・장루이펑. 『중국을 이해하는 4・9』. 서울: 도서출판 바나리, 2006.

성인경. 『바른 영성이란』. 서울: 예영커뮤니케이션, 1997.

손경환. 『성경으로만 하는 상담』. 서울: 은혜출판사, 2000.

손경환. 『왜 성경적 상담인가』. 서울: 미션월드, 2011.

손철민. 『고통』. 서울: 은혜출판사, 2003.

신국원. 『포스트모더니즘』. 서울: IVF, 1999.

안광호・임병훈. 『SPSS를 활용한 사회과학조사방법론』. 서울: 학현사, 2010.

안점식. 『세계관・종교・문화』. 서울: 조이출판사, 2003.

_____. 『세계관을 분별하라』. 서울: 죠이선교회출판부, 2011.

원태연. 『SPSS 서베이 리서치』. 서울: 홍릉과학, 2009.

윤순희. 『중국 문화입문』. 서울: 동양문고, 2000.

이근효. 『내가 본 중국 중국인 및 중국 문화』. 대구: 중문출판사, 2012.

이동주. 『아시아 종교와 기독교』. 서울: 기독교문서선교회, 2004.

이원규. 『종교사회학의 이해 개정판』. 파주: 나남출판, 2006.

_____. 『종교의 세속화: 사회학적 관점』. 서울: 대한기독교출판사. 1992.

이원엽. 『차이나 매뉴얼』. 파주: 한국학술정보, 2012.

이종우. 『선교 문화커뮤니케이션』. 서울: 기독교문서선교회, 2011.

장범성. 『중국인의 금기』. 파주: 살림출판사, 2004.

장현근. 『중국사상의 뿌리』. 파주: 살림출판사, 2004.

전남대학교 아시아문화원형연구사업단 편. 『동아시아 생사관』. 광주: 전남대
학교출판부, 2009.

전형준. 『성경적상담과 설교』. 서울: 기독교문서선교회, 2011.

전호진. 『종교다원주의와 타종교선교전략』. 서울: 개혁주의신행협회, 1992.

정석원. 『불가사의한 중국인: 어떻게 이해할 것인가?』. 서울: 도서출판 대흥,
1995.

정정숙. 『기독교상담학』. 서울: 도서출판 베다니, 1994.

_____. 『성경적 가정사역』. 서울: 도서출판 베다니, 1994.

_____. "권면적 상담을 주장한 제이 아담스 박사." 『삶의 길목에서 만난 사
람들』. 서울: 도서출판 베다니, 2016.

_____. 『성경적상담학』. 서울: 도서출판 베다니, 2017.

주숙하. 『중국 문화 스케치』. 서울: 숭실대학교 출판부, 2009.

채서일. 『사회과학 조사 방법론』. 서울: 도서출판 학현사, 1997.

최동수·최형식. 『중국 중국인 중국 문화』. 서울: 광암문화사, 2008.

최성일 편저. 『존로스의 중국 선교방법론』. 서울: 한신대학교출판부, 2003.

한국종교사회학회 편. 『한국의 종교사회학』. 서울: 늘봄, 2013.

허세욱. 『中國文化槪說』. 서울: 法文社, 1987.

현용수. 『문화와 종교교육』. 서울: 도서출판 쉐마, 2011.

황규명. 『성경적상담의 원리와 방법』. 서울: 바이블리더스, 2010.

연구논문

강은실 외. "교회 청소년과 일반 청소년의 삶의 목적. 영적 안녕. 자아개념 및
자아 존중감 비교."「통합연구」. Vol. 16 No. 1. (2003):135-185.

강은실 외 4인. "청소년의 자살의도와 우울. 영적안녕과의 관계."「전인간호
과학연구 학술모음집」. (2003): 93-111.

고성실. "아담스의 권면적 상담에 근거한 위기상담 활용방안에 관한 연구." 박사학위논문. 서울성경신학대학원대학교, 2012.

김영찬. "중국인의 의식구조: 전통적 사고방식을 중심으로 본."「추성(雛星)」. No. 36. (1980): 122-145.

김경배. "중국인의 의식구조변화에 관한 연구."「국제무역연구」. Vol. 11 No. 1. 한국무역통상학회, (2005): 55-76.

김도환. "도시 노인의 가족지지와 정신건강과의 관계 연구."「노인복지研究」. Vol. 11. (2001): 171-193.

김명숙. "연변지역 결손가정 아동의 사회적지지. 탄력성. 내면화 문제행동과 외현화 문제행동 간의 구조적 관계분석." 박사학위논문. 제주대학교, 2013.

김선희. "중세 기독교적 세계관의 유교적 변용에 관한 연구." 박사학위논문. 이화여자대학교, 2008.

김영애. "한국과 중국 중년기 부부관계 적응에 관한 비교연구." 박사학위논문. 전남대학교, 2012.

김종구. "중국 도시가정교회의 선교활성화 전략에 관한 연구: 원조우(溫州)지역 교회를 중심으로." 박사학위논문. 서울성경신학대학원대학교, 2015.

_____. "재한 중국인 유학생의 세계관에 관한 연구."「개혁논총」. 제37권 (2016년 3월호): 93-129.

_____. "부흥하는 중국 교회, 창궐하는 중국 교회 이단들(1)."「위드차이나」. 창간호 (2015):

_____. "2016년 현재 중국내 한국인 선교사들이 직면한 위기와 사역의 변화에 대한 요구."「KMQ」 Vol. 16 No. 2. (2016 겨울호): 120-132.

박문현. "중국인의 죽음에 대한 사유."「比較文化研究」. Vol.15. (2003): 107-120.

박복선. "중국·중국인!."「정책과 지역발전」No. 3. (1999): 461-485.

박성기. "소그룹 리더의 종교성향 및 종교대처에 따른 주관적 행복감과 종교적 헌신도의 상관관계." 신학박사학위논문. 총신대학교, 2009.

박인성. "개혁기 중국의 도시화 경험."「역사비평」. No. 115. (2016년 여름): 77-104.

박은혜. "종교성과 상관관계가 있는 변인들을 통한 종교의 영향 고찰."「기독교교육논총」. (2006): 253-281.

서경현. "종교를 가진 고등학생의 영적 안녕과 자기개념 및 정신건강 간의 관계." 「청소년학연구」. Vol. 21 No. 3. (2014): 219-241.

서영석. "개인의 문화적 가치가 상담장면에서의 감정표현 인식에 미치는 영향." 「상담학연구」. 제4권 제2호 통권 30호. (2003): 329-345.

_____. "내담자의 정서표현에 대한 상담자의 인식: 비교 문화 연구." 「한국심리학회지: 상담 및 심리치료」. Vol. 17 No. 2 (2005): 335-351.

_____. "상담경험과 개인의 문화적 가치가 상담기법선호도에 미치는 영향." 「상담학연구」. 제5권 제2호 통권 34호. (2004): 325-336.

서영석. 안창일. "문화가치에 대한 충실도. 성격유형. 및 상담경험이 상담기법에 대한 인식에 미치는 영향." 「한국심리학회지: 상담 및 심리치료」. 제15권 제3호. (2003): 403-421.

손은정 등. "종교성과 안녕감 간의 관계에서 삶의 의미와 낙관성의 매개 역할." 「상담과 심리치료」. Vol. 21 No.2. (2009): 465-76.

안정. "중국 재가노인복지서비스의 발전방향에 관한 연구." 석사학위논문. 경희대학교, 2014.

엄옥순. "중국 가정사역의 현황과 전망." 「中國과 福音」. 제158호. 중국복음선교회, (2011): 14-17.

_____. "중국의 약물중독 현황과 앞으로의 과제." 「한국약물재활복지학」. 제2호. 한국약물재활복지학회, (2011): 267-282.

_____. "다문화사회에서의 성경적 상담." 「상담과 성경」. (2013): 193-231.

_____. "중국 기독교인의 상담 인식 분석에 관한 연구." 「성경과 상담」. 제14권. (2015): 129-160.

_____. "기독 청년의 자아정체성에 관한 연구." 「복음과 실천신학」. 제43권 (2017): 9-39.

오인근. "기독대학생의 종교성향에 따른 우울의 관계: 스트레스의 매개효과를 중심으로." 「교회사회사업」. Vol. 28. (2014): 7-32.

왕쓰웨(王嗣岳). "최근 중국공산당의 종교사업에 대한 중시와 태도 (1988-1993)." 「신학논단」. Vol. 22. (1994): 313-337.

우심화. "중국 문화의 이해." 「선교와 신학」. Vol. 17. (2006): 85-114.

_____. "공자의 '仁'사상 연구." 「ACTS 神學과 宣敎」. Vol. 4. (2000): 159-181.

유동청. "신화에 나타난 중국인의 죽음관과 타계관." 「고황논문집」 제38집. (2006): 85-103.

유창형. "하나님의 형상에 대한 칼빈의 견해와 평가." 「칼빈연구」 제6집. 서울: 한국장로교출판사, 2009.

윤갑정. "중국 연변 조선족 유아의 가족생활 연구." 박사학위논문. 부산대학교 대학원, 2007.

윤홍식. "상담전도법의 이론과 실제", 「복음과 상담」, 제4권 (2005): 337-370.

李錦綸. "그리스도화가 필요한 후기 공산시대의 中國文化." 「中國과 福音」. 제 157호. (2010): 8-10.

이내영. 한지영. "간호대학생의 영적 안녕이 정신건강에 미치는 영향." 「정신간호학회지」. Vol. 23 No. 1. (2014): 22-28.

이시찬. "중국인의 의식구조와 관련한 문화적 현상에 대한 고찰." 「인문과학논총」. 제46집 (2013): 363-386.

이영희. "문화와 상담: 문화지향적 상담을 위한 시론" 「논문집」. NO. 23 (1983): 119-144.

이성배. 제석봉. "종교성향검사의 개발과 종교적 성향이 적응 및 종교적 문제 해결에 미치는 영향." 「대구효성카톨릭대학교 연구논문집」. 제52집 (1996): 53-76.

전희진. "상상된 중국인 그리고 식민지 조선 지식인의 딜레마." 「사회와 역사」. 제97 집. (2013): 139-176.

제석봉. "종교적 성향과 심리적 건강." 「신학전망(神學展望)」 No. 135. (2001): 82-95.

_____. "상담과 심리치료에 있어서의 종교와 그리스도 영성의 문제." 「연구논문집」 Vol. 58. No. 1 (1998): 37-56.

제석봉·이성배. "종교성향 검사의 개발과 종교적 성향이 적응 및 종교적 문제 해결에 미치는 영향." 「연구논문집」, Vol. 52 No. 1. (1996): 53-76.

조발그니·김병욱. "가톨릭 청년의 종교성과 안녕감과의 관계에서 종교대처의 조절효과 검증; 천주교 광주 대교구를 중심으로." 「사회연구」. 통권 17호. (2009): 83-109.

조혜윤·손은정. "종교성향과 불안의 관계에서 종교적 대처와 낙관성의 매개효과." 『한국심리학회지: 상담과 심리치료』. Vol. 20 No. 3. (2008): 773-793.

차성만. "胡錦濤 정권의 중화사상적 조화세계이념에 관한 소고." 「통일연구」. 제11권 제2호. (2006): 25-53.

최영민 외. "한국판 내재적-외현적 종교성향 척도의 개발 및 표준화 예비 연구." 「신경정신의학(神經精神醫學)」. 제41권 제6호. (2002): 1197-1208.

추진규·제석봉. "외재적-내재적 종교성향과 불안 및 부적응에 대한 연구."

「연구논문집」. Vol. 53 No. 1. (1996): 121-134.

한내창. "우리 문화에서 I/E 및 기타 종교성 척도." 「한국사회학」. Vol. 35 No. 6. (2001): 193-215.

_____. "종교성이 사회적 태도에 미치는 영향에 대한 국제비교." 「한국종교 교육학연구」. Vol. 40. (2012): 115-148.

_____. "종교성이 정신건강에 미치는 영향에 관한 연구" 「한국사회학」. Vol. 36. No. 3. (2002): 157-182.

한재희. "한국 목회상담을 위한 문화적 접근." 「성경과 신학」. 제 36권. (2004): 231-260.

_____. "Logotherapy와 기독교인의 종교성향." 「신학과 실천」. Vol. 3. (2000): 35-59.

허남진·박성규. "과학과 인생관 현학 논쟁." 「인문논총」 No. 47 (2002): 177-207.

황규명. "상담과 목회의 실제." 「성경과 상담」 제2권 (2002): 41-72.

황혜리 등. "대학생의 영적 안녕과 심리적 안녕 간의 관계." 「한국심리학회지: 상담과 심리치료」. Vol. 16 No. 4. (2011): 709-724.

Yang Yan. "중국도시 미혼여성의 결혼관 변화에 나타난 긴장과 갈등-중국도 시의 80 후: 성뉘(剩女)현상을 중심으로." 석사학위논문. 이화여자대 학교, 2013.

Zhang Yang. "한국과 중국의 유교가치관 비교 연구." 석사학위논문. 고려대학 교, 2012.

동양문헌

金觀濤·劉淸峰. 『중국문화의 시스템론적 해석』 김수중 외 역. 서울: 도서출 판 天池, 1994.

方立天. 『中國文化與 中國宗敎』北京: 中國人民大學出版社, 2012.

伯楊. 『중국인의 의식구조-추악한 중국인』. 정순영 역. 서울: 문조사, 1995.

센고쿠 다모쓰·딩치앤 공저. 『中國人の價値觀 : 중국인의 내면세계와 행동 양식』. 황원권 역. 서울: 을유문화사, 1995.

孫隆基. 『중국 문화의 심층구조』. 박영석 역. 서울: 교문사, 1999.

싸인. 『중국샤먼연구』 김향 역. 北京: 民族出版社, 2011.

余敦康 외. 『中國宗敎与中國文化 卷一 槪說中國宗敎与传統文化』北京: 中國社 會科學出版社, 2005.

袁陽. 『중국의 종교문화』. 박미라 역. 서울: 도서출판 길, 2000.

溫元凱.『중국인의 의식구조 개선』. 高英根 譯. 서울: 敎保文庫, 1993.

王作安.『中國的宗敎問題和宗敎政策』. 北京: 宗敎文化出版社, 2002.

劉同蘇·王怡.『觀看中國城市家庭敎會』台北: 基文社, 2012.

易中天.『中國도시 중국사람』. 유소영·심규호 역. 서울: 도서출판 풀빛, 2002.

_____.『閑話中國人』上海: 上海文藝出版社, 2006.

李洪林『중국의 이데올로기』제장환 역. 서울: 도서출판 전인, 1990.

林語堂.『만만디. 만만디』. 조양제 편. 서울: 덕성문화사, 1991.

_____.『중국. 중국인』. 신해진 역. 서울: 장락, 1995.

중국정보연구기구 편.『우리가 반드시 알아야 할 중국의 긴급과제 50가지』. 쿵젠 孔健 감수. 임태홍·한순자 역. 서울: 에버리치홀딩스, 2010.

후자오랑.『차이나프로젝트』. 윤영도 역. 서울: 휴머니스트, 2003.

費孝通. *Rural China*. 이경규 역.『중국 사회의 기본 구조』서울: 일조각, 2007.

서양문헌

Adams, Jay E. *Competent to Counsel*. Grand Rapid. Michigan: Baker Book House, 1970.

_____. *The Christian Counseling Manual: The Practice of Nouthetic Counseling*. Grand Rapid. Michigan: Zondervan Publishing House, 1973.

_____. *Shepherding God's Flock: a Handbook on the Pastoral Ministry. Counseling. Leadership*. Phillipsburg. New Jersey: Presbyterian and Reformed Publishing Co., 1980.

_____. *A Theology of Christian Counseling: More Than Redemption*. Grand Rapid. Michigan: Zondervan Publishing House, 1979.

_____. *The Biblical View of Self-Esteem. Self-Love. Self-Image*. Eugene. Oregon: Harvest House Publishers, 1986.

_____. *How to Help People Change: the Four-Step Biblical Process*. Grand Rapid. Michigan: Zondervan Publishing House, 1986.

Aikman, David. *Jesus Beijing*. 김미수 역.『베이징에 오신 예수님』. 서울: 좋은 씨앗, 2003.

Allport, Gorden. *Becoming: Basic Considerations for a Psychology of Personality*. New Haven. Conn.: Yale University Press, 1955.

_____. *The Historical Background of Modern Social Psychology*. 송대현

역. 『사회심리학』. 서울: 정음사, 1978.

Allport, Gorden. & Ross, J. Michael. "Personal Religious Orientation and Prejudice." *Journal of Personality and Social Psychology*. Vol.5. No.4., 1967: 432-443.

An Editorial. "Counseling Cross-Culturally." *Journal Pastoral Practice*. Vol. 1 No. 1, Winter 1977: 19-22.

Anderson, Sir Norman. *Christianity and World Religions*. Illnois: Inter-Varsity Press, 1984.

Antholzer, Roland. *Plädoyer für eine Biblische Seelsorge*. 이해란 역.『심리치료와 성경적상담』서울: CLP, 2013.

Augsburger, David W. *Pastoral Counseling Across Cultures*. 임헌만 역.『문화를 초월하는 목회상담』. 서울: 도서출판 그리심, 2005.

Babbie, Earl. *The Practice of Social Research*. 고성호 외 10인 역.『사회조사방법론』. 서울: 센게이지 러닝 코리아, 2013.

Bavinck, J. H.. *The Impact of Christianity on the Non-Christian World*. 권순태 역.『기독교 선교와 세계문화』. 서울: 성광문화사, 1987.

Berkhof, Louis. *Introduction to Systematic Theology*. 권수경·이상원 역.『벌코프 조직신학 상』. 서울: 크리스챤 다이제스트, 1992.

Broger, John C. *Self-Confrontation: A Manual for In-Depth Discipleship*. Palm Desert. Ca.: BCF, 1991.

Brown, Arthur J. 『韓中日宣敎史』. 김인수 역. 서울: 쿰란출판사, 2003.

Bulkley, Ed.. *Why Christian Can't Trust Psychology*. 차명호 역.『왜 크리스찬은 심리학을 신뢰할 수 없는가』. 서울: 미션월드 라이브러리, 2006.

Butterfield, Fox. *China. Alive in the Bitter Sea*. 정순영 역.『중국은 있다 상 하』. 서울: 문조사, 1995.

Calvin, John. *John Calvin's Sermons on Ephesians*. 김동현 역.『에베소서 설교 하』. 서울: 도서출판 솔로몬, 2006.

Collins, Gary R.. *Excellence and Ethics in Counseling*. 오윤선 역.『기독교와 상담 윤리』. 서울: 도서출판두란노, 2003.

_____. *Case Studies in Christian Counseling*, 정태기 역.『기독교 상담 사례 연구』. 서울: 도서출판두란노, 2003.

Corey, Gerald. *Theory and Practice of Counseling and Psychotherapy*. 한기태 역. 『상담과 심리요법의 이론과 실제』. 서울: 성광출판사, 1989.

Crabb, Lawrence J.. *Effective Biblical Counseling*. Grand Rapid. Michigan:

Zondervan Publishing House. 1977.

Dillon, David. *Short-Term Counseling*, 윤종석 역.『단기상담』. 서울: 도서출판 두란노, 1997.

Donahue, M. J. "Intrinsic and Extrinsic Religiousness: Review and Meta-Analysis." *Journal of Personality and Social Psychology*. Vol.48, No.2, 1985: 400-419.

Egan, Gerard. *The Skilled Helper: Model, Skills, and Methods for Effective Helping.* Monterey, California: Cole Publishing Company, 1982.

_____. *The Skilled Helper*. 오성춘 역.『상담의 실제: 효과적인 상담 기술』. 서울: 한국장로교출판사, 2006.

_____. *The Skilled Helper: a Problem-Management Approach to Helping.* 제석봉 외 역.『유능한 상담자』. 서울 : 학지사, 2011.

Gernet, Jacque. *Daily life in China*. 김영재 역.『전통 중국인의 일상생활』서울: 도서출판 신서원, 1995.

Hiebert, Paul. *Anthropological Insights for Missionaries*. 채은수 역.『문화속의 선교』. 서울: 총신대학 출판부, 1987.

Hiebert, Paul · Shaw, R. Daniel · Tienou, Tite. *Understanding Folk Religion : a Christian Response to Popular Beliefs and Practices.* 문상철 역.『민간종교의 이해』. 서울: 한국해외선교회출판부, 2006.

Hill, Clara E. *Helping Skill: facilitating exploration, insight, and action,* 주은선 역,『상담의 기술: 탐색 통찰 실행의 과정』. 서울: 학지사, 2009.

Hoekema, Anthony. *Saved By Grace*. 류호준 역.『개혁주의 구원론』. 서울: 기독교문서 선교회. 1995.

_____. *Saved By Grace*. 이용중 역.『개혁주의 구원론』. 서울: 부흥과개혁사, 2014.

Hood, R. W., Morris, R. J., & Watson, P. J. "Prayer Experience and Religious Orientation." *Review of Religious Research*, Vol. 31. No.1, 1989: 39-45.

Hunt, Richard A. & Morton King. "The Intrinsic-Extrinsic Concept: A Review and Evaluation." *Journal for the Scientific Study of Religion.* Vol.10. No.4., 1971: 339-356.

Jing, Shi. "The Nature and Impact of Contemporary Chinese Parenting Patterns-a Christian Critique." Pusan: The Graduate school Kosin University. 2010.

Johaness, G. Vos. *A Christian Introduction to Religions of the World.* 한성수 역.

『세계종교들에 관한 기독교적 비판』. 서울: 한국로고스연구원, 1988

Johnson, Eric I. 외 7인. *Psychology & Christianity: Five Views*. 김찬영 역.『심리학과 기독교 어떤 관계인가』. 서울: 부흥과개혁사, 2012.

Jones, Robert D. "Biblical Counseling: An Opportunity for Problem-Based Evangelism." *Journal of Biblical Counseling*. Vol. 31. 1. 2017: 75-81.

Lambert, Heath. *The Biblical Counseling Movement after Adams*. Wheaton. Illinois: Crossway, 2012.

Lambert, Tony. *The Resurrection of the Chinese Church*. 김창영・조은화 역.『중국 교회의 부활』. 서울: 생명의 말씀사, 1995.

Lane, Timothy S.・Paul David Tripp. *How People Change*. Greensboro: New Growth Press, 2008.

Lartey, Immanuel Y.. *In Living Color: An Intercultural Approach to Pastoral Care and Counseling*. 문희경 역.『상호문화적 목회상담』. 서울: 대서출판사, 2011.

Lee, Francis Nigel. *The Origin and Destiny of Man*. 이승구 역.『성경에서 본 인간』. 서울: 정음출판사, 1983.

Lloyd-Jones, D. M.. *Life in the Spirit: in Marrage, Home & Work : an Exposition of Ephesians 5:18-6:9*. 서문강 역.『에베소서 강해』. 서울: CLC, 2007.

_____. *Ephesians : An Exposition of Chapter 4:17-5:17*. 서문강 역.『에베소서 강해⑤ 영적 광명』. 서울: CLC, 2007.

Lustgarten, Abrahm. *China's Great Train*. 한철은 역.『중국의 거대한 기차: '칭짱 철도 건설' 프로젝트에 가려진 통일 제국을 향한 중국의 야망』. 서울: 에버리치홈딘스, 2008.

Luzebetak, Louise. *The Church and Cultures*. 채은수 역.『문화 인류학: 교회와 문화』. 서울: 한국로고스연구원, 1993.

Mack, Wayne A. 等. *Introduction Biblical Counseling*.『聖經輔導入門』. 江淑敏 譯. 台北中和: 中華福音神學院出版社, 2003.

MacArthur, John & Master's College Faculty. *Counseling: How to Counsel Biblically?*. 안경승 역.『상담론』. 서울: 부흥과개혁사, 2010.

Nielsen, Stevan Lars 외. *Counselig and Psychotherapy with Religious Ppersons : a Rational Emotive Behavior Therapy Approach*. 서현경・김나미 역.『종교를 가진 내담자를 위한 상담 및 심리치료』. 서울: 학지사, 2003.

OM literature. *Matthew Henry's Commentary: On The Whole Bible*. Chicago.

Illinois: Moody Press, 1999.

Packer, J. I. *Evangelism & the Sovereignty of God*. 조계광 역.『복음 전도란 무 엇인가』. 서울: 생명의 말씀사, 2012.

Peabody, Paul. "Biblical Counseling As An Evangelistic Method: A Golden Opportunity For Evangelizing The Unsaved And Making Disciples For Christ", Master of Arts, The Master 's College, 2011.

Powlison, David. *Domestic Abuse; How to help*. Phillipsburg. New Jersey: Presbyterian and Reformed Publishing Co., 2000.

_____. *Seeing With New Eyes: Counseling and the Human Condition through the Lens of Scripture*. Phillipsburg. New Jersey: Presbyterian and Reformed Publishing Co., 2003.

_____. *Competent to Counsel: The History of Conservation Protestant Anti-Psychiatry Movement*. 전형준 역.『정신의학과 기독교』. 서울: 대 서출판사, 2013.

Schaefer, Frauke C. 외 2인. *Trauma & resilience:a handbook: effectively supporting those who serve God*. 도문갑 역.『고통과 은혜: 트라우마와 회복력에 관한 모든 것』. 서울: 디모데, 2016.

Scipione, George C.. *Introduction to Biblical Counseling*. Escondido. CA.: IBCD. 2003.

Sigly, Thomas. "Evangelism Implosion: Reaching the Hearts of Non-Christian Counselees." *Journal of Biblical Counseling*, Vol. 17. No.1. Fall 1998: 7-14.

Stone, Howard W, *Brief Pastoral Counseling: Short-term Approaches and Strategies*. 정희성 역.『해결중심 목회상담』. 서울: 한국장로교출판사, 2000.

Sumrall, Lester.『이방종교에 대한 기독교적 접근』. 류창경 역. 서울: 무림출판 사, 1991.

Tan, Siang-Yang. *Lay Counselling: Equipping Christians for a Helping Ministry*. 미션월드 라이브러리 편집부 역.『평신도 상담자』. 서울: 미션월드 라 이브러리, 1997.

Tripp, Paul D.. *Marriage: Whose Dream?*. Phillipsburg. New Jersey: Presbyterian and Reformed Publishing Co., 2000.

_____. *Instruments in the Redeemer's Hands*. Phillipsburg: New Jersey: Presbyterian and Reformed Publishing Co., 2002.

Tripp, Paul. 외 2인. *The Nature of Biblical Counseling.* 햇불웨스트민스터 기독
교상담교육원 역. 『성경적상담의 본질』. 서울: 도서출판 선교햇불,
2007.

Welch, Edward T.. *Depression: The Way Up When You Are Down.* Phillipsburg.
New Jersey: Presbyterian and Reformed Publishing Co., 2000.

_____. *Blame it on the Brain?.* 한성진 역.『뇌 책임인가? 내 책임
인가?』. 서울 : 기독교문서선교회, 2003.

_____. "How Theology Shapes Ministry: Jay Adams's View of the
Flesh and an Alternative." *Journal of Biblical Counseling,* Vol.20. No.3.
Spring 2002: 16-25.

_____. *People are Big God is Small.* 김찬규 · 이하은 역.『큰 사람
작은 하나님』. 서울: 개혁주의신학사, 2012.

Wright, H. Norman. *Self-Talk. Imagery. and Prayer in Counseling.* Waco.
Texas: Word Books, 1986.

엄옥순

총신대학교 대학원 졸업(M.A 상담학)
개신대학교 대학원 수학(Ph. D. 과정)
서울성경신학대학원대학교 졸업(Ph. D. 상담학 전공)

저자는 타문화권 17년간 선교사로서 사역하며, 현지에 상담연구원을 세워 강의와 실제 상담으로 현지인들을 섬기는 일을 하였다. 현재는 빌리온선교회 멤버케어 팀장과 로이스 다문화 상담연구소 소장으로 상담 사역을 계속하고 있으며, 서울중국신학원(1년), 개신대학원대학교(5년), 인천개혁신학교(1년)에서 강의하였다.

논문
성경적 상담의 선교적 활용 방안에 관한 연구, 서울성경신학대학원 박사학위 논문, 2018
기독 청년의 자아정체성에 관한 연구, 「복음과 실천신학」, 2017
중국 기독교인의 상담 인식 분석에 관한 연구, 「성경과 상담」, 2015
다문화사회에서의 성경적 상담, 「성경과 상담」, 2012

타문화권에서의
성경적 상담

초판인쇄 2020년 11월 30일
초판발행 2020년 11월 30일

지은이 엄옥순
펴낸이 채종준
펴낸곳 한국학술정보㈜
주소 경기도 파주시 회동길 230(문발동)
전화 031) 908-3181(대표)
팩스 031) 908-3189
홈페이지 http://ebook.kstudy.com
전자우편 출판사업부 publish@kstudy.com
등록 제일산-115호(2000. 6. 19)

ISBN 979-11-6603-198-4 93230